人物叢書

新装版

杉田玄白

すぎ た げん ぱく

片桐一男

日本歴史学会編集

吉川弘文館

杉田玄白肖像　石川大浪筆，絹本彩色　（早稲田大学図書館蔵）

（杉田玄白賛，文化九年，八十歳，本文365ページ参照）

荏苒太平世　無事保天真

復是烟霞改　閑迎八十春

文化九壬申正月元日

九幸老人書

印印

杉田玄白筆百鶴図　絹本彩色（東京都、杉田秀男氏蔵）
（寛政四年、玄白六十歳、本文二七六ページ参照）

寛政壬子六十初度日
製百鶴図与児孫
鷧齋印印

杉田玄白筆蹟（古河市、河口信広氏蔵）

（文化十四年、玄白八十五歳の筆、この年の四月十七日に玄白逝去、本文三八一ページ参照）

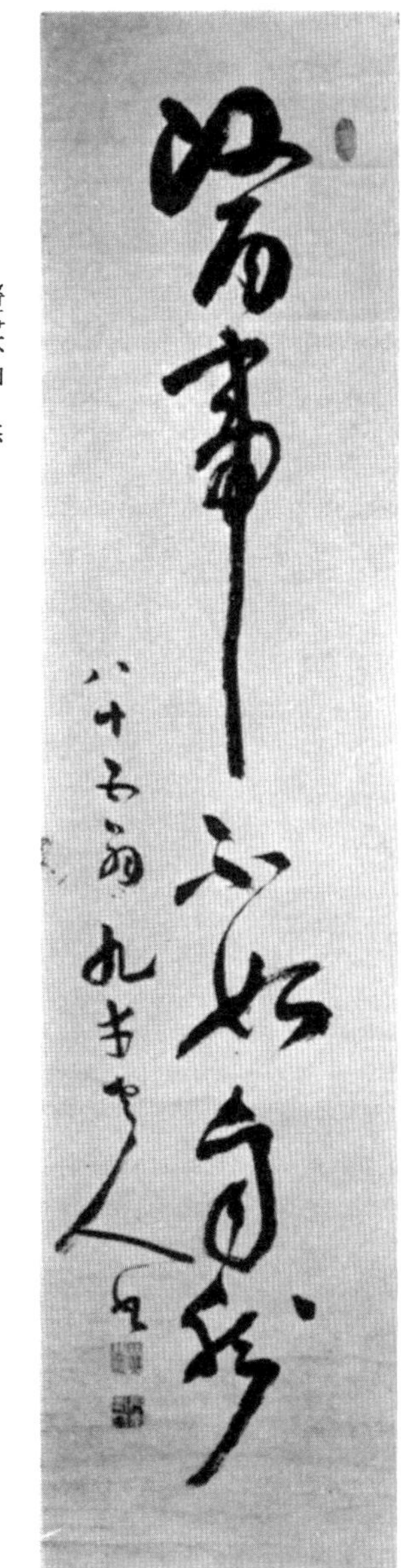

醫事不如自然

八十五翁九幸老人書㊞㊞

杉田玄白書翰（東京都，有元正勝氏蔵）

門人の小林令助に宛てた玄白七十一歳の筆で，すでに蘭学は伯元・玄沢・玄慎に期待をかけ，悠々自適の境に入っている様子。自書『養生七不可』『直宿物語』のことに触れ，「蘭学の先達前野良沢も当年没故致し候，年は八十一にて御座候」と追而書で報らせたことなど注目すべき点が多い。(本文325ページ参照)

杉田玄白の墓

墓碑「九伞[illegible]田先生之墓」
（東京都港区虎ノ門３丁目，栄閑院）

はしがき

杉田玄白は、日本の歴史上の人物の中で、かなり知名度の高いほうであろう。それにもかかわらず、従来、史家の手になる単独の伝記が世に送られたことはなかった。わずかに、少年向きの伝記が二－三種あるにすぎない。

そのわけを強いて考えるならば、何よりもまず、杉田玄白に関する資料がまとまって遺っていなかったからであろう。また玄白が医師であったため、文科系の史家がなかなかその伝をよくなし得ない、と同時に医学内容を検するに足る資料も乏しいため、医学系の諸賢が本格的に取り組みえなかった、などといろいろ理由をあげることができよう。

しかし、これらの諸原因にもまして、玄白が単独の伝記を得ることができなかったわけは、玄白自身にある、と私はみる。それは、従来、『蘭学事始』の書名によって多くの読者の心をとらえ続けてきた、彼が最晩年にものした懐古録が玄白伝の役目をも果たしてきたと思えるからである。

持病と衰老に弱りゆく肉体に鞭打って書きあげた玄白の文は、子弟らの手から手へほそぼそと写し伝えられた。

幕府時代の、いわゆる蘭学のころには、その道に入る若者たちのために、草創期の先覚者が払った努力と、蘭学発達の正道を知らしめんがために、玄白の文は生きていた。しかし、鎖された国が門戸を開いたとき、蘭学はその主たる任務を終えた。同時に、玄白の文も永い休息の時期を迎えることとなったわけである。

しかし、福沢諭吉が再発見の古写本をもって上梓（じょうし）したことから、玄白の文は蘭学のころを伝える歴史として、同時に玄白その人を語る伝記として、日本人の心の中によみがえったのである。維新の先覚者福沢諭吉に感涙をしぼらせた玄白の筆力が、後の世の人の心をとらえ続けているのである。

たしかに、『蘭学事始』一篇には杉田玄白の心が脈打っている。しかし、先学も指摘されるように、あまりにも晩年の懐古であるがために、玄白の記憶に正確を欠く点がまま見受けられる。かといって、それらいくつかの欠点を殊さらに採りあげて、それを理由に、『蘭学事始』を全面的に捨て去ることはできない。この一書にのみ記載されているような事柄でも、考証の結果、立派に立証されることも多いのである。

さて、蘭学発達の歴史のうえに、杉田玄白の人と思想、あるいはその業績を考えた場合、興味ある個別問題をいろいろ提起して、種々議論を展開することも可能であろう。しかし、論は私のもっとも苦手とするところである。

そこで、本書において、私は、蘭学者杉田玄白一生涯の足跡を、年を追って考察してみることとした。生きた時代と、置かれた社会の中で、玄白がその時その時に、どんな心の動きを示したかをみてみたい、できうれば、この折角の機会に、私なりに、玄白と心の旅をしてみたい、と思ったのである。

そのため、私は『蘭学事始』に吟味の手を加えながら、玄白が医学上の所信を述べた『形影夜話』をはじめ、彼の諸訳著の中から随時玄白の心を探ることとした。同時に、玄白が多忙な間に書きつけた日記を覗(のぞ)き込み、また、今まであまり利用されなかった知友・門下生などに宛てた書翰を読んで、その行間から玄白の心の動きをとらえようと努めてみた。博交の士玄白と接触のあった人が洩らした言葉を蒐集することに心を配ってもみた。こんな作業を通じて、鎖国下の日本に生まれ、世界に眼を向けて生き抜いた近世の一知識人の心をつかみ、特に蘭学発達の歴史のうえで、人間玄白を考えてみたいとも思ったのである。

玄白の文章は、それ自体難解なものではない。平易な文体の中にも独特の格調を備えていると私は思う。下手な代弁をしては、かえって玄白の心をそこなうと思われるところでは、玄白の言葉そのものを引用して、玄白の語調を味わうこととした。

さて、本書は、もと故板沢武雄先生が日本歴史学会の依嘱を快諾して執筆を予定されていたものである。私は蘭学史の講義を聞きながら、『シーボルト』に続いて『杉田玄白』

の完成が一日も早からんことを待ち望んでいたものである。しかし、先生の病状は一時小康を得られたかにみえたが、悪化の一路をたどっていたようであった。先生は、年来の研究たる「阿蘭陀風説書の集大成」を法政蘭学研究会のグループに託し、「杉田玄白」を私に命じて昭和三十七年の夏帰らぬ人となられた。私の手に残ったものは先生の病床の枕許で貸していただいたラジオ新書の『杉田玄白の蘭学事始』一冊だけであった。重すぎる荷ではあったが、日本歴史学会と吉川弘文館社長吉川圭三氏の理解によって、大任をお引き受けしたものである。

幸い、本書に引用・掲載した資料の所蔵諸機関や各位の理解と、史料採訪の際に示された好意により、また私が所属している蘭学資料研究会・日本医史学会、両会員をはじめとする多くの方々からの資料や文献の教示によりまとめることができた。よって、ここにこのことを明記し、これら多くの方々に対し深甚なる謝意を捧げるものである。同時に、このおそすぎた答案を板沢先生の霊が嘉納して下さることを祈り、あわせて博雅の叱正と教示を願って、玄白と二回目の心の旅の準備にかかりたいと思っている次第である。

小塚原腑分二百年記念の年　昭和四十六年一月八日

片　桐　一　男

目次

口絵

挿図

第一　生いたち

一　出生

小浜藩医の子として生まれる

生まれながらに母を失う

享保十八年（一七三三）九月十三日。時折小雨のぱらつく、雨雲に覆われた江戸の街。牛込矢来（現在の新宿区矢来町）の小浜藩酒井侯の下屋敷内。そこで、一人の夫人の命と引き替えに新しい生命が誕生した。

難産に加えて、当時十分な消毒その他の処置の技術が発達していなかったせいもあってか、産婦はついに助からなかったのである。

居合せた人たちは、はじめ産婦の世話におわれて、生まれた児をかえりみる余裕もなかった。かつ、難産で分娩した児であれば、定めし死産であろうと、布に包んだまま蓐側に放置しておいたのであった。

しかし、赤ん坊は紛れもなく生命を保っていた。しかも、その児が男子とわかったとき、周囲の人たちは、ようやく愁眉を開き、乳哺（にゅうほ）養育に手を尽したのである。

杉田玄白の誕生は、かく劇的なものであった（大槻玄沢『杉田家略譜』）。

氏名・号など、

杉田玄白は諱（いみな）を翼（たすく）、字を子鳳（しほう）、号を鷧斎（いさい）といい、晩年に九幸翁（きゅうこう）の別号を用いた。その居を天真楼と称し、家塾名ともしたが、別に風雅を楽しむ書斎を建てて小詩仙堂と名付けていた。玄白は通称で、その人を呼ぶに最も広く行なわれている。本書でも、時には呼び分けたところもあるが、それ以外は玄白をもって呼び通すこととする。

二　家　系

遠く、宇多源氏に端を発し、近江に住して、いわゆる近江源氏を形成した佐々木氏の支族に真野氏というのがある。

真野新左衛門信安

真野新左衛門信安という人のとき、武蔵の国久良岐郡杉田邑（むら）に住んで、北条氏に仕え、その部下間宮豊前守信高の隊に属して諸所の実戦に臨んで軍功をたてた。姓を間宮と改め、間宮新左衛門信安となった。これが、わが杉田家の家祖に当たる。

間宮新左衛門信安

間宮主水次郎長安

信安の子に間宮主水次郎長安という人がある。大永四年（一五二四）前記杉田邑に生まれ、

間宮姓を改め杉田姓となる

天文十年（一五四一）小田原城で北条氏康に謁し、のち氏政・氏直にも仕え、軍功もあって、相模の国東郡に領地を得ていたが、天正十八年宿痾（しゅくあ）のために杉田邑に蟄居した。同年北条氏が滅亡するにともない長安も食地を失い、一時上野の国甘楽郡あるいは小山の辺に遁れたが、文禄三年（一五九四）再び武蔵の国杉田邑（現横浜市磯子区）に戻って、姓も杉田と改めた。一族の多くは徳川家康に仕えていたので、同様禄仕することを薦められたが、病気を理由に固辞して、以後同国橘樹郡稲毛領蔵敷に隠棲、慶長十七年（一六一二）十一月二十八日をもって八十九歳の生涯を閉じ、同地の長安寺に葬むられた、と伝えられている。

杉田五兵衛忠元

長安の婿に杉田五兵衛忠元という人がいて、本姓森といい、間宮豊前守信元に属していた父加兵衛忠重の男であった。小田原落城により義父杉田長安とともに諸所に遁れ、最後は義父同様稲毛領下菅生（すごう）邑（現川崎市）に住んで、農耕をもって寛永十六年（一六三九）十月二十八日に歿したという。

杉田八左衛門忠安

忠元の子は杉田八左衛門忠安といい、稲毛領に住して、はじめ松平日向守忠之に仕え、三百石・十八人扶持を給せられて物頭役を勤めていた。しかし、主君日向守が発狂により、お家断絶となったので浪人となり、元禄元年（一六八八）四月四日に病死した（『杉田家略系』『杉田家由緒書』）。

以上が武人としての杉田家遠祖の代々である。

医家としての初代杉田甫仙

忠安には伝左衛門と東の二人の男子があり、伝左衛門は菅生の杉田家をつぎ、いまに続いている。弟の東は甫仙と号し、のち元伯と称した。後年、大槻玄沢が記す『杉田家記録』によれば、この人は稲毛領に生まれ、いかなる縁かは詳らかにしないけれども、童幼の頃、芝の天徳寺に寄食しており、そこで偶然にも松平山城守に気象ありげな才を見い出され、松平邸に連れ帰られ、師をつけ外科を学ばしめられ、のち元伯と名付けられて家臣にとり立てられた、とある。

その後、松平家の事情で新抱（かかえ）の家来が暇を出された際、元伯も浪人となったが、また推挙する人もあって新発田（しばた）藩の溝口侯に知行二百石・二十人扶持をもって仕えた。しかし、侯がある日登城退出の時、元伯も諸士とともに列居平伏していたところ、侯の刀の小尻が元伯の頭頂に触れた。しかるに侯は何の会釈もなく行き過ぎ、一言の挨拶もなかった。そこで元伯は、たとえ臣下なりとも、君臣の礼を知らざるもの、永く仕うべき主君にあらずと、意を決し、病身を名目に永の暇をとり、浪人となってしまった。

小浜藩主酒井忠囿

その後、元禄十五年（一七〇二）小浜藩主酒井忠囿（ただその）が三御門御普請御手伝の命を蒙った際、臨時に雇われ、翌十六年六月二十五日五十四歳で召抱えられ、二十人扶持に薬種料金拾両を支給されることとなってからは終生酒井家に仕え、享保二年（一七一七）九月二十二日六十九歳で病歿した。これが医家としての杉田家の初代である。

初代元伯甫仙が師事した医師は誰であったか。このことについて、後年杉田玄白が、『蘭学事始』の中で次のごとく述べている。

その初め南蛮船の通詞西吉兵衛といへる者にて、かの国の医術を伝へ、人に施せしが、その船の入津禁止せられて後、また和蘭通詞となり、その国の医術も伝はり、この人南蛮和蘭両流を相兼ねしとて、その両流と唱へしを、世には西流と呼びしよし。その頃は至つて珍しきことにてありければ専ら行はれ、その名も高かりしゆゑにや、後には官医に召し出され、改名して玄甫先生と申せしよし。その男宗春と申されしは多病にて早世し給ひ、家絶えしとなり。これわが祖甫仙翁の師家なり。

（『蘭学事始』）

すなわち、杉田甫仙の師は西玄甫という官医であったというのである。

西玄甫

西玄甫という人は、はじめ西新吉と称し、承応二年（一六五三）父の初代西吉兵衛が三十八ヵ年の通詞職を退役したあと、同年その跡役として阿蘭陀大通詞に任じ、吉兵衛と改名、二代目西吉兵衛となった。寛文九年（一六六九）に退役、延宝元年（一六七三）には江戸に召し出され、宗門改めの参勤通詞目付役を命ぜられ、外科医官を兼ね、西久保に屋敷を拝領し、貞享元年（一六八四）九月十七日江戸で病死した。

南蛮紅毛両流外科

彼の医術は盧千里（ろせんり）の『長崎先民伝』に「蕃人沢野忠庵なる者に従って業を受く」とあれば、帰化人沢野忠庵すなわち Christovaõ Ferreira に医術を学んだわけである。その時期は初代西吉兵衛が通詞の現職にあって、彼自身は口稽古の頃かと思われる。つまり、いわゆる南蛮医術を学んだわけである。二代目西吉兵衛となり、阿蘭陀大通詞の職についてからも医術修業は併続していたらしく、やがて一六六八年（寛文八）二月二〇日付で、オランダ商館長コンスタンチン＝ランスト Constantin Ranst およびダニエル＝ファン＝フリート Daniel van Vliet、アルノルド＝ディルクゾーン Arnold Dirckz. らの署名入り医学証明書を得ているのであって、ここに南蛮・紅毛両流の医術を修得したことは確実なのである。この証明書を得た翌年、前記の通り、通詞職を退役している。西流医術をもって独立・専念したがためと思われる。結果は非常に流行をみ、名声も高まった。『長崎

オランダ人からの医学証明書

先民伝』が「井伊・酒井諸侯更相推轂、擢備二侍医員一」と記すところをみると、彼が南蛮・紅毛医術に長けていたことが、幕閣の諸侯にも十分認識されていたことがわかる。

西玄甫が官医として江戸にあった延宝元年（一六七三）から病歿の貞享元年（一六八四）の間に杉田甫仙は師事したわけであろう。この期間に杉田甫仙の年齢を逆算・対応させてみると、二十四―五歳ごろから三十五―六歳にかけてに当たり、彼の経歴に照しても矛盾しない。以上によって、わが杉田家の初代甫仙が南蛮・紅毛両流をもって幕府に仕えた西玄甫に師事したことを知り得る。玄甫と甫仙、その名に一字共通の文字を使用している点にも、何か暗示的なものを感じさせる。

初代甫仙元伯には五人の子供があり、上は女で、次が男子、三番目以下も女子であったため、二番目の甫仙が跡を継ぎ、幼名を伯元といい、諱は定信、甫仙はその通称であった。これが杉田家の二代目、すなわち本書の主人公、杉田玄白の父君に当たる。

三　父　母

母蓬田玄孝の女

玄白の母は玄白を産み落すと、その短い生涯を閉じた。蓬田玄孝の女と伝えられ、実名も歳も詳らかにしない。法名、光雲院桂室妙仙大姉を知るのみである。

生まれながらに母を失った玄白は、父の愛を受けて成長する。父は玄白が三十七歳の秋まで生きた。玄白の人間形成の要素のうち、父の感化が占める比重の大きかったことを解すべきであろう。玄白の人間を理解するうえに、まず父の人となりを理解する必要がある所以（ゆえん）がここにある。

二代目杉田甫仙

玄白の父はすなわち杉田家の第二代目、幼名を伯元といい、のち定信、通称甫仙と称した。越後新発田藩の溝口侯を辞してのち小浜藩酒井侯に仕えた、あの初代甫仙に訓育を受けた人である。

その家庭が厳格であった模様を伝える話がある。すなわち幼童の時、読書記憶がよくないとて、何か固い物で打たれ、生涯頭頂にその痕を残していたということ。また、ある時、背中に何か腫れ物ができて疼痛甚しく臥していたら、床下の掃除をせよと命ぜられ、やむなく、床下に入って掃除をしたら、腫れ物はすり潰れ、血膿が出て治癒した、といった話がそれである。

のち、玄白が安永三年五月に認（したた）めて藩庁に提出した由緒書によって、玄白の父甫仙の

二代目杉田甫仙の経歴

経歴をかいつまんでみておこう。

○酒井修理大夫忠音侯の代、享保二年十一月十六日、二十七歳で跡式相続、弐拾人扶持を下しおかれた。

○享保十四年七月二日、三十九歳で針治兼帯を仰せつけられ、御合力金弐拾両を下しおかれた。

○酒井備後守忠存侯の代、享保二十年十二月二十九日、四十五歳のとき、三人扶持加増。

○元文二年二月十六日、奥医を仰せ付けられ、同年小浜勤番御供。

○元文四年小浜勤番御供、同地で十一月十五日、七人扶持加増。

○酒井修理大夫忠用侯の代、元文五年九月四日、五十歳で奥医師免ぜられるとともに小浜詰を命ぜられる。

○延享元年六月、江戸参勤に従い銀二枚下しおかれる。

○延享二年五月二十三日、五十五歳のとき、再び江戸詰を命ぜられる。

○寛延元年、大坂城代詰に御供、銀二枚下しおかれる。

○寛延三年、大坂表出張、八月十五日、銀二枚下しおかれる。
○酒井遠江守忠與(ただよし)侯の代、宝暦六年九月三日、先達道中御供。
○宝暦八年八月二十九日、先達両姫相州芦湯入湯勤務、銀二枚下しおかれる。
○宝暦九年正月十一日、六十九歳、再び奥医師を命ぜられる。
○酒井修理大夫忠貫(ただつら)侯の当代、明和四年十月、七十七歳、老衰のため御上屋敷へ五節句その外、軽御吉凶の節罷出ること御免となる。
○明和六年（一七六九）九月十日、七十九歳で病歿。松雲院閑山道仙居士。

ざっと、以上の通りであるが、大槻玄沢が記録するところによれば、信仰心の厚い人でもあったらしい。酒井家の忠音・忠存・忠用・忠與と忠貫の五代に仕え、奥医師も勤めた藩医であったわけであるが、その医学上の師の名を明記している記録はない。

初代杉田甫仙が師事した西玄甫に同様師事したかとも考えられがちであるが、西玄甫は貞享元年（一六八四）に歿し、それから六年たった元禄三年（一六九〇）に生まれた二代目杉田甫仙が師事できるはずもなく、また玄甫の後はその男宗春が多病で早世したため直系が絶えたとあるから、二代目甫仙の医術は西家とは無縁である。

二代目甫仙の師は初代甫仙

しかし、二代目甫仙は、当時南蛮・紅毛両流医術の最高峰であった西玄甫に師事した初代杉田甫仙から厳格な教育を受けたことだけは右の逸話からも容易に察せられる。その修業期間は幾年くらいであったであろうか。二代目甫仙は元禄三年（一六九〇）生まれで、初代甫仙が享保二年（一七一七）に歿しているから、二十八ヵ年にわたって、厳父から教育されたわけである。家学の医術においてもその例外ではなかったと思われる。であったればこそ、後年二代目甫仙が子玄白をして蘭方医西玄哲の門に入れしめた自然の筋道がそこにあったのである。また玄白が「わが家も従来和蘭流の外科を唱ふる身」（『蘭学事始』）と明言することも首肯できるのである。

四　兄と姉妹

兄は覚林了幻童子
次兄仙右衛門
姉智光院夏月恵照信女

玄白には二人の兄と一人の姉があり、また腹違いの妹が一人あった。

長兄は元文六年（一七四一）玄白九歳の年の二月十日に夭し、覚林了幻童子といった。次兄の仙右衛門は他家を継いだ。姉は嫁し、のち宝暦三年（一七五三）玄白が二十一歳の年の六月十一日に歿し、法名を智光院夏月恵照信女といった。

その結果、結局玄白が二代目甫仙の跡目を相続することとなったのである。

継母

玄白の父、甫仙は妻蓬田氏によって二男一女を得たのであるが、先立たれたので、後妻に某氏を迎え入れて一女さゑを得た。玄白からみれば母違いの妹に当たる。

妹さゑ

父の後妻は寛保三年（一七四三）玄白が十一歳の年の六月二十七日に亡くなった。父は幼い子供たちを抱えて、身のまわりの不自由さからでもあろうか、妾をおいたが、この妾もまた玄白が二十四歳の宝暦六年（一七五六）四月四日に亡くなってしまった。父甫仙にとっては妻運に恵まれず、生まれながらに母の愛を知らない玄白にとっては、そのかわりともなるべき義母さえも次々と失って不幸なことであった。

父の妾

ずっと後年のことに属するが、玄白の日記『鷧斎日録』の寛政九年七月二十八日の条には、六十五歳の玄白の、覚めてはかない夢物語が書き記されてある。

玄白、母がわりの姉を夢にみる

牛込矢来の小浜藩邸内に酒井氏の供養として設けられた長安寺の丈室が夢にのぼって、父の旅立ちの支度をかいがいしくしている姉がそこにいたのである。夢に現われた姉は玄白の一人の姉、恵照信女その人である。二十歳そこそこで亡くなった姉の思い出が、四十余年を過ぎて夢に上ったのである。次々にかわってなじみづらかった義母たちにくらべて、この一人の姉に玄白は見も知らぬ母の面影を見い出そうとして、殊のほか慕っていたものと思われる。兄の覚林了幻童子は玄白の夢に現われなかった。玄白の九歳のときに亡くなった兄であれば、思い出になることも少なかったことと思われる。

　杉田家の過去帳などには見えないが、後妻某氏との間に生まれた次女さゑは、さへとして『鷧斎日録』にその名がみえている。酒井家本の『後見草（のちみぐさ）』の序文に「妹さゑ女に筆とらせ、宝暦の末つかたよりの事ども、そのあらましを読みきかされ」とあって、玄白には腹違いの妹ながら、気が合って、著作のうえでも手伝いをさせていたようすが知られる。この妹さゑ女の嫁いだ先はわからない。『鷧斎日録』によれば、寛政八年玄白六十四歳の十一月二十九日の条にさゑ女の不幸が記されており、翌三十日に送葬が行なわれたことがみえている。

第二 修学

一 幼・少年時代

下屋敷での生活

玄白は、父甫仙が元文五年九月に小浜詰を命ぜられるまで、すなわち玄白が八歳になるまで、下屋敷内で父と二人の兄、それに一人の姉と過した。父甫仙は玄白を得たとき四十三歳の壮年であった。乳呑児をまじえた幼い四人の子供を抱えて、父は間もなく玄白が母と呼ぶべき人を迎えたかもしれない。この下屋敷で送った八年間の、玄白一家の生活はどんなものであったであろうか。語ってくれる史料は何もない。したがって、従来この期のことについて言及している人もない。しかし、この期間の生活は玄白の人間形成に少なからず影響を及ぼし、大切な時期であったはずである。その影響の大きな要素は父の感化と下屋敷という環境の二つに求めることができよう。抱擁力のある中にも厳格な父の性格と役職、武家社会の細かな規律や制度が、身近な日常の諸些事(さじ)を通じて

玄白の父甫仙、小浜詰を命ぜらる。玄白それに従う

小浜での生活

長兄を亡くす

義母の死

幼い玄白の眼・耳に入ったことであろうし、躾の上にも現われたことであろう。これが成人した玄白の後年の言動の中にしばしば顔を出すのである。

　元文五年（一七四〇）九月四日、父甫仙は小浜詰の命を受けた。玄白らも従って小浜に赴き、小浜での生活が始まる。時に玄白八歳の少年である。翌元文六年二月十日に玄白は長兄を亡くした。先にも記した覚林了幻童子が記録上の名である。次兄と姉とは一緒であっても、初めての土地での二年目であるから淋しいことであったであろう。さらに二年後、ようやく小浜の生活にも馴れた頃、寛保三年六月二十七日に、こんどは義母を失った。この人については戒光為禅大姉とその法名を知るのみである。してみれば、玄白はこの継母に十ヵ年以上もの間育てられたことになる。忘れ難い義母であったに相違ない。しかし、玄白の日記をみると、父母の忌日に必ず墓参をした玄白が、この継母のために墓参をした様子がみられない。それは、継母が小浜客中に歿し、同地の空印寺に葬られ、江戸に墓碑がなかったがためであって、その思い出が玄白の心の中から消え去っていたわけではなかったと考えられる。

　玄白は元文五年（一七四〇）から延享二年（一七四五）まで、父が国詰の間小浜で過した。これは

八歳から十三歳にかけての、足かけ六年にわたり、いわば感受性の強い少年期に当たっている。

小浜での見聞

小浜において少年玄白は、どんな見聞をしたであろうか。そのころのことは後年の彼の作品『形影夜話』にわずかにみえるにすぎない。次に、彼が見聞して書き留めておいた幾人かの人物に関する逸話を読んで、その頃の少年玄白を偲んでみたい。

炮術家富岡杢右衛門

「幼年の頃、若州にありし時、相識れる人」として、

富岡杢右衛門といふものあり。此人炮術家にてありしが、生得の近視にて土瓶の口見分たず。熱湯を茶碗に注ぐとて、己れが股を湯潑せし程なり。然るに銕炮さへ手に取れば、十間二十間先きも目当違はず、殊に小目当の上手なり。幼年の戯れに水上に浮びし水鳥の数を問ひしに、扇取つて頬にあて、其数を算へしに違はざるを見たり。又山田半助といへる馬術家は、年老い腰ぬけて行歩も自由ならず。己が家内も這ひあるく程なりしにより、君になげき赦免を蒙り、時々藩中より乗馬して出でたり。其出づる度ごとに、下部の背に負はれ、直に馬にかき乗せられ、鐙に足の届くとひとしく手綱かいくり、如何なる若人の乗りなやむかんづよの馬をも、己が心

馬術家山田半助

鍼医窪島俊哲

裁縫家宇田川平兵衛

の儘に乗り得て、行かむと思ふ所々快くのり廻し、常に往き返りしたるを見たり。又窪島俊哲といへる鍼医（はりい）は、中風して箸は持てども焼豆腐はさみ切る力もなし。然れども芒針（ぼうしん）持つて人を療することは病前にたがへる事なかりし。又宇田川平兵衛といへる裁縫家は、是にて何寸、是にて何分と、裁尺用ひず常に帛（きぬ）を裁ち切りたり。老後には目のたがひ二分ほどありとて、若き時一寸と思ふ所は一寸二分に裁ち、五分と思ふ所は六分に裁つといへり。是等皆親しく交りし人どもなり。（『形影夜話』）

と、いずれも自己の道を好んで学び、暫時も懈怠（けたい）なく修業をつんで、世間からは妙手・上手といわれている人達を手記しているのである。

玄白の父甫仙江戸詰となる

父の甫仙は延享二年（一七四五）五月二十三日に江戸詰の命があって、玄白ら子供達を伴って江戸に帰って来た。

玄白江戸に帰る

玄白は十三歳に成長していた。玄白が父につれられ小浜に行った秋の日は八歳の幼い記憶である。かの地で長兄を亡くし、育ての母を亡くし、何かと淋しい家庭が続き、その地でさらに父が妾を迎えたとすれば、玄白ら子供たちにとっても変化の多い時期であったといわなければならない。しかし、玄白は小浜の地において、幼いなりにも見聞・

交際を広めた。藩士とも藩の子弟とも、あるいは浜辺で村人や子供たちとも遊んだ。ゆったりと静かな小浜の風光にはぐくまれた土地の人々に交って、その空気を吸い、思い思いの生業に励む人の姿をみ、ひとつ事に専念し、上手・妙手と呼ばれる人たちの姿をもみ、気風にも接して成長したのである。生来、頑健の二字には程遠い彼にとって、小浜での生活は、むしろ好ましかったかもしれない。

その玄白が江戸に帰って来た。再び牛込矢来の酒井侯の下屋敷での生活が始まったわけである。しばらく留守にしていた江戸の生活である。藩邸内における父の職務、藩士の所作、街の気ぜわしい人々の動きなどが、夏の陽の光とともに、敏感な青年玄白の眼・心に飛び込んで、六年前とはまた変った感銘を与えた。

青年時代のころを、玄白はまたこうもいっている。

愚老が家世々医を以て我君に仕ふる身なれば、逃れても逃れ得ざる業なり。（『形影夜話』）

と、この感懐は家を継ぐべき兄がなくなって、自分が嗣子となるべきことが決まったとき、一層切実に胸に迫って来たことなのである。それに、

殊に不レ好道にもあらず。故に幼きより和漢の医書の端々を窺ひ見しに、生得（せいとく）不才に

して何書を読みても是非を分たず。他人は能くも解し得る事と、只我不才を恥ぢ、歳月を経しまでなり。(『形影夜話』)

と続けて述べているように、さして嫌いな道でもない家業でもあるから、折に触れて和漢の医書を拾い読みしていたのであった。しかし、この頃はまだ、あくまでも漠然とした拾い読みの程度であって、一箇の方針や態度をもって書籍に向うというまでにはいたっていなかったのである。すなわち、まだ医学における心の眼は開かれていなかったのである。

玄白の立志

その青年玄白が十七―八歳の時と思われるが、あらためて父に立志の程を願い出た。

不肖男、此齢に至るまで疎慢に日を消せり。願くは今より新に良師を求め、本業を習学せんと。(大槻玄沢『杉田家略譜』)

父甫仙は欣然として「余汝が其言の出づるを待てり」と。ここにおいて本格的に玄白の修業が始まる。父は玄白に、漢学の師に宮瀬龍門を、医学の師には西玄哲を選んでくれた。

二　漢学の師宮瀬龍門

宮瀬龍門

父甫仙が玄白に選んでくれた漢学の師は、当時本郷の湯島天神の裏門前に開塾していた宮瀬龍門という儒学者であった。龍門は紀伊の人で、名は維翰、字は文翼、通称三右衛門といって、龍門はその号である。本姓は劉氏といって、代々医をもって紀伊侯に仕えていたが、龍門の代になって事情により除籍となり、隠居となった。勉学数年ののち、江戸に出て服部南郭の門に学び、詩文に才があったといわれる。『龍門先生文集』その他の著作がある。

なお、大槻玄沢の『杉田家略譜』には「俗称三郎右衛門」とあるが、三右衛門を誤ったものである。また龍門は明和八年（一七七一）正月四日に五十三歳をもって歿したと諸書にみえる。すると玄白が十七―八歳で入門した寛延二―三年は、龍門の三十一―二歳の頃に当たる。

服部南郭荻生徂徠玄白、古学派の漢学を学ぶ

服部南郭は周知の通り荻生徂徠の高弟であり、玄白はその南郭に師事した龍門の塾に学ぶこととなったわけだから、いわば古学系統の漢学を身につけたことになる。

後年、玄白は荻生徂徠の著書に学問的ヒントを得る

勿論当初は一般的学力・教養を修めることがその目的であって、何ら思想の意識的方向があったこととも思われないが、後年荻生徂徠の著書に学問的ヒントを得たり、影響の少なからずあったところなどを考え併せると、玄白が龍門の塾に学んだことの意義を見逃がすわけにはいかないと思われる。

三　医学の師西玄哲

父甫仙が玄白に選んでくれたもう一人の師は幕府の奥医師を勤めている西玄哲であった。

西玄哲

西玄哲は先に述べた西玄甫の「姪の続き」といわれ、名は規矩、外科を本業とし、延享三年（一七四六）十一月朔日、六十六歳の時に第九代家重将軍に御目見を許された。翌延享四年正月十九日寄合医となり、廩米二百俵を下賜され、その四月六日奥医師にあげられた。宝暦十年（一七六〇）二月八日、八十歳をもって歿したという（『寛政重修諸家譜』『蘭学事始』）。してみると、玄哲は天和元年（一六八一）の生まれとなり、玄白が十七‐八歳で入門した寛延二‐三年にはすでに七十歳に近い高齢ながら、奥医師になりたての、気の張っていた時期に当たる。

西玄哲の医術内容を証するものとして、われわれは『金瘡跌撲療治之書』と『金瘡自得』の二点をみることができる。

『金瘡跌撲療治之書』
楢林鎮山
パレーの外科書
『紅夷外科宗伝』

『金瘡跌撲療治之書』は西流外科の秘伝書として伝えられている。西玄哲は「阿蘭陀人直伝之秘書也、実可レ秘之一書也」といって珍重しているが、実は楢林鎮山がかつてフランスの外科医アンブロアス＝パレー Ambroise Paré の外科書の蘭訳本 De Chirurgie ende Opera van alle de Werken van Mr. Ambrosius Paré, Dordrecht 1649. を抄訳した『紅夷外科宗伝』の一部分をさらに享保二十年（一七三五）に（一説には十八年）いたって玄哲が改編したものである。玄哲は楢林鎮山の著述であったことを知らないで改編しているが、ようするに身体各部の瘡傷・骨折・脱臼等の手術・治療の方法を図入りで示したもので、当時としては紅毛流外科書として珍重されたものである。

『金瘡自得』

『金瘡跌撲療治之書』がもと楢林鎮山の業績であるといわれているのに対して『金瘡自得』の方は正に西玄哲の著述というべきものである。二十則を挙げ、自己の経験を生かして、跌撲の書を補訂しているものである。

要するに西玄哲のオランダ流外科とは、蘭書から本格的に訳述したものでなく、単に

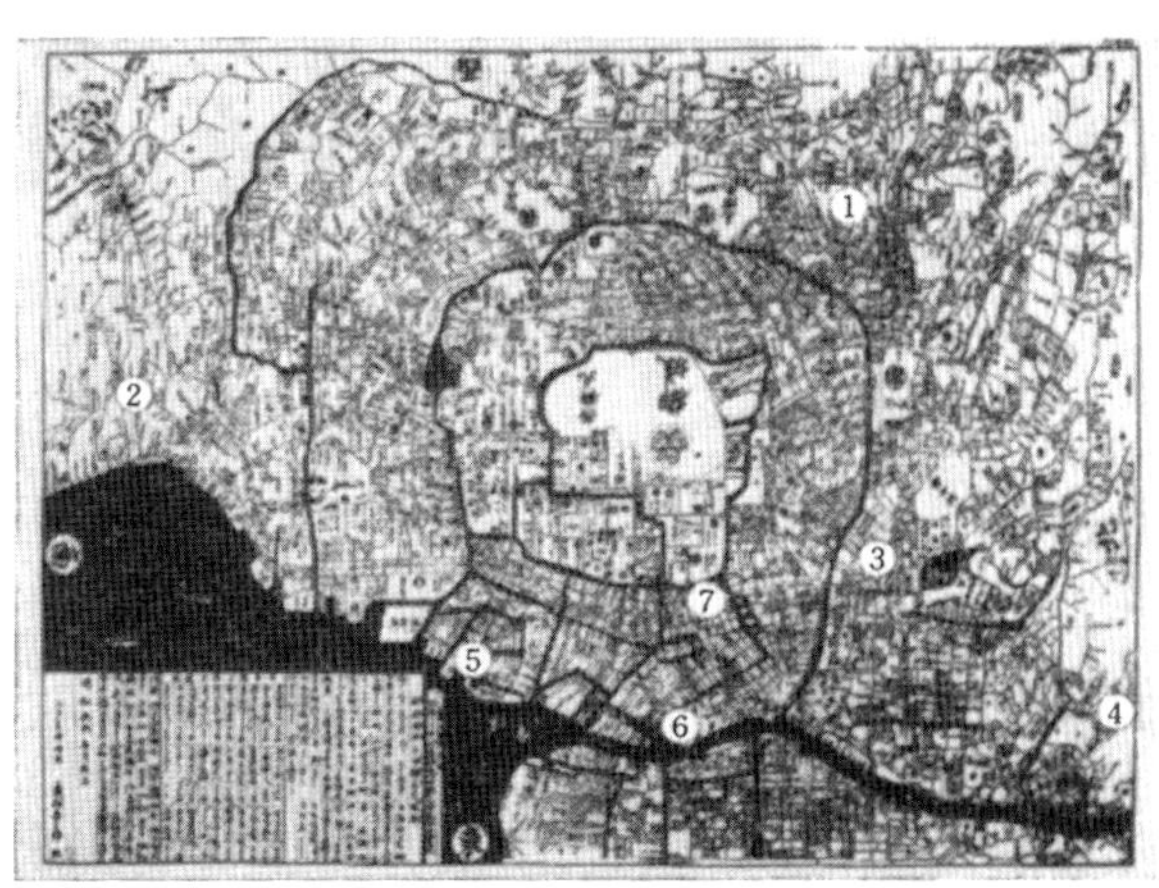

杉田玄白関係地図

① 牛込矢来（玄白誕生地）
② 芝二本榎（蘭方医学の師西玄哲の住居）
③ 本郷切通し（漢学の師宮瀬龍門の住居）
④ 小塚原刑場（現，南千住駅そばで，回向院の境内に「観臓記念碑」がある）
⑤ 鉄砲洲（前野良沢の居所．現聖ロカ病院附近。「蘭学の泉はここに」の記念碑がある）
⑥ 日本橋浜町（玄白の後の住居）
⑦ 日本橋本石町（長崎屋のあったところ）

膏薬を用いたり、針で膿を出したり、焼いた鉄で血止めをしたりといった程度のものであったようだ。

大槻玄沢の記録によれば、西玄哲は二本榎に住んでいたという。牛込から二本榎まではかなりの距離がある。「日々怠慢なく、風雨を厭はずして遠路を往来」したと伝えられている。

玄白は著書『形影夜話』の中で師玄哲について、

翁が少年の時、先師西玄哲先生に向ひ、癰疽の初発これを候ふに皆一点粟粒の如し。此時如何して軽重険易を見分つべきと問ひしに、先生、唯何となく己が頭上より圧せらるゝ様に覚へ、いふべくもなく冷く怖きは、極めて大患に至るものなりと教へられたり。是取留めがたきやうなる言なれど、彼場数を経し人の言葉なり。(『形影夜話』)

と述べている。

老練なる医師の直感力には、玄白が幼い日に眼のあたりにした上手・妙手の人々を思いうかべるまでもなく、眼をみはるものがある。しかし、なんといっても蘭人から直接に伝習をうけた西玄甫とはちがい、科学性は稀薄となってしまっている。長崎で一度得た技術を伝えることだけに頼って来た当然の結果というべきことであろう。科学的医学理論に立脚した医術ではなく、そこにはただ場数を踏んだ経験豊富な医師の顔が浮かんでくるだけである。

西玄哲が、わが家は蘭人直接の伝習による南蛮・紅毛流医師の家系であるとして、流布本を入手・改編することで間に合せたと同じように、杉田甫仙もわが家は南蛮・和蘭両流に師事する家であるとして玄白を玄哲に就かしめたものとしか考えられない。これでは、師弟両者とも、それぞれの先代に比して一歩後退、未熟の誹(そしり)をまぬがれ得ないであろうが、兎にも角にも漢方一点張りの世にあって、この種の指向性だけでも持ち得たことは、まずまずといわずばなるまいかと思う。

第三　小浜藩医玄白

一　小浜藩医となる

上屋敷勤務

宝暦二年（一七五二）十二月二十一日、玄白は酒井侯の筋違御門のそばにある上屋敷に勤務することとなった。毎日、矢来の藩邸から通勤したのである。

藩主は京都所司代酒井忠用

次いで、翌三年正月二十八日に五人扶持ならびに五度の御仕着を給せられ、召抱えられることとなった。時の藩主は酒井忠用で、宝暦二年四月から京都所司代の任についており、玄白は二十一歳の青年であった（『由緒書』）。

姉を哭くす

この年の六月十一日、玄白が母とも思って殊の外慕っていた姉が二十歳そこそこの若さで亡くなった。藩医となって、一段落と思った矢先に悲しみが寄せてくる。この年は、暮の片付け物、新年を迎える仕度にも淋しさがつきまとったことと思われる。

淋しく明けた宝暦四年（一七五四）、その春さきのこと、淋しさを一気に吹き飛ばすショッ

小杉玄適
山脇東洋人
体解剖に成
功

クを玄白は受けた。同じ小浜藩医で同僚の小杉玄適が玄白のもとに一大ニュースをもたらしたからである。京都で山脇東洋が人体解剖に成功したというニュースなのである。

この年の閏二月七日に、京都の西郊で斬罪処分をうけた者が五人あった。その中の一人、三十八歳になる嘉右衛門という男の屍体が解剖に付せられたのである。

この解剖を願い出たのは小浜藩医の原松庵・伊藤友信と小杉玄適の三医であって、許可を下した、時の京都所司代は、同じく若狭小浜藩主酒井讃岐守忠用その人であった。特に注目すべきことは、この三医のうち友信と玄適の両医は、実は山脇東洋の門人でもあった。このような好都合なる人間関係のうちに、山脇東洋の解剖は成功したのである。

玄白が小杉玄適から聞きとったところは、

彼の地にて初て古方家といふ事を唱ふるの徒出づ。其中に山脇東洋先生抔専ら此事を主張し、自ら刑屍を解いて観臓し、千古説く所の臓象（ぞうしょう）大に異なる事を知られたりと聞く。（『形影夜話』）

といったものである。事実、この挙は日本で最初の公許を得た人体解剖であって、山脇東洋はこのときの解剖観察を記録し、漢方書に比べて「蛮書」すなわち蘭方医書の内容が正しいことを認めて、五年後の宝暦九年（一七五九）『蔵志』なる題名を付して出版した。この記録の公刊は当時の医学界に大きな衝撃を与えた。玄白にとっても例外ではなく、すでに解剖の挙が玄適によって報知された時以来、強いショックを受けていたことであった。

玄白の東洋の挙に対する羨望

のち玄白が小林令助に送った手紙の中で「京師にて東洋・東洞抔初て古方家と申事唱被レ申候故夫が羨く、同様に古方を唱しは驥尾に付の道理にて、其下に立申候か残念」といっている言葉によって、いかに大きなショックをうけ、羨しく思っていたかが察せられる。

玄白は、何とかして新分野に活路をみつけ出し、このショックを一日も早く解消したいものと、心の奥深く決心したのである。

二　当時の日本の医学界

ところで、日本の医学を振り返ってみると、その医療は明治八年（一八七五）に医師の資格試験が西洋医学に限られるまでのおよそ一五〇〇年間は中国系の医学によって支えられ

『医心方』

梶原性全
『頓医抄』

ていた、ということができる。

奈良時代には仏教文化の隆盛の波にのって隋・唐医学が輸入され、平安時代にはそれが貴族社会に浸透していった。伝存日本最古の医書『医心方』が平安朝の天元五年（九八二）にでき、本書がすでに大陸では失われてしまった『諸病源候論』（隋の時代、巣元方らが勅命によって作った病理と診断の書）の原文の一部を伝え、かつ多数の隋唐医書から抜萃していることによってもうなずける。

鎌倉時代になると、貴族仏教的な隋唐医学は影をひそめ、儒教的色彩が強く、陰陽五行説の影響をうけた宋医学が摂取された。また僧医の活動が盛んになった。僧医の一人梶原性全（一二六五—一三三七）は宋医学の長所を採って医学の大系を組み立て、自己の経験を加えてすぐれた医書を残した。『頓医抄』がそれで、和文をもってその普及をねらった。

室町から安土桃山時代にかけては、社会風潮も反映して、実際的な民間の経験医術が盛んとなって、純粋な医学は衰えをみせた。しかし、明（みん）に留学した医家の何人かは修得した医方や医書・器具をもたらしたし、当時伝えられたヨーロッパ系のキリシタン医学も流行して、複雑な様相を加えた。

戦国時代から安土桃山時代にかけて日本の医学界で牛耳をとった人物は、田代三喜と

田代三喜
曲直瀬道三
啓廸院
『啓廸集』
後世派

曲直瀬道三の二人である。武蔵の国出身の僧医田代三喜は入明して十年余もその地にとどまって、金元四大家のうち、とくに李東垣と朱丹渓の学派に精通し、いわゆる李朱医学をもたらした。帰国後はまず鎌倉に住み、ついで足利氏に招かれて下総の古河に移って医を行ない、名声があった。曲直瀬道三は京都出身の僧で、関東に下って足利学校に学び、ついで七年間田代三喜について李朱医学を修めた。京都にかえり還俗して医を専らにし、啓廸院という学舎を開いて医生を教えた。名医の評判たかく、多年の臨床経験を通して、宋・金・元の医学体系を整理し、仏教的要素を排した新形式の医書『啓廸集』八巻を天正二年（一五七四）に著わして正親町天皇に献上した。この『啓廸集』をもって日本の医学はようやく宗教と分離し、純粋な学問として独立したということができよう。こうして李朱医学は「道三流」の名のもとに日本化されて広まった。道三流と、これから発した学派を「後世派」と称した。

　江戸時代になってからも医者の多くはその李朱医学の系統にあって、陰陽五行とか五運六気などという空理空論をたたかわせていた。儒教が施政方針の基本と定められたことにも影響をうけて、ようやく仏教を離脱しえたわが国の医学が、こんどはその医療精香川修徳「儒医一本論」

『傷寒論』

名古屋玄医　後藤艮山の一気留滞説

香川修徳『一本堂薬選』『一本堂行余医言』

神を儒教の道徳観におこうとするようになった。

元禄ごろ、医学と儒教の根本は一つであるという考えのもとに香川修徳（一六八三—一七五五）は「儒医一本論」を唱えた。古典に対する疑いと、権威の盲従への反省が高まって、実証主義を重んずる古代回帰の思想革命であった。

瞑想的要素の多い後世派の金元医学の方法論に批判の眼をむけた革新的な医家たちは、『傷寒論』のような中国古代の医学のほうが実際に即しているからそれを学ぶべきであるとして、その方法論を臨床的に追試し、独自の経験も加味・集積して、新しい体系を組織していった。この学派は後世派に対して「古方派」といわれている。

古方派の医家が唱えるこの古医方は、初め名古屋玄医（一六二八—九六）が唱えだし、後藤艮山（一六五九—一七三三）がそれを発展させて一気留滞説を唱えた。時期的には儒学における古学派（山鹿素行・伊藤仁斎・荻生徂徠）の発展と足なみを揃えている。

艮山の高弟香川修徳（一六八三—一七五五）はそれまでの本草家の説を顧慮せず、自己の経験の中から実効あることだけをしらべだして『一本堂薬選』三巻を著わし、また『一本堂行余医言』三十巻を著わして自己の医学体系を示した。修徳は儒医一本論を唱え、一本堂と

山脇東洋肖像（『医家先哲肖像集』より）

号した。

その後江戸中期になると、古方派は実証精神に徹しながらも二派に分れた。一つは吉益東洞（よします）（一七〇二―七三）による治療体系の大成で、他の一つは山脇東洋（一七〇五―六二）による人体解剖に基礎をおく実験医学である。

吉益東洞の万病一毒説

吉益東洞は基礎医学を軽視し、臨床治験を重くみた。彼は「万病一毒説」を主張し、「毒によって病の毒を攻める」という方針をとった。副作用や体力の衰弱を無視して攻撃性の薬物を用い、生死は天にまかせて医の関知するところではないとまで極論した。吉益派の後継者は、その過激な学説に修正を加え、治療法にも経験を積んで漢方の完成につとめた。

山脇東洋

山脇東洋も同じ古方家ながら、基礎医学を重んじた。彼は京都に住み、幕府の医官で法眼（ほうげん）の位を得ており、古来の五臓六腑説が正しいかどうか、実際に人体解剖を観察して確かめようという希望をもっていた。

東洋はついに、宝暦四年（一七五四）閏二月七日にその機会をつかんだ。その日京都の西郊にある刑場の庭で首のない男の死体が蓆の上で解剖され、東洋は弟子たちとこれを実見することができた。不備な解剖実見ではあったが内臓の一つ一つをみて骨も数えた。東洋はその観察結果を記録し、図をつけて五年後に出版した。『蔵志』乾坤二冊がそれである。

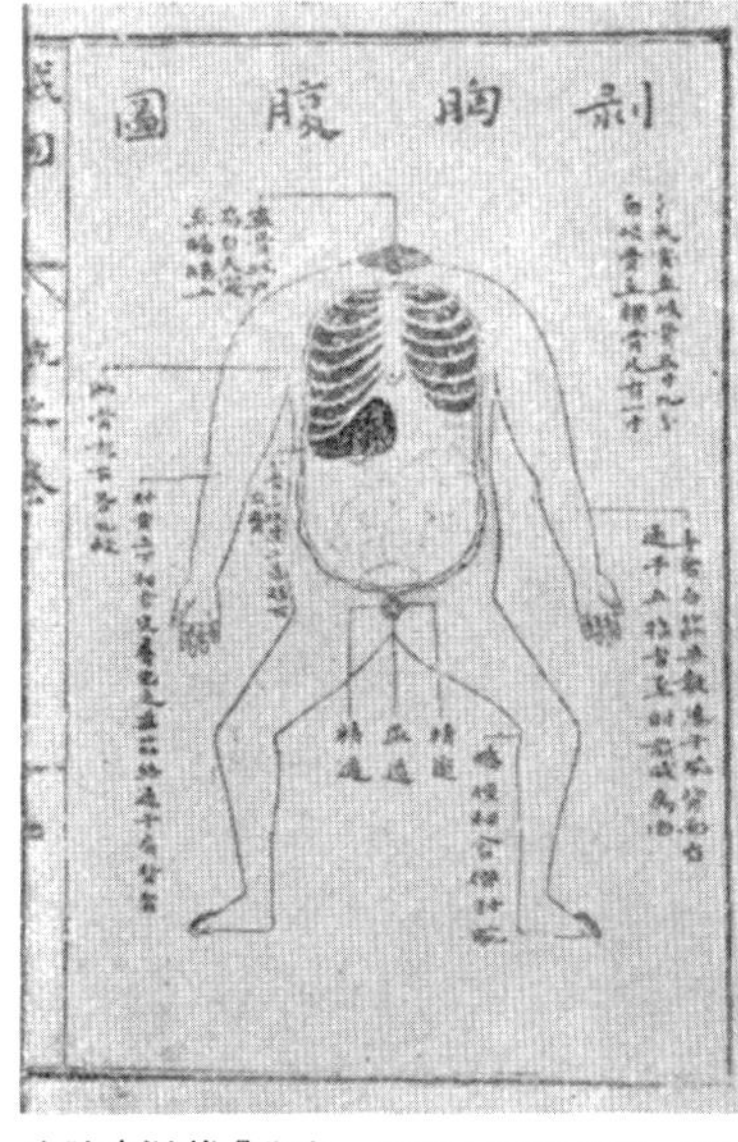

山脇東洋著『蔵志』（宝暦九年刊）の第一図

『蔵志』には東洋が解剖の主な目的にしていた大腸と小腸の区別が見落されている。脊椎骨を十七と数えたのも間違っている。しかし気管が前で食道が後ろであることを確認したことなどのほか、正しい所見が多く盛りこまれている。

しかし、何よりも『蔵志』が画期的であったことは、古来の五臓六腑説が実物とはなはだ異なることを指摘し、医学は実地にものを見なくてはだめであることを主張して、「蛮書」のほうが実物とよく合うことを述べた点にある。東洋が読めないながらも比較した、所蔵のヨーロッパの解剖書はパドア大学教授でドイツ人ヨハン＝ヴェスリング Johann Vesling（1598—1649）の解剖書 Syntagma anatomicum であった模様である。

ヴェスリングの解剖書

実証にもとづく事実の符合に驚嘆して、実験医学を強調した山脇東洋の功績は大きく、これが契機となって、その後は刑死体の解剖が日本の各地でときどき行なわれるようになった。宝暦八年には長州の萩で栗山孝庵が行ない、同じ年にオランダ外科を標榜していた伊良子光顕が伏見で行なった。栗山孝庵は山脇東洋門下の古医方の大家で、翌九年にも萩で二度目の解剖を行なったが、これは日本で初めての女体解剖であった。そのとき孝庵が師の東洋に送った報告によれば、長崎から萩にきていた「田英仙」なる外科医が執刀したとある。医者自身による執刀の早い例といえよう。山脇東洋は宝暦十二年の病死までに二度目の解剖をしたようである。明和年間に入るとますます人体解剖が行な

栗山孝庵

伊良子光顕

河口信任『解屍編』

われたようで、内容的にも進歩の度を加えている。明和七年（一七七〇）には京都所司代土井利里の侍医河口信任が京都で首一つと首のない刑死体二つを得て解剖し、その結果を『解屍編』と題して二年後の明和九年に出版したが、山脇東洋の『蔵志』に較べて、解剖所見がずっと詳しくなっている。

河口良庵
カスパル流外科
栗崎道喜

この河口信任は代々の土井侯に仕える藩医河口家の三代目で、元文元年土井侯が唐津時代にその地で生まれた。初代の河口房頼は寛文六年（一六六六）に長崎で河口良庵よりカスパル流外科の免許を得ている。信任は宝暦七年跡式十三人扶持を継いでから、同九年より長崎に遊学し、南蛮外科直伝を誇る栗崎道喜の後裔である二代目栗崎道意に師事して、翌十年に南蛮流外科の免許を受けた。現に古河市の河口家にはその免許状が伝存している。同十三年藩主に扈従（こしょう）して古河に移り、さらに土井侯が京都所司代となるや、同じく京都に出て、明和七年に京都の古方医荻野元凱（げんがい）と門弟立合のもとに刑死体を自ら執刀解剖したのである。

本木良意
レムメリンの解剖書

また長崎の阿蘭陀通詞の本木良意は元禄十年（一六九七）に七十歳で歿した人であるが、生前にドイツ人レムメリン Johann Remmelin の著書の蘭訳本（アムステルダム一六六七年版）によって内臓の

『和蘭全軀内外分合図』

形を切り抜いた紙片を重ね合わせて解剖図を作っている。しかしこれは良意の存命中には出版されず、明和九年(一七七二)になって、周防の人鈴木宗云によって『和蘭全軀内外分合図』という題名で出版された。図集と説明の二冊からなっている。これは日本における西洋解剖書翻訳の早い例で、杉田玄白らの挙よりほぼ一

PINAX
MICROCOSMOGRAPHICUS,
ONTLEDING
Menſchelyke Lichaems,

レムメリンの解剖書の扉
(東京都，小川鼎三博士蔵)

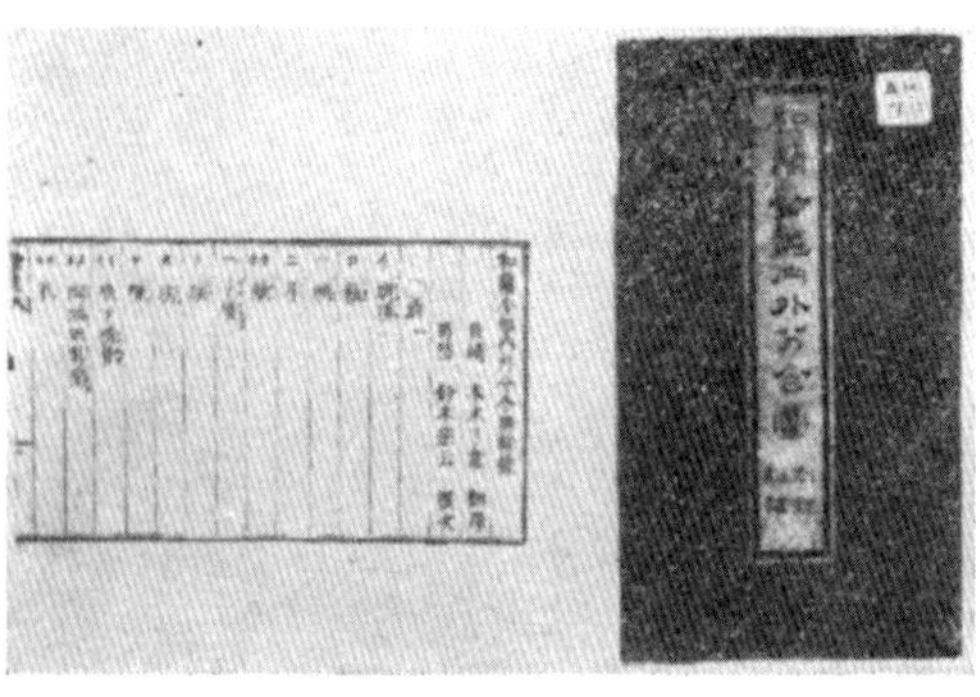

本木良意『和蘭全軀内外分合図』の別録験号
(東京大学図書館蔵)

世紀を先んじている。出版は二年前であるが。

このように、古方医がその実証精神によって人体解剖に熱意を示し、あるいは通詞出身の南蛮・紅毛流外科の人達が自ら解剖に手を染めていき、すすんでは、西洋の解剖書と比較して翻訳を手がける人も出はじめていたことがわかる。

レムメリンの解剖書の解剖図

本木良意の『和蘭全軀内外分合図』の解剖図

したがって、やがて杉田玄白らが行なう観臓・蘭書翻訳・刊行の挙は決して日本における最初のことではなかった。『解体新書』訳読の主力となった前野良沢は、学派上では吉益東洞の流れを汲む古方医に属していたし、杉田玄白も古学派の漢学素養のうえに紅毛外科の西玄哲に学んだ医師であったから、いわば当時のわが国の医学界の時流に沿い、かつその延長線上の到達点に位した人々とその行動ということもできる。しかし、彼らの挙は日本の医学界を一変する力を発揮したのであって、それが果たした意義は量り知れない。その意義が奈辺にあったかということは本書を通じてこれから詳述する通りである。

ただ一言断わっておくことは、確かに当時すでに紅毛外科を看板にする者が少なからずいたが、建部清庵が玄白に述懐して申し送ったごとく、いずれもオランダ語を十分読みえたわけでなく、いくらか西洋流の薬やその代薬を用い、小手術などを施して加療したにすぎないものであったということである。

三　開業のころ

日本橋通四丁目に開業

玄白は宝暦七年（一七五七）二十五歳に達したとき、意を決して医者として開業すべく、父の許可を得て別居、日本橋通四丁目に居を定めた。このときのことを弟子の大槻玄沢は次のように記して置いてくれている。

　二十五歳にして侯より部屋住料五人口を賜りければ、此時大人に乞ふて外宅せり。且つ月俸五人口を以て父の給を待つべからずと約し、遂に願文を呈し、許允（きょいん）を得て、日本橋通四丁目に偶（寓）居せり。画工楠本雲溪の隣家なりしと云。（『杉田家略譜』）

部屋住料五人口

とある。この文において、二十五歳になったとき部屋住料五人口を得たように受け取られがちであるが、五人扶持の給付は勿論『由緒書』に宝暦三年正月の条下に記している方が正しい。明確を期するため「二十五歳になり、すでに君侯より部屋住料五人口を賜っていることでもあるから」とでも読みとれば、文意ならびに事実の混乱を来たすことはなくなると思われる。従来混乱して受け取られているむきもあったから一言附記しておく次第である。

日本橋に居を定め、開業した頃の玄白の生活・医業はどんなものであったであろうか。玄白が日本橋通四丁目に出て、開業した同じ宝暦七年の七月、江戸は湯島天神の旗亭（きてい）

京屋九兵衛方で本草学の大家田村元雄、号藍水が会主となって物産会が開催された。これは彼らが開いた第一回の物産会であると同時に、日本におけるこの種の物産会の嚆矢(こうし)ともなった会である。初会はまだ小規模で、会主田村元雄の園庭にある薬物などを主に、草木・鳥獣・魚介・昆蟲から金玉・土石にいたる鉱物など、和・漢・蛮種を選ばず出陳され、会合のうえ共同研究することを目的としたものであった。なおこの会のプランは田村藍水が『物類品隲(ひんしつ)』の序に記しているごとく、平賀源内の首唱にかかるものであって、わが玄白にとっても注目に値することである。

田村元雄、湯島で物産会を開催

平賀源内

平賀源内は讃岐高松藩の小吏白石茂左衛門良房(一に国久)の三男として享保十三年(一七二八)志度(しど)浦に生まれ、寛延二年(一七四九)父の死により、兄達が早逝していたから、家を継いだ。その際、信濃源氏平賀源心より出た系譜によって平賀姓に改めたという。宝暦二年(一七五二)二十五歳の秋、藩主の命によって長崎に約一ヵ年遊学した。同四年には家督を妹の婿で、のち権太夫と呼ばれる従弟に相続せしめ、自身は藩の許可を得て、江戸へ上った。飽和状態にあった地方の藩の殻を破棄して、学問の新分野本草学で身を立てるべく、当時すでに高名な官医藍水田村元雄の門に入らんがためであった。新井白石にも

源内、林家に入門

神田で第二回物産会湯島で第三回物産会

平賀源内、物産会の会主となる

市ヶ谷で第四回物産会湯島で第五回物産会

戸田旭山、大坂で物産会開催

早く接した。宝暦七年六月二日、林家に入門、林家の門人帳『升堂記』三に中村彦三郎の口入で入門したことが記載されている。当時は林榴岡(りゅうこう)時代であったが、翌宝暦八年に歿しているから、子の鳳谷(ほうこく)をはじめ同門の高弟に学んだと考えられる。のち源内が聖堂に住するようになったのは、これが縁となったものと思われる。

源内入塾の前後に讃岐の人、後藤芝山(しざん)や柴野栗山(りつざん)の名を眼にするが、あまり交渉はみられない。源内の学が、机上の儒に対して実利の本草にあったがための方向の違いによるものであろう。

若い源内の探究心は本草の道をえらんで突き進んだ。宝暦八年には第二回物産会が神田で催され、さらに翌九年八月には第三回が湯島で開催された。特にこの第三回目は師田村藍水の後をうけて源内が会主をつとめ、彼の活躍が展開する。つづいて第四回は宝暦十年に松田氏が市ヶ谷で主催し、第五回は同十二年に源内が再び会主となって湯島で開催した。この間、源内自身は宝暦十年に戸田旭山が大坂で物産会を開催した時、その記録の『文会録』に「皇和宝暦庚辰仲夏、讃岐平賀国倫(くにとも)、謹識二千東都聖堂偶舎(寓)一」と跋を寄せてもいる。漢学の殿堂に入りながら、むしろ本草学者としての名が学界に認められていたことを知るべきことかと思われる。

この江戸で開催された物産会への参加者は官・民、漢・蘭両学者の別を問わず多数を極めている。

『会薬譜』

物産会の記録として『会薬譜』がある。これは藍水田村先生の鑑定を得て平賀国倫（源内）の編したもので、加うるに田村元長・古河章輔・中川純亭三氏の校を得ている。第一回から第三回までの出品目録とその出品者の氏名が明記されていて、その顔ぶれが興味深い。中川純亭、のちに『紅毛談』を著わした後藤梨春、官医の藤本立泉・岡田養仙・岡田了伯らの名が眼につく。藤本立泉・岡田養仙はのち玄白によって『蘭学事始』の中で「官医岡田養仙老・藤本立泉老などはその頃まで七八度も腑分し給ひしよしなれども、みな千古の説と違ひしゆゑ、毎度毎度疑惑して不審開けず。その度々異状と見えしものを写し置かれ」とその名を挙げられる人達であった。と同時に、漢方医学に対する疑問を抱きながらも確たる解明の道を見極め得ないでいる人達でもあった。

中川純亭（淳庵）

右の中でも特に注目すべきは、中川純亭であろう。実は小浜藩医中川淳庵その人なのである。『会薬譜』をみると、第一回目の時に、

遠志小葉　鶏冠　海金砂

の三種を出品し、第三回源内が湯島で主催した時にも、

山薹琉球産　金星草　茵草　古度子　烏薬別種　金木蘭

の計六種を出陳しているのであって、『会薬譜』の校者に加わっていることをも考え合せると、第一回から物産会の有力会員であったに相違なかろう。

中川淳庵が第一回の物産会に有力会員で活躍がみられれば、当然同藩同業の医師にして交際のある小浜藩医杉田玄白も物産会に行った公算は大きい。玄白自ら「その頃いまだ年若く、客気甚しく、何事もうつり易き頃なれば」と、自分の行動を述べ、また後年のことには属するが、あの柴野栗山が篠崎三伯の碑文をかいた時、玄白の語を引くべく「医員杉田翼は博交の士なり」といっている。年若く、客気甚しき博交の人玄白は、きっと物産会に行ったにちがいない。玄白と平賀源内との交際は、実にこの物産会を通じて深まっていったものと思われるのである。

第一回の物産会開催の宝暦七年は、玄白が二十五歳、源内が三十歳、淳庵は実に十九歳、春秋に富む本草学者たちの会であったわけである。

宝暦十年には社友の松田氏が市ヶ谷で第四回目の会を開き、同十二年にはまた源内が湯島で第五回物産会を主催した。回を重ねるにしたがって出品点数も増えて、第一回の百八十種に比べると第四回は「七百数十種」、源内主催の第五回は、「海内同志の者に告げるところおよそ三十余国、送るところの品物一千三百余種」の多きを数え、全回を通じておよそ二千余種が集まったわけで、「夏夷異類こゝにおいて大備となす」といい、刷り物にも「諸本草並ニどゝにゆらす＝ころいとぼつくといへる阿蘭陀の本草等に出るところ、大体は外国より渡らずとも日本産物にて事足りなん」と述べて自信の程を誇っている。

『ドドネウス本草書』

野呂元丈『阿蘭陀本草和解』

いうところの「どゝにゆらす＝ころいとぼつく」とは、かつて寛文三年（一六六三）参府の阿蘭陀商館長ヘンドリック＝インダイク Hendrik Indijk が四代将軍家綱に献上した『ドドネウス本草書』と同種の本 Rembertus Dodonaeus: Cruydt-Boeck, Antwerp. 1644. を指すのであって、これはすでに野呂元丈が寛保二年（一七四二）から寛延三年（一七五〇）にかけて、参府の商館長・付添医師・通詞らについて訳した『阿蘭陀本草和解』として知られている本である。

『物類品隲』

二千余種にのぼる夏夷の異類が大いに備わったこの物産会を、年若く客気甚しき博交の人が見ないで済まされるわけがない。物産会の回数が増すにつれ、玄白と源内の交際はますます深まっていったのである。正に源内・玄白・淳庵は同臭の人であった。

玄白はこのように、日本橋に開業した頃は、藩医としての勤めに加えて開業医としての診療の余暇を見い出しては、医業の一助にもと物産会を通じて交際を広めていったようである。疑問を抱きながらも漢方的色彩のまだ強い段階にあったとみるべきであろう。

ドドネウスの本草書の扉
(1644年刊，東京国立博物館蔵)
左下にドドネウスの肖像がみえる

平賀源内は宝暦十三年七月に至って、物産会の成果をまとめて『物類品隲』を刊行した。この内容は、前記五回の物産会に蒐集陳列された二千種のうち、重複のもの、世間周知のものなどを除いて、適切なもの三百三十余種を上・中・下の三等に分け、一々詳細な解説を加えて編纂したものである。物類を品隲すること、すなわち品等を定めることから書名となし、四巻に分ち、別に珍品三十余種をえらんで図絵一巻、人参・甘庶の培養製法を詳述した附録一巻の計六巻からなる力篇となっている。殊に図絵は楠本雪溪の画筆に係るものである。雪溪も終り頃の会には会衆の一人であったかと思われる。玄白もこの『物類品隲』ならびに図絵をみたに相違ない。

楠本雪溪

また、先の玄沢の文にあるごとく、玄白の隣家が「画工楠本雲溪」というのも一字間違っている。これは楠本雪溪の書き誤りと思われる。すなわち、楠本雪溪は画家宋紫石の初名であって、清朝の名画家である沈南蘋（しんなんぴん）の流れを汲み、長崎に来遊した清人宋紫岩の画法を学び、その姓を冒し江戸に帰って宋紫石とも称していた画家なのである。

玄白の隣家は楠本雪溪（＝宋紫石）

沈南蘋は享保十六年（一七三一）十二月三日、その年の三十七番南京船で長崎に渡来し、同十八年九月十八日帰国の途についた。

沈南蘋

その頃は八代将軍徳川吉宗の興味もあって、長崎来航清国の貿易船船主らに対して彼国の名画ならびにその粉本（ふんぽん）の舶載方が要請されている折であったから、花鳥を得意とする画技のすでによく知られた沈南蘋その人の長崎来船は、日本の画壇に刺戟と活気を与え、その影響すこぶる大きかった。

神代熊斐

沈南蘋の画法は、長崎の神代熊斐に伝えられ、それより神代熊斐門下の画家によって諸国に伝播していったのであるが、ここにいう楠本雪溪の崎遊当初は右の神代熊斐に学び、次いで宝暦八年に長崎に来船した沈南蘋系画家宋紫岩に画技を学んだのであった。

宋紫岩来朝

沈南蘋の作は日本にも何種類かの「花鳥図」が伝存しており、神代熊斐の作には「三千歳図」「浪に鵜図」などをあげることができ、その作風を知ることができる。宋紫石の画も少なくない。彼は「桜花軍鶏図」「雨中鶏図」などのほか『宋紫石画譜』『古今画籔』を遺しており、花卉・動植物をよくしたことがわかる。

宋紫岩の来朝が宝暦八年であれば、雪溪が長崎に下って神代熊斐に就いて絵を学んだのはそれ以前ということになる。また宝暦八年といえば、江戸では湯島や神田で物産会が開催され、会が軌道に乗りつつあった頃である。宋紫石が長崎遊学を終わって江戸に帰ったのは物産会も終りに近い頃であろうかと推測される理由がここにある。

新風の余香をただよわせた楠本雪溪＝宋紫石が、杉田玄白の移り住んだ日本橋通四丁目の寓居の隣だという。明和六年の記事のある『古今諸家人物誌』に「雪溪、姓楠本、名紫石、字君赫（くんかく）、居東武日本橋南四丁目」ともある。これは見逃せない関係というべきであろう。ことによったら玄白の紹介で源内は雪溪を知り、『物類品隲』の挿図の執筆を依頼したものかとも推測されるところである。周囲の事情から十分あり得ることなのである。

　玄白と雪溪とは隣り同志の心安さから親交も深まったことと思われる。玄白の日記『鷧斎日録』の天明丁未（ていび）（七年）三月二十七日の条に「雪溪へ画頼云々」とみえ、また『形影夜話』に「享保の頃、沈南蘋といへる能画の唐人渡りし時、官より我邦の諸名家の画共を見せ給ひしに、特（ひと）り探幽が絵を称美せしよし聞けり。」とあるのも、恐らくは宋紫石こと楠本雪溪から耳にした話に相違ない。

　後年、玄白の描いた戯画風の自画像や「百鶴図」などが常人の画筆になるようなものとは到底考えられないほどの出来栄えを呈していることに想いをめぐらすとき、玄白の絵筆のたしなみの発端が、はやく隣家の雪溪こと宋紫石との親交の中に根ざしていたことかと思われるのである。

多趣味な玄白は、連歌にも興味を示した。『形影夜話』に、

翁壮年の時連歌を学びし師の阪昌周(さかしょうしゅう)といへる人は、常の談話にも、其所が連歌の附合なり、此所が連歌の附意なりと、事々物々連歌の意を離れしことなし。さればこそ紹巴(じょうは)以来の上手なりと人に称美せられたり。（『形影夜話』）

と、阪昌周を連歌の師として紹介している。

玄白の連歌の師阪昌周

阪家は連歌師として江戸幕府に仕え、毎年正月十一日の柳営御会連歌（連歌始）に第三を勤仕したのであった。阪昌周はこの阪家の初代に当たる。始祖里村昌琢(しょうたく)より五代目に昌迪(しょうてき)という人があり、その子は吉五郎といって初め成井氏を冒(おか)し、のち阪氏を立てて延享二年に名を昌周と改めたといわれている。幕府の連歌師を命ぜられ、明和三年から同六年にかけて柳営御会で第三を勤めた。八丁堀阪本町に屋敷を拝領しておって、楊柳園と号していた。天明二年隠居し、同四年（一七八四）十一月五日に歿した。楊柳園安阿昌周居士といって深川本誓寺に葬られた。

阪昌周は、明和七年に『連歌弁義』三巻を刊行し、同九年には『連歌必要』をものし、

安永七年には『道の露』を著わした。他に『昌周連歌合（あわせ）』『昌周千句』などがある。

阪昌周『連歌弁義』

『連歌弁義』は連歌の由来から説きおこし、その沿革、前句附の濫觴（らんしょう）、五十韻・百韻の事、和漢々和連歌の起り、連歌本式百韻の法、附合の事に至るまで、古書を引用・考究し、自説を加えてまとめたもので、彼の主著となっている。多少の僻見もあるが、彼の学識を発揮して捨てがたいものとなっている。

宋紫石・阪昌周らは、先に名の登場した西玄哲・宮瀬龍門と同様、当時の江戸にあっては、それぞれの分野において誇りうる良師たちであったわけである。玄白の人間形成のうえで、彼らが及ぼした影響が大きかったことは、玄白が彼らのそれぞれの特性を吸収して、多彩な行動を展開していったことをみても容易に首肯できるのである。

玄白は俳句もよく作った。俳句の師匠は誰であったであろうか。玄白自身は何も述べていない。しかし『鷧斎日録』の享和元年十一月二十五日の条には、

余伯父何仏といへるハ、世ニもてはやす誹諧と云ふものを好ミ、享保元文の頃、其道にたけたる人々ニ交リ、是を学びて生涯の楽となせり。其身罷りし後、遺物さまぐあり。其内ニ昔しめきたる「東市隠」「坐花酔月」といへる二つの石印あり。

如何成物なる事をしらず。此頃、故山夕か点ぜし諧誹(ママ)の紅仙といへるものを得て、其奥にものせしはこの二ツの章□(印カ)なり。夫(それ)と是と較べ見るに、露たがへることなし。さあれバ、彼人の所持の物なること疑いなし。伯父身まかりて年月を経ぬれば、伝へし故ハしられず。余に在てハ長物にして、今の山夕師ニありてハ伝首の衣鉢ニ似たるべし。因て贈り不候(ママ)とて読る片歌

雪の山　夕に残る　枝折(しおり)かな

とあって、俳諧を好み生涯の楽しみとしていた伯父何仏の面影を窺うことができる。この伯父何仏こそ、玄白が俳諧において師とも仰ぎ往来を重ね、心の通った伯父であったに相違ない。玄白は日記の中に沢山の漢詩・和歌・俳諧を書きのこしている。そのあるものは筆執って揮毫のうえ門下・知友に与えてもいる。それらはいずれも玄白の心の記念となっている。

玄白の俳諧の師、伯父何仏

四　小浜藩奥医師となる

明和二年（一七六五）四月、この年徳川家康の百五十回忌が取り行なわれた。神君（家康）の御

遠忌とて上下ともに大騒ぎであった。

この日光における万部の法会は誠に盛大を極めたもので、諸大名参候して、それぞれの役を勤めた。

日光勤番の供

酒井修理大夫忠貫（ただつら）も日光勤番の命を受け、その警固の任についていた。玄白もまた主君忠貫の御供を勤めた。このことを玄白自身は安永三年五月に提出した『由緒書』にも記載している。

御当代（酒井忠貫）明和二酉年日光御法会御固（かため）被レ蒙レ仰候節、彼表江相詰候様被二仰付一相勤申候。

欝蒼と茂った日光街道の杉並木の間、衛護の列を進める酒井侯に扈従（こしょう）して行く青年玄白の姿がしのばれる。

玄白、小浜藩奥医師となり三人扶持加増

さらに同『由緒書』には続けて、

同年六月朔三十三才に而奥医被二仰付一候、同三戌年十二月廿八日三十四才にて三人扶持御加増被二下置一候。

とみえる。小浜藩奥医師にあげられ、三人扶持加増、計八人扶持となったわけである。

藩医となってから十四年、日本橋に開業してから十年目、父の甫仙もすでに七十六歳の高齢に達していた。

玄白の藩医としての勤務ならびに栄進が、右の通りであった同じ明和二年および三年は、蘭学者となる玄白への道程においても注目すべきことがいくつか挙げられる年でもあった。

平賀源内の『日本創製寒熱昇降記』（明和五年にタルモメートル（寒暖計）を製して記したもの）を開くと、

明和二乙酉のとし、きさらぎの末、阿蘭陀人東都に来る。大通詞吉雄幸左衛門兼てより交深ければ日ごとに訪ひ侍りぬ。或日吉雄氏いと珍らかなるものありとて、二の器を出す。（中略）アラキフルートルは酒と水とのよし悪を知るものなり。（中略）タルモメートルは（中略）時候の寒暖を計る器なり。（中略）吉雄氏曰、此物、阿蘭陀人といへども数十年の考へにて漸作出せり、今容易にこれを作らんや。予曰、只陰陽の理を知るに過ず、試にこれを告んと。即、彼二ツの物製し出す術を述ぶ。然れども、満座の人猶信ぜざるの色あり。只吉雄氏と我友杉田玄白・中川淳庵の三士大に感服す。

大通詞吉雄幸左衛門

江戸参府のオランダ商館長一行を長崎屋に訪う

明和二年二月二十五日より三月十九日の間に長崎屋訪問

とある。この年の江戸参府の一行は、商館長フレデリック＝ウィレム＝ウイネケ Frederik Willem Wineke をはじめ、随員の上外科医アントニイ＝ファン＝ニイウエンハイゼン Antonij van Nieuwenhuijsen、筆者ピーテル＝アントニイ＝ファン＝バイステルフェルト Peter Anthonij van Bijsterveldt に加えて付き添いの阿蘭陀大通詞吉雄幸左衛門らであって、江戸滞在は商館長ウイネケの参府日誌に四月十五日から五月七日までとみえるから、邦暦では、二月二十五日から三月十九日に当たる。うち三月一日（西暦四月二〇日）は徳川家治将軍に拝礼・御礼言上を行なっているから、この拝礼登城より前の二月の末に平賀源内が杉田玄白や中川淳庵らを同道して、かねて昵懇であった吉雄幸左衛門をその定宿長崎屋に訪問したのに相違ない。そして、そこで源内は後日「日本創製」と自負するにいたった寒暖計タルモメートルをめぐって議論を展開したのであった。

しかし、玄白は右のことを書き留めてはいない。そのかわり、翌明和三年（一七六六）のことを鮮明に書き記している。玄白後年の作『蘭学事始』にいう。

明和の初年のことなりしか、ある年の春、恒例（こうれい）の如く拝礼として蘭人江戸へ来りし時、良沢、翁が宅へ訪ひ来れり。これより何方（いずかた）へ行き給ふと問ひしに、今日は蘭人の客屋に参り、通詞に逢うて和蘭のことを聞き、模様により蘭語なども問ひ尋ねんがためなりといへり。翁、その頃いまだ年若く、客気甚しく、何事もうつり易き頃なれば、願はくばわれも同道し給はれ、ともども尋ね試みたしと申しければ、いと易きことなりとて、同道してかの客屋に罷りたり。その年大通詞は西善三郎と申す者参りたり。

と。この「明和初年」とは、明和三年（一七六六）の春のことである。というのは、大通詞西善三郎が明和年間に江戸参府に付き添って東上したのは明和三年一回であり、この年の商館長はヤン＝クランス Jan Crans で、のち玄白の文中にカランスと呼ばれて、しばしば登場して来ることからも明白である。

大通詞西善三郎

この明和三年春の記憶が、いかに鮮明に玄白の脳裏に遺っていたかということは、一に西善三郎との問答の内容による。『蘭学事始』は続けて西善三郎の言葉を伝えている。

善三郎（中略）かの辞を習ひて理会するというは至つて難きことなり。たとへば湯水又は酒を呑むといふかを問はんとするに、最初は手真似にて問ふより外の仕方なし。酒をのむと問へばうなづきて、デリンキ（drink＝飲む）と教ゆ。これ即ち呑むことなり。さて、上戸と下戸とを問ふには、手真似にて問ふべき仕方はなし。これは数々呑むと数少く呑むにて差別することなり。されども多く呑みても酒を好まざる人あり、また少く呑みても好む人あり。これは情の上のことなれば、なすべき様なし。さてその好き嗜むといふことはアーンテレッケン(aantrekken=引きつける)といふなり。わが身通詞の家に生れ、幼よりそのことに馴れ居りながら、この辞の意何の訳といふことを知らず。年五十に及んでこの度の道中にてその意を始めて解し得たり。アーンとはもと向ふといふこと、テレッケンとは引くことなり。その向ひ引くといふは、向ふのものを手前へ引き寄するなり。酒好む上戸といふも、向ふの物を手前へ引きたく思ふなり。即ち好むの意なり。また故郷を思ふもかくいふ。これまた故郷を手元へ引きよせたしと思ふ意あればなり。かの言語を更に習ひ得んとするには、かやうに面倒なるものにして、わが輩常に和蘭人に朝夕してすら容易に納得し難し。なかなか江戸などに居られて学ばんと思ひ給ふは叶はざることなり。それゆゑ野呂・青木両先生など、御用にて年々この客館へ相越され、一かたならず御出精なれども、はかばかしく御合点参らぬなり。そこもとにも御無用のかた然るべしと意見したり。

とあって、前野良沢のオランダ語学習の申し出に対して、その困難の程を縷々述べ、特に抽象名詞や動作の表現の困難性を強調して、その挙を思い止まらせるべく意見したのであった。

前野良沢と杉田玄白の対応の違い

オランダ語の用を正職として立つ大通詞西善三郎からの意見だけに、説得力のあるものであった。この意見を良沢と玄白の両人はいかに受け止めたであろうか。玄白は続けていう。

良沢は如何承りしか、翁は性急の生れゆゑその説を尤もと聞き、その如く面倒なることをなし遂ぐる気根はなし、徒らに日月を費すは無益なることゝ思ひ、敢て学ぶ心はなくして帰りぬ。(『蘭学事始』)

とあるところから判断するに、玄白はオランダ語の学習をあっさり断念してしまったようである。しかし、良沢にはこの西善三郎の言葉はどう響いたであろうか。

かねてからオランダ語を読み出したいと考えていた良沢にとって、善三郎の言葉は確かに強い衝撃ではあったが、あっさり断念できるようなことではなかったようだ。さそいを受けて随行した玄白に比べて、自ら進んで同業の士玄白をさそって長崎屋へ面談に出掛けた良沢の心の方にきつい何ものかがあった。さればこそ、やがて数年後には一大決心をして長崎遊学を良沢は実行するのである。良沢の心の内には、重く強固なものが籠っていたことを見逃すわけにはいかない。

良沢がそのような心の持主であったから、きっと西善三郎との会話も核心をつくものであったと察せられる。西も言葉をつくして説明したことと考えられる。それ故にこそ、この時の記憶が玄白の心の奥に強く印象づけられ、忘れ得ぬ一事となっていたに違いないのである。

オランダ語の学習そのものには手をつけず断念したとしても、すでに先年より平賀源内らと同道して長崎屋へ赴きもし、さそわれれば即座に良沢に同行して利益を得たいと行動に移る玄白の態度には、実利・実用の役に立つ学を吸収せんとする性急な心の面がみられるのであって、このような傾向の中から玄白が徐々に蘭学に興味を示し、関心を深めていった様子をよみとることができることだけは確かである。

五　酒井侯の侍医となる

明和四年（一七六七）、小浜藩医杉田玄白は三十五歳、父は七十七歳。近頃、父の老衰が眼にみえて、いたいたしく感じられるようになった。『由緒書』には、

明和四亥年十月七十七才にて老衰仕候ニ付、御上屋敷江五節句其外軽御吉凶之節、罷出候義御免被二仰付一候。

とあって、老齢の故に父の勤めが軽くなった。しかし、玄白にとって、まだ家業の医術・医学について確乎たる心の眼は開かれていない。父の動作が一年ごとに不自由そうにみえてくるにつけ、心に重さが加わることであった。

平賀源内、タルモメートル製作

翌明和五年、本草学の友、薬品会の主催者としてすでに名の知られた平賀源内が、所蔵の蘭書をもとに、タルモメートル（寒暖計）を造った。これは去る明和二年の春、オランダ商館長の江戸参府に随行して来た大通詞の吉雄幸左衛門を旅宿長崎屋に訪れ、披露されたオランダ製タルモメートルの製法を即座に説明して、同行の玄白や淳庵ら一座を驚嘆せしめた件（くだん）の計器であって記憶にも新しい。春の一日、この器を作りあげた源内の

得意、眼にみえるようだ。源内はこれに「日本創製寒熱昇降器」と命名し、「寒熱昇降図并訳文、蛮語タルモメイトル」と題した説明書を付して知人へ贈った。日本最初の寒暖計である。

源内のこの挙を玄白も知ったはずである。老父を抱え、家業の重みが双肩にかかってきているこのころ、しかも家業の道に確たる方針を見い出せず昏迷を続けている玄白にとって、再びあげ得た源内の成果はうらやましくもまたショックであったにちがいない。

この明和五年は同僚中川淳庵が三十歳となって、藩から稽古料三人扶持を給せられるようになった年にも当たっている。

さらに翌明和六年（一七六九）春三月、今年参府の商館長はまたヤン＝クランス。今回の付き添い大通詞はすでに馴染みのある吉雄幸左衛門である。この年の出来事を玄白は後年『蘭学事始』の中で次のように述べている。

> いづれの年といふことは忘れしが、明和四五年の間なるべし、一とせ甲比丹はヤン＝カランス、外科はバブルといふもの、来りしことあり。このカランスは博学の人、バブルは外科巧者のよしなり。大通詞吉雄幸左衛門は専らこのバブルを師としたり

と。幸左衛門（後、幸作、号は耕牛といへり）外科に巧みなりとてその名高く、西国中国筋の人長崎へ下りその門に入る者至つて多し。この年も蘭人に附添ひ来れり。翁、それらのことを伝へ聞きしゆゑ、直に幸左衛門が門に入り、その術を学べり。これによりて日々かの客屋へ通ひたり。一日右のバブル、川原元伯といへる医生の舌疽を診ひて療治し、且つ刺絡の術を施せしを見たり。さてさて手に入りたるものなりき。血の飛び出す程を預め考へ、これを受くるの器をよほどに引きはなし置きたるに、飛び迸る血丁度その内に入りたりき。これ江戸にて刺絡せしのはじめなり。その頃、翁、年若く、元気は強し、滞留中は怠慢なく客館へ往来せしに、幸左衛門一珍書を出し示せり。これは去年初めて持ち渡りしヘーステル（人名）のシュルゼイン（外科治術）といふ書なりと。われ深く懇望して境樽（堺カ）二十挺を以て交易したりと語れり。これを披き見るに、その書説は一字一行も読むこと能はざれども、その諸図を見るに、和漢の書とはその趣き大いに異にして、図の精妙なるを見ても心地開くべき趣きもあり。よりて暫くその書をかり受け、せめて図ばかりも摸し置くべきと、昼夜写しかゝりて、かれ在留中にその業を卒へたり。これによりて或は夜をこめて鶏鳴に及びしこともありき。

なにしろ晩年の記憶をたよりに記した回想録であるだけに、混乱が目立つのである。二―三訂正の考証をしてから玄白の歩みをみてみよう。

玄白、吉雄幸左衛門に入門

玄白は「明和四五年の間なるべし」といって、年度がはっきりしていない。しかし、右の文からすぐ気が付くことは、玄白にとって参府一行のうち誰れよりも吉雄幸左衛門についての記憶が一番強く、はっきりしていたにちがいない。というのも、外科医としても名声を得た大通詞吉雄幸左衛門がカピタンに付き添って江戸の定宿長崎屋に着くと、早速入門を願いでている一事にある。そしてヘーステルの外科書の借覧・写図も生涯忘れ得ぬ一事であったに違いない。

ヘーステルの外科書借覧

吉雄幸左衛門が明和年間にカピタンに付き添って出府したのは明和二年（一七六五）と同六年（一七六九）の二回である。明和二年は、玄白が西善三郎に会ってオランダ語の学習を断念した明和三年より一年前に当たり、参府の商館長はフレデリック＝ウイレム＝ウイネケ Fredrik Willem Wineke であったのに対して、明和六年の参府商館長はヤン＝クランス Jan Crans であるから明和六年のことに相違ない。

玄白は名外科医としてバブルなる名をあげているが、この年の前後に「バブル」なる発音を当てうるような医師は随行していない。バブルの発音に似ている医師はバウエル George Rudolf Bauer より外になく、当のバウエルは宝暦十年（一七六〇）・十一年・十二年の連続三回だけであって年度が合わない。なおかつ問題の明和六年のヤン＝クランスの参府日誌を検しても、この年は正式の上外科医が随行の様子もなく、下筆者 adsistent のヘンドリック＝ヘールリング Hendrik Geerling が上外科の代理として随員に加わっているにすぎない。玄白の記憶違いとみるべきであろう。玄白らが驚嘆の眼でみた蘭医の刺絡はバブル（＝バウエル）でなく、ことによったら別の年のことが年を経て混同してしまったものかもしれないところである。

なにはともあれ、玄白にとって忘れることのできない一事は吉雄幸左衛門に入門し、おそらくは初めてゆっくりと手にした蘭書であろうところのヘーステルのシュルゼインを借覧・写図したことにある。

玄白は蘭方医術の修得を希望して入門を頼んだ大通詞吉雄幸左衛門について、幸左衛門が専らバブルを師としたこと、そのバブルが名医であったこと、幸左衛門はのち幸作といい、耕牛と号し、外科医となって名声高く、入門者の多いことなどを紹介している。そして「この年も」蘭人に付き添って来た、とあれば、幸左衛門の参府付き添いが初めてのことであったわけでないことは明らかである。

そこで次に、吉雄幸左衛門が伝授をうけた阿蘭陀商館付医師たちを示す史料と、江戸参府に付き添って来た年度とを整理してみよう。

年代は一寸降るが、寛政十一己未年六月四日、吉雄耕牛の門人で讃州由良鴦が、長崎の画家牛島若融の画筆になる吉雄耕牛の肖像に題して「吉雄耕牛先生肖像引并賛」を認(したた)めた。その文の一節に次の如くみえる。

嘗学㆔医於㆓和蘭医四人㆒、其一曰㆓莫鎖古陸速㆒、其二曰㆓楊爸斯㆒、其三曰㆓把胡盧㆒、其四曰㆓拖殷別盧極㆒。

とあって、いうところの莫鎖古陸速はムスクルスと読んで Philip Pieter Musculus に当たり、楊爸斯はエーフェルスとでも読めて David Evers に当たり、把胡盧はバブル George Rudolf Bauer となり、拖殷別盧極はツィンベルクと読めて、有名な Carl Peter Thunberg その人に当たるわけである。

ムスクルスは元文四年（一七三九）頃より延享四年（一七四七）頃まで九年くらい在日した上外科医であった。

エーフェルスは延享四年（一七四七）頃より、少なくとも宝暦二年（一七五二）頃までは在日した上外科医である。

バウエルは宝暦九年（一七五九）頃より、同十二年頃にかけて在日した上外科医である。

ツーンベルグは安永五年（一七七六）に商館長フェイト Arend Willem Feith の随員上外科医として江戸参府に加わったスエーデンの植物学者ツーンベルグ Carl Peter Thunberg その人である。

吉雄幸左衛門が江戸参府に随行東上した各年度をオランダ商館長の『江戸参府日誌』から抽出すれば、寛延二年（一七四九）・宝暦二年（一七五二）・七年・九年・十一年・明和二年（一七六五）・六年・安永二年（一七七三）・六年・天明元年（一七八一）・五年・寛政元年（一七八九）の実に、前後十二回という多きに上る。

いま話にのぼっている明和六年までのうち、商館付医師に師事したであろうことを対比・計算してみると、すでにムスクルスとエーフェルスに加えてバウエルにも従学してしまったことになり、話の順序にも矛盾がない。かつバウエルに従学したのがバウエル在日中の宝暦九年（一七五九）より同十二年の間とすると、吉雄耕牛が明和六年（一七六九）に参府随行した時から数えて、少なくとも三回ないし四回以前のこととなるので、玄白が「この年も」と書いたのはその間の時間的推移、耕牛の医術の名声の高まりの変化を反映した含みのある言葉で納得のいくところである。

すでに何回かの江戸参府随行の経験に加えて、蘭方医術の面においても高名の

ヘーステルの肖像（中央）

『ヘーステルの外科書』中の手術図
（慶応義塾大学，医史学教室蔵）

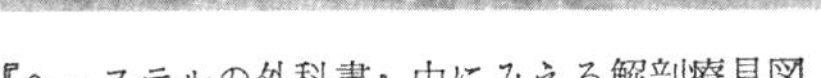

『ヘーステルの外科書』中にみえる解剖療具図

杉田玄白の『瘍家大成』中にみえる「截乳岩之図」で,『ヘーステルの外科書』の影響が顕著である。
（京都大学図書館の富士川文庫より）

聞えた大通詞吉雄幸左衛門耕牛が明和六年東上してきたので、玄白は早速入門を乞うたわけである。そして吉雄耕牛が境(堺)樽二十挺をもって交易・入手したヘーステルのシュルゼインを、その挿図に惹かれて借り受けたのであった。定めし、玄白がゆっくり自分の書斎の机の上に置いて熟覧し得た最初の蘭書であったにちがいない。

その挿図は、いずれも和漢の医書に載せる諸図とは大いに趣を異にしている。精妙なる描線をもって真写された諸図から、玄白は強い感銘を受けたのである。参府一行が滞在中に写しおえねばならぬことであったから、昼夜をわかたず、時には夜もふけ、鶏鳴を聞くに至るまで一心に写図の作業を玄白は続けたのである。

いうところのヘーステルのシュルゼインとは、ドイツのローレンス＝ヘーステルの著わした図入りの外科書のことである。

Laurens Heister（1683—1758）: Heelkundige Onderwyzingijn, 1755.（外科指針）

であるが、外科のことをオランダ語でシルルヘイン Chirurgijn と呼んだので、玄白ら当時の阿蘭陀通詞・蘭学者らも単にヘーステルのシュルゼインと呼んだわけなのである。

ここで注意しなければならないのは、玄白の思考の発想についてである。

連れだって、参府一行の定宿長崎屋へ訪問・面談を行ない、通詞らに質問の回を重ねるにしても、前野良沢は、ひそかに蘭日辞書の編纂を企てているほどの阿蘭陀大通詞西善三郎にオランダ語そのものの学修方法について質問し、白熱した議論を展開した。これに比して、杉田玄白の方は、あっさりオランダ語の学修は断念したが、主君に仕える家業に少しでも有用・利益となる薬物・医術を修業したいと、機会あるごとに物産会の同人とも交わり、ここにオランダ流で高名な吉雄耕牛に入門したのである。オランダ語の本文は読めなくとも図だけでも写しとって家業に役立てようとの考えなのである。

良沢と玄白の目的に大きな相違があったことを見るべきである。良沢は基礎学習を指向し、玄白は実用・応用の術を吸収せんことを熱望し、そのことを急いだのである。

吉雄耕牛肖像（早稲田大学図書館蔵）

この明和六年は玄白の生涯でも多彩な一年に当たっている。

小浜供奉

夏八月九日には藩主酒井侯の小浜帰国に供奉を勤めて銀二枚の賞賜があった。

そしてまた秋がやってくる。十三夜は見もせず終わった母の命日でもある。

父甫仙を喪くす

今年はその三日前の十日になって、慈愛深かった父、医家杉田家二代目甫仙翁が七十九歳の生涯を閉じた。一昨年来、老衰のため御上屋敷への挨拶も五節句そのほか軽き御吉凶は御免となって、専ら養生をしていたのではあったが、もはや「松雲院閑山道仙居士」なる、呼ぶさえ遠い名に改まってしまった。心の支えとなっていた大きな柱がなくなってしまったわけである。

この間、下町に別居していた玄白は、牛込矢来の父の病床をよく見舞った。

父上牛込の山荘におはしける時、其起ふしを問ひ奉る路に、いつも目当となしける日影ありけり。其高時はけふハ早かりしと喜給ひ、又低きときハ何とてしかりと不興し給へり。（『鶴斎日録』享和三年九月十四日条）

とある。さもあろう。父は生まれながらに母をなくした玄白を不憫（ふびん）に思い、自分自身後妻を迎えたとはいえ、長子の行く末の一事が脳裏から離れることはなかった。気苦労な屋敷住い、小浜の生活など、過ぎ越し来（きた）った共の苦労を、あれこれ病の床で思い出すことのみが毎日であってみれば、ただ長子玄白の見舞ってくれる時の待たれることだけであったのであろう。

父を見舞う途の、いつもの日影が高い時には早く来てくれたと涙を流さんばかりに喜ぶ父の顔を思うて脚を急がせる玄白。よんどころない所用などにより、日影が低く、いつもより遅くなったようなときには、待ちこがれ、我慢がすっかりなくなって、不興な様子をかくすこともできなくなった老父の病身を思って、心せくままに歩を速める玄白の若い姿が矢来の坂道の角辻に見えがくれするようにさえ思われる。

母を知らず、父だけにたよって育った玄白にとって余程悲しいことであった。これも後年の述懐ではあるが、享和元年九月九日、早くもその三十三回忌を迎えることとなって、

松雲院様三十御三回追悼

二ツあまり三十一文字の年にあひて、したう涙は、やるかたぞなし（『鷧斎日録』）

とあるによって、その時の玄白の心境が思いやられる。

悲しみにばかり浸ってはいられない。玄白の生活に大きな変化が生じたのである。

『杉田家由緒書』には、

同年十一月朔日、三十七歳、跡式三拾人扶持、相違なく下し置かれ候、御合力金拾両ならびに私江下し置かれ候御宛行、指上ぐべき旨仰せ付けられ候。

とあり、『杉田家略譜』には、

玄白、君侯の侍医となり、三十人扶持

新大橋の小浜藩中屋敷に移る

三十七歳の時、父甫仙君歿し給ひければ、此時より新大橋の中邸に住居し云々とある。つまり、父の死去により、いよいよ侍医を継ぐこととなった。その跡式三十人扶持を給されることとなり、したがってこれまでの御合力金拾両と玄白への宛行は返上することとなった。同時に居宅も、新大橋の西詰を南へ行った河岸の角にある小浜藩酒井侯の中屋敷に移ることとなったのである。

去る宝暦七年以来、十余年におよぶ町医者の生活を打切ることになったのである。そして、公的にも私的にも多彩な浜町時代の生活が始まる。

すでに四年前から酒井侯奥医師として勤仕し、二年前からは父も表立った勤めも止めて病気がちな老後の養生をするのみになって、なにかと玄白も多忙になったことではあったが、やはり父は心の依り所であった。その父を哭して主家の中邸に居を移し、侍医を継いでみると改めて責任の大きさ・重さを感ずることであった。

侍医として主君の脈を預る心の重みを何によって支えていったらよいのだろうか。わが杉田家は代々蘭方医をその流儀としている。自分も父の愛と導きによって良師西玄哲先生にも就いた。永い年月父の毎日をもみてきた。しかし、完全に承伏できる、決め手となる、確信ともいうべき医術・理論を身につけたわけではなかった。それ故に、かつて同僚小杉玄適より古医方の山脇東洋の壮挙を耳にしたとき、驚嘆した心の奥から、

　内象の物に、是は何、彼は某と証とし徴とすべき基なければ、唯茫洋として見分け給はず、一目撃せし所を以て直に其物を定め、強いて九臓の目に合せられしまでなり。（『形影夜話』）

と失望もしたのであった。

玄白自身には、漢・蘭いずれかに確信のあるわけではなかった。つまり確乎たる流儀・医術によって病者に対処するというのではなかった。それ故に結局、

　幸ひ日本へは和蘭の膏薬・油薬並其術も少々は伝り候を主にいたし、家々の秘方覚候分を打明ケ、内は唐の書により、又日本の妙薬ともを一ツにして、夫を漢文にし、日本一流の外科建立可レ致と弱年の頃より心懸、病門をなるだけ簡約にして、根太・腫物・吹出物という古き言葉の意にて、部を分ケ、不レ及ながら唐人までも日本流の外科為レ致可レ申と著述を相企、草稿七―八巻も出来仕候。（『和蘭医事問答』）

といったような努力によって、つまり、流派を問わず「古人の語、一言半句にても心に

徹候ばかり抜あつめ、活方を付、病の変化に従ひ、術も附申候」という方法を採るより外に賢明なる道はなかったのである。

しかし、玄白の気持はこれで納まってしまうわけではなかった。玄白の心は「京師にて東洋・東洞抔、初めて古方家と申事唱被レ申候故、夫（それ）が羨く、同様に古方を唱しは、驥尾に付の道理にて、其下に立申候が残念」で仕方がなかったのである。それ故に「人には構不レ申蘭学唱申」（小林令助宛書状）そうと志したわけである。そして、山脇東洋の『蔵志』も見、ひそかに「よき折あらば、自ら観臓してよと思ひ」（『蘭学事始』）、確かめたかったのであった。

このころのことを弟子の大槻玄沢は「父甫仙君歿し給ひければ、此時より新大橋の中邸に住居して蘭学創始の挙あり」（『杉田家略譜』）と述べている。ここにいう「蘭学創始」は、勿論、厳密には二年後に控えた、前野良沢・中川淳庵らとともにした観臓と『ターヘル＝アナトミア』翻訳事業を指すわけである。しかし、玄白自身には、明和六年のこの春、吉雄幸左衛門耕牛よりヘーステルの『シュルゼイン』を借り受け、その図の精緻（せいち）さに感銘し、鶏鳴を耳に、明け白みゆく暁の書斎で、ますます惹き付けられるものがあったのである。父をなくし、一人立ちするに当たり、この惹き付けられる心が玄白の心の支えとなり、決心となっていったのである。

玄白の心の支え

死刑囚の屍の解剖観臓を町奉行に願い出させる行動の源泉となった決心は、このようにして彼の胸中深いところで固められたのである。

第四 『ターヘル＝アナトミア』との対決

一 『ターヘル＝アナトミア』の入手

明和八年（一七七一）の春の一日。藩邸内の玄白は同僚中川淳庵が見せに来てくれた洋書に見入って、一向に手離そうとしない。一ページ一ページ静かにページをめくり、ことにその挿図のページには、すっかり眼をうばわれてしまう体でである。喰い入るかのごとく見入る玄白の眼下に展開する図は、いずれも精緻なる解剖図である。文字は一字も読めない。しかし眼を離すことのできない解剖図がそこにある。玄白の眼は吸い付けられて動かないのである。

中川淳庵が、江戸参府のオランダ商館長一行が止宿している定宿長崎屋へ行ってみると、一行のうちに『ターヘル＝アナトミア』と『カスパリュス＝アナトミア』という身体内景図説の二書を所持しているものがあって、しかも希望者があれば譲ってもよいと

『ターヘル＝アナトミア』『カスパリュス＝アナトミア』

いうのであった。そこで淳庵はひとまず二書を借り受けて、同僚玄白のもとに見せに来てくれたのであった。

玄白、蘭書を懇望す

玄白がこの書を手にしてみると、「もとより一字も読むことはならざれども、臓腑・骨節、これまで見聞するところとは大いに異にして、これ必ず実験して図説したるものと知り」得て、「甚だ懇望に思」ったのである。それというのも「わが家も従来和蘭流の外科を唱ふる身なれば、せめて書筺（しょきょう）の中にも備へ置きたきものと思」ったからに外ならないのであった（『蘭学事始』）。

岡新左衛門

しかし、当時の玄白にとって、その代価はとても高価すぎるものであった。そこで玄白はこの書物を同藩の大夫岡新左衛門のもとに持参し、事情を話した。

岡新左衛門がいうには「それを求め置きて用立つものか、用立つものならば価は上より下し置かるゝやう取計ふべし」とのことであった。

倉（青野）小左衛門

玄白は「それは必ずかうといふ目的とてはなけれども、是非とも用立つものになし、御目にかくべし」と答えたのであるが、その時、傍らに倉小左衛門（後に青野と改姓）が居合わせて、「それはなにとぞ調へ遣はさるべし、杉田氏はこれを空しくする人にはあらず」と口添えをしてくれたので、希望が叶い、蘭書を入手することができたのであった（『蘭学事始』）。

ここで、いくつかの説明をしておく必要があろうかと思う。

杉田玄白のもとへ蘭人から借り受けた蘭書を持参してみせてくれた中川淳庵について紹介しなければならない。とはいっても、われわれはすでに平賀源内が湯島で開催した物産会の同人の一人に加わって、その出品者でもあり、源内の『物類品隲』の校定者の一人にも加わって、知名の本草学者としての中川淳庵の活躍振りをみ、またその会で当然顔を合せた人達についても観察しておいた。

中川淳庵

中川淳庵は元文四年（一七三九）に江戸に生まれた。小浜藩医中川家の三代目として成長するが、初め純安といい、また純亭ともいった。のち父の名を襲って淳庵と改めた。名は玄鱗、単に鱗とも書いた。攀卿はその字である。医家に生まれたせいもあって、子供の頃から薬物に親しみ、青年期には一廉の本草家として知られるようになっていた。

田村藍水・平賀源内らの物産会、戸田旭山の物産会などにたびたび出品し、のちには田村元長・宇田川玄随らとも薬品会を開催している。また平賀源内が、かの火浣布を製して『鳩溪火浣布略説』を著わした裏には中川淳庵の蘭書による工夫・助言のあずかって力のあったこともよく知られているところである。

淳庵の長崎屋訪問は本草・物産関係の蘭書の入手や質疑のために欠かせないことであった。

安富寄碩

このような環境の中で、淳庵は明和五年藩より稽古料三人扶持を給せられ、同七年三十二歳にして父の隠居のあとをうけて家督相続、百二十石を食む身となってからは、進んで蘭方医学にも興味を示し、関心を深めていった模様である。玄白も、麴町に住む淳庵が同じ町内に住む長崎帰りの山形侯の医師安富寄碩からオランダ文字を習ったことを伝えている(『蘭学事始』)。

したがって、淳庵は同藩同業の医師として、物産会などでもよく顔の会う杉田玄白のもとに前記蘭方医書二点を持参してくれたに相違ない。玄白にとっては得がたい友というべき一人であった。

明和八年の江戸参府の一行

この明和八年(一七七一)の江戸参府の一行は、オランダ商館長はダニエル＝アルメノー Daniel Armenault、上外科医はコトウェイク Ikarius Jacobus Kotwijk で、筆者はスヒュット Jan Schuts、付添の江戸番大通詞は名村勝左衛門（改初左衛門）といった面々であった。一行は一月十四日（西暦三月一日）長崎を出発して、二月二十二日（四月六日）江戸に入り、三月一日（四月一五日）第十代将軍家治に謁し、三月十日（四月二四日）に帰途についたのであった。アルメノーの参府日誌を検すると、小通詞の名を逸して不明であるが、大通詞名村勝左衛門の名は Den Oppertolk Katsemon として頻出し、その活躍・多忙ぶりが窺えるから、中川淳庵らも、専らこの名村勝左衛門か、彼を介して商館長アルメノーもしくは上外科医のコトウェイクと対談して裨益を受けたのであって、前記二蘭書もこれらのうちの一人から入手したに相違ない。

玄白の蘭書購入費を斡旋してくれた岡新左衛門および、その岡新左衛門に口添えをしてくれた青野小左衛門についても知っておく必要があろう。玄白に蘭書入手の道を開いてくれた人達であり、また藩内において玄白の人物をよく理解してくれた人達でもあるから、この両人を観察して玄白が藩内における信用の一端をも窺ってみたいと思う。

岡新左衛門

岡新左衛門は安永三年の『小浜御家中由緒書』によると、宝暦二年十七歳で君侯に御目見（おめみえ）を済ませ、同四年十九歳で家督六百石を継ぎ、同六年には評定所組頭役を仰せ付けられている。明和七年正月には御前組頭役につき、同月晦日には御史会の御相手を仰せ付けられている。時に三十五歳。また勝手向の取り計いにもたずさわり、好成績をあげ賞せられている。名は正固、崎門学派の学者で、寛政二年五十五歳で歿した。

『酒井家編年史料稿本』によれば、忠貫(ただつら)は経書の講書を毎日御朝飯後に聞かれ、言行録御会も明和七年二月から居間で行なわれたのであって、その御相手を初めは高木清太夫に仰せ付けられていたが、その後は岡新左衛門に仰せ付けられたのであった。

青野小左衛門

一方、青野小左衛門については、

明和七年四月頃より以後（中略）御書物御相手仕るべき旨、仰せ出され、（中略）御学問の御咄(はなし)相手仕り候。毎朝の御素読に罷出、御相手仕り、毎晩罷出、通鑑(つがん)・言行録・御記録、其の外御学話など申上る。元来卓越の才力有る生れ付にて、気上者なり、其上幼年より学問の志厚く、知識も開発して、何事を相尋ね候とも、少も滞る事なく、一廉なる儒者にて候故、御上にも其御寵愛なされ候。（『酒井家編年史料稿本』）

といった人物で、名は篤之、伊斎と号し、岡氏と同じく崎門学派の学者であった。

すなわち、岡新左衛門は君侯の講書の相手であり、倉（青野）小左衛門また側近く学問

岡新左衛門は酒井侯の講書の相手、倉（青野）小左衛門また学問の御咄相手

の咄相手を朝晩勤めていたというのである。しかも、この小左衛門、なかなか学才を身に備えていた人物とみえ、君侯の信任頗る篤かったようである。玄白はこの君侯の側近岡新左衛門ならびに青野小左衛門によく理解されていた模様で、この両人の口添えがあったればこそ、高価な蘭書の入手も容易に聞き届けられたに相違ないのである。

玄白にとって、『ターヘル＝アナトミア』の入手は、おそらく初めての蘭書の購入であったと思われる。しかも右のような事情のうちに希望が叶えられたことは、玄白にとって大きな意味があった。

それは、玄白にとって初めての蘭書の入手であるということ、および主君酒井侯から買ってもらった蘭書であるということである。

ヘーステルの外科書のように短期間借り受けて附図を写し取るなどという気ぜわしいこととはちがい、勤務の余暇ゆっくりと書斎の机上にひろげてみる自分の蘭書である。みれば外科をもって立つわが身にとって、基本ともなるべき人体骨格の図がいくつも載っている。その図を説明している読めない横文字がなんと歯痒（はがゆ）く思われることか、眼下にみる図がなんと彼方の存在に思われることか。しかし、君侯に対し、その講書の相手、

学問の咄相手である岡新左衛門・青野小左衛門両寵臣に対し「是非とも用立つものになし、御目にかくべし」と言明したことである。何としてもこの責任を果たさねばならない玄白である。定めし玄白は背水の陣を布く思いで『ターヘル＝アナトミア』の附図を凝視したに違いない。

二　観臓と翻訳決意

町奉行曲淵景漸よりの報らせ

明和八年（一七七一）、小雨そぼ降る弥生三日もすでに暮れたころになって、町奉行曲淵甲斐守景漸の家士、得能万兵衛という者より玄白の許に手紙をもって報らせがあった。見れば、明日手医師何某が当時の刑場千住骨ヶ原で腑分けを実施する。「御望みあらばかのかたへ罷り越されよ」（『蘭学事始』）とのことである。かねてからの出願が漸く叶うことになったのである。

かつて、同僚の小杉玄適から京都における山脇東洋の人体解剖の挙を聞き、強い感動を受けたことがあった。江戸の官医の間でも腑分け、あるいは観臓のことがあったことを何回か耳にしている。そしてついに腑分けの観臓を町奉行所に願い出ていたのであった。しかもその目的は今やはっきりとしている。漢方医学の説くところと蘭方医書の図示するところと、どちらが正しいかを実見したいというのである。積りに積った疑念と迷いを決済する日が明日に来たのである。

あれを思い、これを思うこと数刻。「かゝる幸を得しことを、独り見るべきことにもあらず、朋友の内にも家業に厚き同志の人々へは知らせ遣はし、同じく視て業事の益には相互になしたきもの」（『蘭学事始』）と思い付き、心の昂ぶりをおさえて急ぎ報らせることとした。

同志への報知

先づ同僚中川淳庵を初め、某誰と知らせ遣はせし中に、かの良沢へも知らせ越したり。さて、良沢は翁よりも齢十ばかりも長じ、われよりも老輩のことにてありしゆゑ、相識にこそあれ、つねづねは往来も稀に、交接うとかりしかど、医事に志篤きは互ひに知り合ひたる仲なれば、この一挙に漏らすべき人にはあらず、先づ早く申し通じたく思ひたれども、さしかゝりしこと、且つこの夜も蘭人滞留の折なればかの客屋にありけるゆゑ、夜分にはなりぬ。俄かに知らすべき便りもなし、如何せんと存ぜしが、臨時の思ひ付きにて先づ手紙調へ、知れる人の許に立寄り、相謀りて本石町の木戸際に居たりし辻駕の者を雇ひ、申し遣はせしは、明朝しかじかのことあり、望みあらば早天に浅草三谷町出口の茶屋まで御越しあるべし、翁も此処まで罷り越し待ち合はすべしと認め、置捨にて帰れと持たせ遣はしけり。（『蘭学事始』）

と、報らせ送った人々について記している。この玄白の言葉から次の諸点を注意しておく必要があろう。

「先づ同僚中川淳庵」をあげている。中川淳庵については、すでにみたように、同藩同業の後輩ながら、畏友の一人として往来も頻りにあったようで、ここでも先ず玄白の心に浮かぶ人であり、身近かな人であったということがいえよう。

「某誰」と報らせた中でも、前野良沢に報らせた際の苦心とその時の心の動きが鮮明に記述されているのに驚く。すなわち「われよりも老輩」であったためでもあろうか、「相識にこそあれ、つねづねは往来も稀に、交接うとかりし」といい切っている点に注目しなければならない。「医事に志篤きは互ひに知り合ひたる仲」と理解して、かつては良沢のさそいによって江戸参府一行の定宿である長崎屋を訪問し、西善三郎と質疑したこともも記憶に確かであるが、その目的の相違からでもあろうか、その後は比較的疎遠となっていた模様が知られる。しかし「この一挙に漏らすべき人にはあらず、先づ早く申し通じたく思」う人の範囲に前野良沢が入っていたことだけは確かなのである。折も折、今夜は江戸参府のオランダ人一行が江戸滞在中で、玄白も長崎屋へ出向いて面談をして帰ったためすでに夜分になってしまい、便利もないまま臨機の方法として、長崎屋に近い本石町の木戸際にいた辻駕を雇って、この旨を認め、置捨に報せを飛ばせたのであった。急な報せを受けて、沈着な判断と機敏な行動をもって、玄白が自分の心を開いた一事を賞讃せねばならない。

玄白の判断と行動

明けて三月四日、身支度を整え、山谷の茶屋まで行ってみれば、生憎の雨にもかかわらず、連絡の首尾を心配した良沢もすでに姿をみせており、他の友人たちの顔も揃っていて出迎えてくれた。

良沢、所持の『ターヘル＝アナトミア』を披露す

朝の挨拶、昨夜の連絡の好意に対する礼、朝茶を口にしながら今日の雨模様を心配して言葉をかわすうちにも、良沢が一冊の小型の蘭書を懐中より取り出して、一同に披露するには、

これはこれターヘル＝アナトミアといふ和蘭解剖書なり、先年長崎へ行きたりし時

求め得て帰り、家蔵せしものなり。（『蘭学事始』）

という。見れば、近ごろ玄白自身が苦心して藩侯より買ってもらった蘭書『ターヘル＝アナトミア』と同書・同版である。良沢が長崎遊学の途次、阿蘭陀通詞の斡旋を得て入手し、ひそかに閲ていたものである。一同、誠に奇遇のことと驚いたのであった。良沢は『ターヘル＝アナトミア』を打ち開き、長崎遊学の間に習い覚えたところによって、「これはロングとて肺なり、これはハルトとて心なり、マーグといふは胃なり、ミルトといふは脾なり」（『蘭学事始』）と差し示し説明をした。が、参会の面々にとっては、見馴れた漢説の図とあまりにもかけ離れて異なるところから、誰も直接実見しないうちは信じ難い胸のうちにみえるのだった。

いよいよ山谷の茶屋を後に、打ち連れ立って骨ヶ原の観臓の場に至ると、執刀に当たる虎松が急に病気のため、その祖父の九十歳になる老人が代りに刀を執ることとなっていた。

刑屍は、歳の頃五十ばかり、大罪を犯した京都生まれの、渾名を青茶婆と呼ばれる老婦であった。

当時の腑分け・観臓の模様

当時の腑分け・観臓というのは、医者が自ら執刀して臓器を観察するのではなく、定められた執刀者が取り出し、差し示して、肺とか肝・腎などと切り分けて見せてくれるだけであった。観臓者はその説明通りを受けとるより他に仕方なく、漢方の医書に説明のない臓器が腹中からとり出されても、ただここにかような物があり、そこのところにこんな物があるとみせられるだけのことであった。したがって、官医の岡田養仙老や藤本立泉老などが、それまで七－八度腑分けをみて、古来の医経に説かれている肺の六葉両耳、肝の左三葉・右四葉などという分ちや、腸・胃の位置がその通りでなく、疑問をもって、その異状を写し置きなどしていたが、結局は華夷人物の違いであろうか、といった要領を得ない説明であった。

諸臓器・筋骨肉の実型、全て『ターヘル＝アナトミア』と符合す

ところがどうであろう。玄白の眼、参会者達の眼に映じた諸臓器・筋骨肉の実型は、

良沢と相ともに携へ行きし和蘭図に照らし合せ見しに、一としてその図に聊か違ふことなき品々なり。(『蘭学事始』)

という具合であった。そのため観臓が一通り終わったあとも、さらに刑場に野晒しになっている骨片を拾って『ターヘル＝アナトミア』と照合してみると、これまたいずれも

和蘭図に相違するところなく、一同全く驚嘆したのである。

帰路、前野良沢・中川淳庵と玄白は同じ道々、この日の感動を語り合い、

さてさて今日の実験、一々驚き入る。且つこれまで心付かざるは恥づべきことなり。苟くも医の業を以て互ひに主君主君に仕ふる身にして、その術の基本とすべき吾人の形態の真形をも知らず、今まで一日一日とこの業を勤め来りしは面目もなき次第なり。なにとぞ、この実験に本づき、大凡にも身体の真理を弁へて医をなさば、この業を以て天地間に身を立つるの申訳もあるべし。

と、共々嘆息し、また決意を新たにするのであった。そこで玄白は、矢も楯もたまらず、

『ターヘル＝アナトミア』翻訳の提唱

何とぞこのターヘル＝アナトミアの一部、新たに翻訳せば、身体内外のこと分明を得、今日治療の上の大益あるべし。いかにもして通詞等の手をからず、読み分けたきものなり。

と提案したのであった。すると良沢も、

予は年来蘭書読み出だしたきの宿願あれど、これに志を同じうするの良友なし。常々これを慨き思ふのみにて日を送れり。各々がたいよくこれを欲し給はゞ、われ

前の年長崎へもゆき、蘭語も少々は記憶し居れり。それを種としてともども読みかゝるべしや。

という意見なので、

同志にて力を戮せ給はらば、憤然として志を立、一精出し見申さん。

と答えて一決した。良沢は殊のほか悦喜の体にて、

然らば善はいそげといへる俗諺もあり、直に明日私宅へ会し給へかし、如何やうにも工夫あるべし。

と固く契約を結んで、帰宅したのであった（『蘭学事始』）。

三　原書『ターヘル＝アナトミア』と著者クルムス

前野良沢・杉田玄白・中川淳庵らが大勇猛心を振り興して翻訳を決意したいわゆる『ターヘル＝アナトミア』をわれわれも見てみよう。

そっと表紙をめくって、扉絵に続いてタイトルページを開いてみると、驚くなかれ、次のような表題が目にとび込んでくる。

『ターヘル＝アナトミア』原書の正式表題

Ontleedkundige Tafelen, Benevens de daar toe behoorende afbeeldingen en aanmerkingen, Waar in het zaamenstel des Menschelyken Lichaams, en het gebruik van alle des zelfs Deelen afgebeeld en geleerd word. Door Johan Adam Kulmus, Doctor en Hoogleeraar der Genees- en Natuurkunde in de Schoolen te Dantzich, en Mede-Lid van de keizerlyke Academie der Weetenschappen. In het Neederduitsch gebragt door Gerardus Dicten, Chirurgyn te Leyden. Te Amsterdam, By de Janssoons van Waesberge, MDCCXXXIV.

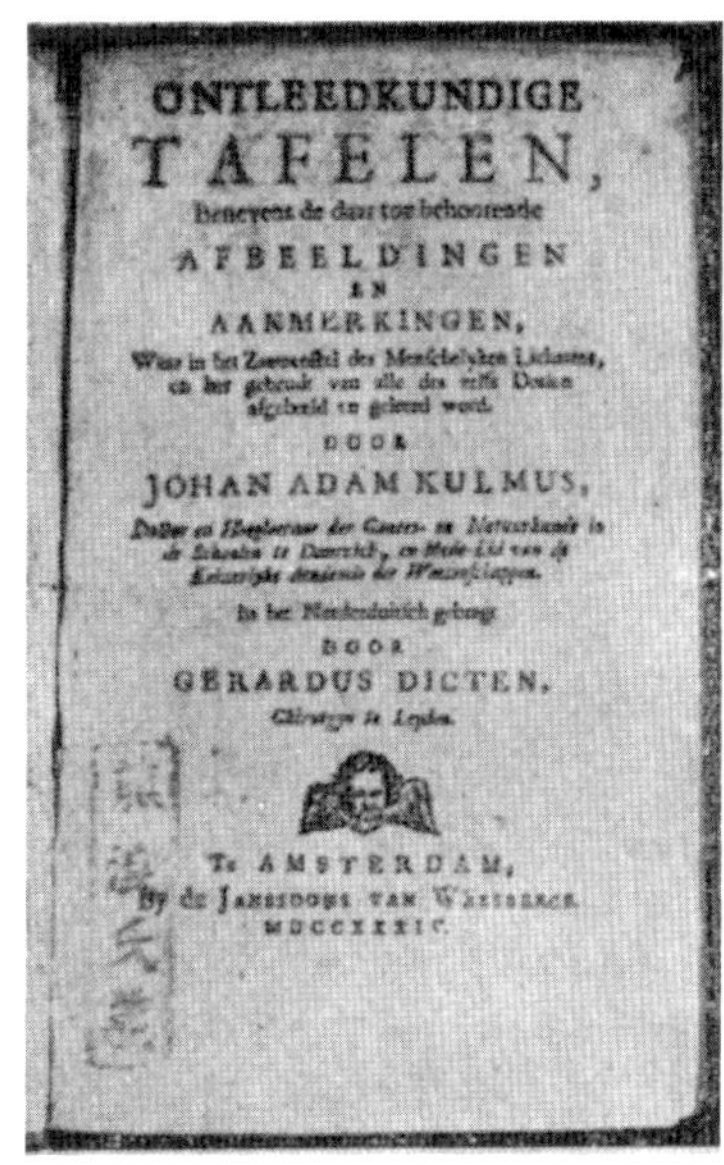
ONTLEEDKUNDIGE
TAFELEN,
Benevens de daar toe behoorende
AFBEELDINGEN
EN
AANMERKINGEN,
DOOR
JOHAN ADAM KULMUS,
DOOR
GERARDUS DICTEN,
Chirurgyn te Leyden.
Te AMSTERDAM,
By de JANSSOONS VAN WAESBERGE.

『クルムスの解剖書』(オランダ語版)のタイトルページ
(慶応義塾大学，医史学教室蔵)

すなわち、これは、解剖学表・附、図譜及び解説　人体の構造とその各部の機能の図解・解説。ヨハン＝アダム＝クルムス著（ドクトル＝ダンチッヒ医科大学教授・

王立科学学士院会員）　ヘラルヅス＝ディクテン蘭訳（ライデン外科医）アムステルダム、ヤンスゾーンス＝ファン＝ワースベルヘ社刊、一七三四年

というものである。玄白が呼ぶ『ターヘル＝アナトミア』なる書名とは程遠い書名ではある。

ドイツのダンチッヒ医科大学教授で王立科学学士院会員であったクルムスのドイツ語版が原書で、良沢・玄白らが手にし、我々がいまそっと開けた本書はライデンの外科医ディクテンの蘭訳本の一七三四年版であることがわかる。

クルムスの『解剖学表』は、複雑な人体の構造と機能を手際よくまとめたもので、二十八枚の解剖図が掲載されており、蘭訳本も二五〇ページばかりの小型な簡約書である。だから良沢が、山谷の茶店前で懐中からとり出して参集の諸君に披露したというのも容易に頷けようというものである。

この本はドイツ語の初版が一七二二年にダンチッヒで出てから、一七二五年と二八年にも同地で出版され、一七三二年には第三版がオランダのアムステルダムで、一七四一年には第四版がライプチッヒででるといったように版を重ね、クルムスは版を改めるご

とに内容の改善と整備に手を加えた。

その間、一七三四年にはライデンの外科医ヘラルト＝ディクテンによってオランダ語訳版がアムステルダムで出版され、同じ年アムステルダムの開業医ピエール＝マシュエ Pierre Massuet によってフランス語訳本が同じアムステルダムにおいて出版された。このフランス語版はラテン語版からの訳であるとみえるから、これよりも早くラテン語訳されていたこともわかる。現に慶応大学医史学教室は一七四四年版のラテン語本を蔵しているところをみると、ラテン語版も版を重ねたわけであって、各国語版においても同様である。

クルムスの肖像
（ドイツ語版『クルムスの解剖書』より）

すなわち、クルムスの『解剖学表』は原書の初版刊行以来各国語に訳されて、それらがそれぞれ版を重ねて普及した模様であって、一七三四年アムステルダムで出版されたオランダ語訳本が、オランダ東インド会社の商船によって、はるばる極東の鎖国日本へ、少なくとも二部は舶載されてきたということも、さして不思議はなく、当然あり得べきことであった。

ヨハン＝アダム＝クルムスの伝記についてはあまり詳細に知られていない。小川鼎三博士の研究（「ヨハン・アダム・クルムスのこと」『岩波講座現代の生物学月報』No. 5. 一九六六・五）によれば、一六八九年三月一八日にブレスラウ（現在ポーランド領の Wroclaw）に生まれて、ギムナジウムの教育をブレスラウとダンチッヒ（現在ポーランド領の Gdansk）でうけた後、一七一一年から数年間、ハルレ・ライプチッヒ・ストラスブルグ・バーゼルの諸大学で学び、医学と博物学を修めた。学位はバーゼルで一七一九年に得たようである。

ついで、オランダに滞在したあと、ダンチッヒにゆき、医を開業した。というのも彼の実兄ヨハン＝ゲオルグ＝クルムスがポーランド王の侍医でダンチッヒに住んでいたためとも思われる。

一七二五年にヨハン＝アダム＝クルムスはダンチッヒのギムナジウムの教授に任ぜら

れ、医学と博物学を担当した。その前後、彼の三十歳から四十歳までの壮年期に多くの研究を発表している。その主なものは『自然哲学要綱』一七二二・二七年、『解剖学表』一七二二年、「奇形胎児の解剖生理学的な記載」一七二四年、「聴覚について」一七二四年、「血液循環」「蒸気と霞」「岩石」「嗅覚」「視覚」「触覚」「動物の発生について」「昆虫の実験」以上一七二四—二九年、など多岐に亘っている。

一七二二年にレオポルドアカデミーの会員となり、一七二五年にはベルリン学士院の会員となった。

クルムスは一七四五年五月二九日ダンチッヒで五十六歳をもって歿した。大学教授ではなく、ギムナジウムの先生で終ったが、一八世紀医学界の最高権威で、誰知らぬものもないハルレル Albrecht von Haller (1708—1777) から、解剖学の学識で独特な観察方法を賞揚されている。杉田玄白たち、いや日本人が西洋の学術を本格的に学ぶに際して、最初にぶつかった師匠が偶然のことながら、クルムスであったということ、これは幸運といわねばならない。玄白もこれを後年述懐して、

この時の創業不可思議にも、凡そ医道の大経大本たる身体内景の書、その新訳の起

始となりしは、不用意を以て得るところにして、実に天意とやいふべし。（『蘭学事始』）
と喜んでいる。

明和八年三月五日、築地鉄砲洲中津藩中屋敷内前野良沢の居所で翻訳開始

四　翻訳の開始と前野良沢

観臓の翌日、すなわち明和八年三月五日、昨日の感動も消え去らぬままに、早速良沢の家に玄白・淳庵らは会集した。この時、良沢は四十九歳、玄白が三十九歳、淳庵は三十三歳であった。当時前野良沢は築地鉄砲洲にある主君豊前中津藩主奥平昌鹿（まさか）の中屋敷内に住んでいた。そこは現在の中央区明石町にある聖路可（せいろか）国際病院の敷地内にあたり、先年これを記念して蘭学創始の記念碑が建てられた。

まず、会集の面々は、彼らが呼ぶ『ターヘル＝アナトミア』を机の真中に披いて、うち向ったわけであるが、何とも手の施しようがない。この時の有様を玄白はのち『蘭学事始』の中で次のように述懐している。

先づ、かのターヘル＝アナトミアの書にうち向ひしに、誠に艫舵（ろかじ）なき船の大海に乗り出だせしが如く、茫洋として寄るべきかたなく、ただあきれにあきれて居たるま

でなり。

その時の彼らの心境は、正にそんなでもあったであろうと察せられるところである。無謀ともいえる試みなのである。江戸において彼らの先にオランダ語に立ち向った人がないわけではない。新井白石とか、かの八代将軍徳川吉宗の内命を受けて蘭学に手を染めた野呂元丈や青木昆陽がいたにしても、いずれもオランダ商館長の江戸参府に随行して来る付き添いの通詞から聞書きする程度であって、オランダ語を解し得るに至らなかったのである。オランダ語に関心を懐き、必要視していた良沢・玄白においてさえも、かつて参府東上付き添いの阿蘭陀大通詞西善三郎にその困難性を諫められたことであった。すなわち、江戸において当時まだオランダ語の出来る者は皆無であったわけである。まして良い師匠がいるわけでなく、この点において江戸はまだ全くの処女地であったということができよう。

しかし、良沢はかねてから「蘭書読み出だしたきの宿願」をもっており、前年長崎へ遊学して来ている。その際に、オランダ語の単語や文章のことなどを少しばかり学んで帰り、蘭書も少しは買って帰っていることを幸いに、年齢の長老なることも考え合せて、

前野良沢を翻訳事業の盟主とす

前野良沢

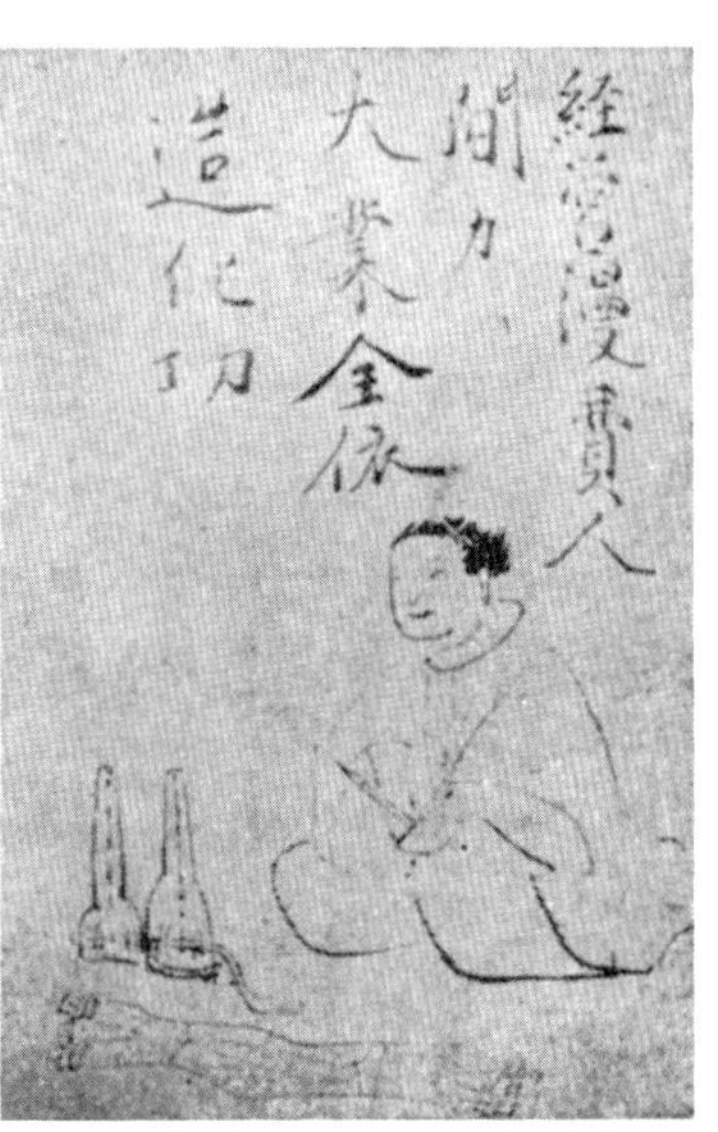

前野良沢肖像
（自画賛，早稲田大学図書館蔵）

良沢をこの翻訳の「盟主と定め、先生とも仰ぐことゝなし」て翻訳に取り懸ることに決定したのである。玄白も、事ここに至ってはじめてABC二十五文字からの勉強を開始することとなったのである。

『ターヘル＝アナトミア』翻訳同志の盟主・先生ともなった前野良沢は本姓を谷口といい、幼名を熹之助、長じて熹（よみす）といった。字（あざな）は子悦、号は楽山を用い、また藩主の良沢評を記念して蘭化の別号をも使用した。晩年には熹仙なる別号も用いた。良沢は彼が最も多くかつ良く使用した通称である。父は福岡藩の江戸詰藩士で谷口新介といい、母は淀藩々医の宮田氏の女であった。のちに玄白が陸奥の建部清庵に良沢を紹介した文がある。われわれも翻訳事業の盟友玄白の説明にまず耳を貸してみよう。

中津侯の侍医前野良沢と申人、内科にて和蘭学に志これあり候ひとに御座候。此人は先年、台命を蒙り和蘭語通訳御学なされ候青木昆陽先生御門人にて御座候故、御撰述の書御伝なされ候に付、是によりて熟読・暗記致させ、数年の後漸々和蘭言葉理解いたし、猶不審の処御座候由にて長崎へも罷越、訳家に従ひ是を正し、其後打捨置かず、和蘭医学出精致され候。（『和蘭医事問答』）

とある。すなわち前野良沢は江戸においては第八代将軍徳川吉宗の内命をうけて蘭学に手を染めた青木昆陽に師事して昆陽撰述の著書を伝授されたこと、さらに長崎に遊学して阿蘭陀通詞について学び、帰ってからも精進を続け怠ることがなかったといっている。しからば良沢の青木昆陽入門は何年であろうか。長崎遊学また何年か。長崎の地で就いて学んだ阿蘭陀通詞とは誰であろうか。

前野良沢が青木昆陽に師事した年度について、従来二説あって、明和三年良沢四十四歳説と明和六年良沢四十七歳説とに分かれている。玄白の記録、良沢の言葉、江馬細香の『蘭化先生伝』などの解釈をめぐって分かれたところである。長崎遊学の年は大体明和七年が通説となっているが、これも前の就学年と関連する点が多く必ずしも決定的年度とはいい難く、長崎で師事した阿蘭陀通詞については従来知られていなかった。

そもそも前野良沢がオランダ文字に関心を示すようになったのは、杉田玄白の『蘭学事始』によれば、前野良沢が幼少のころに伯父に当たる淀侯の医師宮田全沢という人に養育されてその感化を受ける点の大きかったことに遠因がある。

宮田全沢

宮田全沢は山城国淀藩主稲葉丹後守正益(まさよし)に仕える医師で、博学をもって知られ、のち『医学知津』なる医書を著わしているが、天性奇人と呼ばれるべく、万事その好むところ常人と異なっていたという。したがって良沢の教育に当たっても世間通常の方法とは頗る異なって、常ならざるところが多かったらしい。「人といふ者は、世に廃(すた)れんと思ふ芸能は習ひ置きて末々までも絶えざるやうにし、当時人のすてゝせぬことになりしをばこれをなして、世のために後にその事の残るやうにすべし」といった具合であった。

一節截

ところが、これを受ける良沢また「天然の奇士」とでもいうべき天性の持主であったとみえて、全沢の気心をよく受け止めて、実行に移した模様である。まず医学の分野では、古医方を唱道し特に万病一毒説をもって名の聞えた吉益東洞(元禄十五年一七〇二―安永二年一七七三)の医説・術方を汲んで、その業に励んだ。余技には、当時すでにすたった一節截(ひとよぎれ)なる尺八より少し短かく一尺八分の竹筒に一つだけ節をとり入れた管楽器を稽古してその秘曲を極めたともいう。はては猿若狂言の会に通って稽古を積むといった具合で、気骨ある本業の流儀に加えて一風変った面に趣情が向いていたようである。

猿若狂言

こんな特性の持主として育った良沢が、当時なお中央の識者といえども、その日常生活からは余程縁遠い存在であったと思われるオランダ語に関心を持つこととなった直接の動機は次のような事件に由るようである。

『蘭訳筌』

後にその著せし『蘭訳筌』といふものを見るに、それより以前のことゝみえしに、同藩の坂江鴎といふ隠士、一日蘭書の残篇を良沢へ見せ、これは読みわけ解すべきものにやといひしに、これを借り受けてつらく〳〵思ふに、国異に言殊なるといへども、同じく人のなすところにしてなすべからざるところのものあらんやと志よせしに云々。(『蘭学事始』)

とあるのは玄白の言葉であるが、オランダの横文字をみて「国異に言殊なるといへども、同じく人のなすところにしてなすべからざるところのものあらんや」とは、奇士良沢の心に持ち前の好奇心がむらむらと燃え広がった一事であって、いかにも良沢にふさわし

い話である。その結果、

さてこれに取り付くべきの便りなきを憾み居たりしことなり。それよりふと青木先生この学に通じ給ふと聞き、遂にその門に入りてこれを学び、『和蘭文字略考』などゝいふ著書を授かり、先生の学び識れるところをば聞き尽せりとなり。（『蘭学事始』）

と、青木昆陽に師事してその著『和蘭文字略考』を修得したのであった。がこれが行なわれた時は、

これは青木先生長崎より帰府の後のことゝ聞ゆ。先生長崎へ行かれしは延享の頃にやと思はる。良沢の入門は宝暦の末、明和の初年、歳四十余の時なりしか。これ医師にて常人の学べるはじめなるべし。（『蘭学事始』）

と玄白はいっているのである。青木昆陽の長崎遊学説は新村出博士の研究などにより疑問視・否定視されてもいるところである。さすれば玄白が何かの感違いをしたことといわねばならず、良沢入門の年も依然として漠然たるものである。

玄白がみた良沢の『蘭訳筌』とはいかなる著書であろうか。従来学界にその存在が知られず、ただ後年の天明五年（一七八五）に本書に補訂を加えて成った『和蘭訳筌』から推察

青木昆陽『和蘭文字略考』

して極めて初歩的なオランダ語の入門書であろうとされていた。因に『和蘭訳筌』は本篇と末篇附録訳家文法とからなっている。ところが、最近、松村明氏の調査により『蘭訳筌』の写本が京都大学に存在することが発表され、この方面の研究が俄かに進んだ（松村明「前野良沢の『蘭訳筌』『和蘭訳筌』について」『蘭学資料研究会研究報告』第一九四号、一九六七・四・一五）。

写本『蘭訳筌』

『蘭訳筌』の出現により、前野良沢の蘭学開始の頃がかなりはっきりしてきたのである。

『蘭訳筌』の内容は、はじめに成立事情を簡潔に説いた序説ともいえる文章があり、次いでオランダ語二十五文字とその名称、字体・筆順が左から横書であること、アルファベットの各文字の名称と字体を一覧表に掲示している。最後は、短文に発音と訳文を示した成語十七章が掲出されているのであって、推測通り極めて初歩的なオランダ語の入門書である。ただし、ここで重要なのは序説の文章で、短文ながら疑問の諸点を解決してくれる豊富な内容を含んでいる。

予弱齢ノ時、藩ノ士坂江鴎ナル者ヨリ和蘭都書ノ脱簡ヲ得テ初テ本国ノ文字ヲ見ル。後崑陽青木先生ノ和蘭話訳ヲ読テ初テ言語ノ一端ヲ知レリ。然往歳己未（欄外に朱筆で「己丑明和六年ノ誤カ（キ）」と註記がある）先考命ヲ奉ジテ崎陽ニ到リ、訳人吉雄幸左衛門・楢林栄左衛門ナル者ニ就テ西洋ノ医術ヲ学ビ、随テ其言辞ヲ質問スルニ至ル。明年東都帰ルノ後蘭人ピイトルマアリンナル者ノ著ス所ノ言語ノ書ヲ取テコレヲ閲ス。彼已ニ知ル所ノ者ニ因テ未ㇾ知ル所ヲ推テ稍其一二ヲ窺フヿヲ得タリ。頃嘗テ童蒙ノ頻ニ求テ止ヲ得ザル者アリ。是ニ於テ崑陽氏ノ作ニ擬テ此小冊ヲ述テ、コレヲ与テ須他日ノ校考ニ具フベシト云。時ニ明和辛卯仲夏ノ日ナリ。

『蘭訳筌』の成立は明和八年

右の序説の文章から判明するところを列挙してみよう。

一、文末に「時ニ明和辛卯仲夏ノ日ナリ」とあるから、本書の成立は明和八年（一七七一）五月ということになる。

二、したがって文の初めあたりにある「己未」は欄外朱筆による訂正註記の通り「己丑明和六年」が正しい。

『蘭訳筌』は玄白ら訳読の同志のために書かれたオランダ語入門書

三、明和八年五月は玄白・淳庵らが良沢を会の盟主として『ターヘル＝アナトミア』の翻訳に取りかかってからわずか三ヵ月目に当たる。

四、したがって、「頃嘗テ童蒙ノ頻ニ求テ止ヲ得サル者アリ。是ニ於テ崑陽氏ノ作ニ擬テ此小冊ヲ述テ、コレヲ与テ須他日ノ校考ニ具フヘシト云」とあるのは、玄白をはじめＡＢＣより学び始める翻訳の同志が含まれていたに相違ない。というのも他にそれほど重要視・熱望する者（童蒙）などいる筈もなかったからである。良沢が言葉を借りて述べた一表現にすぎない。

『蘭訳筌』『蘭学事始』に共通する文

五、文頭に「予弱齢ノ時、藩の士坂江鷗ナル者ヨリ和蘭都書ノ脱简ヲ得テ初テ本国ノ文字ヲ見ル」とある一節は、玄白が記す『蘭学事始』の記述とよく対応している。なお推測をたくましうすれば、玄白は『蘭訳筌』を読み、また良沢から直接そのくだりを語り聞いたことかとも思われる。それは『蘭学事始』に記されているこの箇所の表現が、いかにも良沢の談話を反映して綴ったと受けとれる話の進み具合であるからである。

六、玄白の『蘭学事始』では割註をして、良沢が青木先生に入門し『和蘭文字略考』などの著書を授かり、先生の学び識れるところをば聞き尽した、となっているが、ここでは単に「後崑陽青木先生ノ和蘭話訳ヲ読テ初テ言語ノ一端ヲ知レリ」と述べられているに過ぎない。ここの部分は、良沢の記述と良沢の談話を踏まえて玄白が記録した内容と相補うべきものかと考えられるところである。

七、良沢は青木昆陽への入門と時期とに関し、共に述べていない。「後崑陽青木先生ノ和蘭話訳ヲ読テ」と述べているに過ぎない。玄白が本文にいう「此頃は、青木先生長崎より帰府の後の事と聞ゆ。先生の長崎に行かれしは延享の頃にやと思はる」の一節は、やはり玄白の何かの勘違いであって、前述もした通り昆陽の長崎遊学説は新村博士・板沢武雄博士の考証・論述される通り否定され、それが今日では定説となっているところである。「良沢の入門は、宝暦の末、明和の初年、歳四十余の時なりし歟（か）」の一節も漠然とした記述で、良沢の昆陽への明和三年入門説・六年入門説のどちらにも寄与する点がない。

『蘭学事始』の前記割註の部分は良沢の談話の記憶を踏まえて玄白によって書かれたのに比して、後段の本文は玄白の勘違いによって附言・記述された部分とみなさねばならない。

前野良沢の長崎遊学は明和六年

八、良沢の長崎遊学について「己未先考命ヲ奉ジテ崎陽ニ到り（中略）明年東都帰ル」とあって、「己未」の文字通りならば元文四年（一七三九）になるが、これはこの写本のもとになった鶴峯戊申（つるみねしげのぶ）自筆本に「己丑明和六年ノ誤カ」という注記がついていて、

前野良沢は吉雄幸左衛門・楢林栄左衛門に学ぶ

良沢の長崎遊学年決定に役立つ。大槻玄沢が『蘭学階梯』(天明八年刊)において「其国君賢明ニシテ、此学ノ益ヲ知リ、其ノ道ノ開ケザルヲ歎キ給ヒ、先生ヲシテ長崎ニ游学セシム。コレハ明和五－六年ノ際ノ事ナリ」と述べているところが、更にはっきりしたわけである。従来大槻如電氏の『新撰洋学年表』その外、漠然と明和七年遊学説を記載して来たが、ここに訂正されねばならない。明和六年の後半に長崎遊学をして『蘭学事始』の中でいうように「百日ばかりも逗留し、昼夜精一に蘭語を習ひ」「明年東都帰ル」すなわち七年には江戸に帰着したことが真相なのである。

九、阿蘭陀通詞に就いてオランダ語の学習をしたと伝えられて、これも『蘭学事始』に「かの地へ下り、専ら吉雄・楢林等に従ひて」とあるだけで吉雄何某・楢林何某であるか、従来推測の域を出なかった。しかるに、ここではじめて「崎陽ニ到リ訳人吉雄幸左衛門・楢林栄左衛門ナル者ニ就テ西洋ノ医術ヲ学ビ、随テ其言辞ヲ質問スルニ至ル」と明記されている。吉雄幸左衛門は耕牛と号し、玄沢・淳庵らとも馴じみ深い阿蘭陀大通詞で、今さら説明を要しない。問題の明和六年の三月には商館長ヤン＝クランス一行に付き添って出府して、玄白にヘーステルの外科書を貸して

吉雄耕牛の塾、成秀館

もいる。良沢はその年長崎に下って吉雄耕牛の成秀館塾を訪れ、オランダ語・蘭方医術を学んだことになる。耕牛が永年かかって蒐集・栽培した珍器・珍獣・異国の植物をその庭内にみて、眼を見張ったことと思われる。一方、楢林栄左衛門とは、『由緒書』の記すところによれば、宝暦十年に小通詞末席に任命され、明和五年に小通詞並に陞った通詞である。彼にもオランダ語を質したわけであろう。また『蘭訳筌』本文中には「楢林氏及小川悦之進ナル者ヨリ聞ケル所ノ成語十数句アリ……」とあるところから推して、主としては吉雄・楢林両氏に就学したとしても、その外の通詞小川悦之進はじめ何人かの通詞たちにも教示を乞い、また親交を結んだことが窺い知れるところである。通詞中の大御所吉雄をはじめ、多くの通詞連との交流があったればこそ『ターヘル＝アナトミア』などの蘭書の入手が可能であったとみるのが素直な判断であろう。

小川悦之進

良沢が明和七年、江戸に帰着後の研鑽

十、明和七年、江戸に帰ってからも良沢は、「蘭人ピイトルマアリンナル者ノ著ス所ノ言語ノ書ヲ取テコレヲ閲」して研鑽怠りなく、精進を積んでいたのである。であるが故に翻訳事業が発会するに際して、単に年長であるということだけでなしに、内容・実力の面においても、良沢を措いて他に盟主たり得る者はいなかったわけなのである。

かくて、明和八年三月五日、『ターヘル゠アナトミア』の翻訳にとりかかった時に良沢が身につけていた語学力を総計してみれば、およそ次のような内訳になると考えられる。

『類語』

まず第一は、杉田玄白も記しているように「先に青木先生より学びし類語と題せる書の諸言」をもとにして、復習・訂正し、かつ補足して「七百余言を習ひ得」たことが基礎になっていた。ここでいう『類語』という本は伝存していない。が、恐らくは昆陽が集め得た単語集のようなものかと考えられる。第二はこの基礎のうえに長崎で吉雄・楢林・小川などの阿蘭陀通詞から学んだ「かの国の字体・文章」に関するあらましの「聞書」を加え、第三には長崎で購入して持ち帰ったマーリンの語学書・辞書の利用を加えたものである。

マーリンの語学書

良沢はこの語学知識をもとに「推テ」「窺フ」努力を続けて、さらに知識の蓄積に励んでいたのであった。

良沢のオランダ語についての学習内容

良沢の学習内容の方向は、青木昆陽の『和蘭和訳』『和蘭文字略考』などが、余り高度なものではなかったのに比して、それをのりこえて簡単な語法の解説や訳例を含み、七百余言の単語からなる蘭日対訳の語彙を含んでいて、専門学者が通詞に要求して習得したものだけに案外系統的なものをもっていたと考えられる。ことに良沢は長崎の地で通詞諸家に質して、語彙や仕組みの知識を吸収し、「かの書説学ばんとて」専念したのであるから、マーリンの語学書をなんとか利用することができたと判断することはさして無理はあるまい。

そんな良沢であったから、明和七年の少なくとも春頃までに江戸に帰ってからも修得しえた力をフルに使って、ひそかに『ターヘル＝アナトミア』を拾い読みしていたに相違ない。でなければ三谷の茶店でオランダ語混りに『ターヘル＝アナトミア』を披露するなどということができるわけがないからである。

この良沢に内蔵された語学力が、やがて訳読の会の活力となって成果をあげることとなるのである。

五　翻訳の経過と同志

同志の翻訳方法

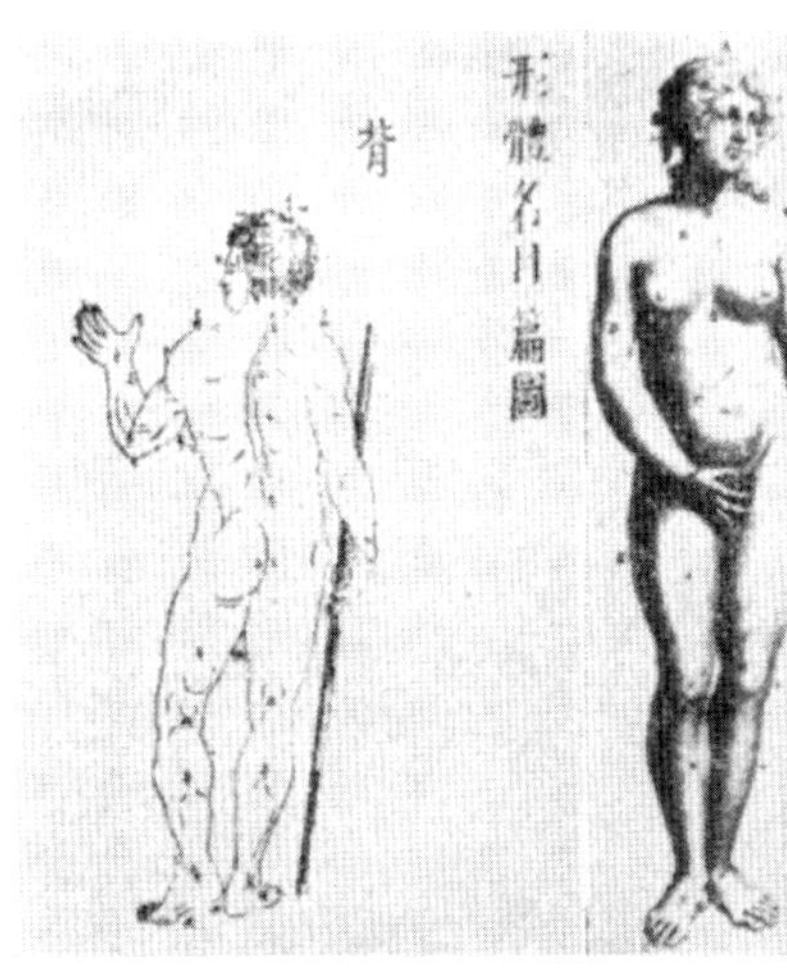

後向男子全身図
（『解体新書』より）

全　身　図
（『クルムスの解剖書』より）

『ターヘル＝アナトミア』に打ち向った面々は、そこにあまりにも異質な横文字をみて「茫洋として寄るべきかたなく、あきれにあきれ」て一時（ひととき）を過したのであったが、かといって昨日の実験を思い起し、眼下にみるその真型を備えた解剖図・骨格図を捨て去ることはとてもできない。一同は良沢をこの会の盟主と仰ぎ、「艫舵」とも頼んで、具体的計画を立てねばならない。

　熟覧・熟慮の末、彼らが考え出した方法はおよそ次のようなものであった。

　身体の内部構造のことは複雑でわかりにくい。ところが、『ターヘル＝アナトミア』の附図の最初に「仰伏全象の図」、正確には男子の後向きと女子の前向きの全身図が掲載されている。身体表面の各部の名称はみな知っていることであるから、図の各部に付けられているアルファベットや数字の符号を手懸りに、その符号に相当する本文を探してみればわかるはずだ。各部の日本語名称や機能はわかっていることだから、必ずやそれに相当するオランダ語もわかるであろう、という判断なのである。

いわば、一番「取付きやすす」いことから手をつけて、無理々々解き明かそうというわけなのである。それにしても、

その頃はデ（=de=the）の、ヘット（=het=it, the）の、またアルス（=als=as）、ウエルケ（=welke=which）等の助語の類も、何れが何れやら心に落付きて弁へぬことゆゑ、少しくは記憶せし語ありても、前後一向にわからぬことばかり、

であった。また、

たとえば、眉（ウェインブラーウ）（=Wijn-braauwen で Wenk-braauwen の古体、眉の意）といふものは目の上に生じたる毛なりとあるやうなる一句も、彷彿として、長き日の春の一日には明らめられず、日暮るゝまで考へ詰め、互ににらみ合ひて、僅か一二寸

ばかりの文章、一行も解し得ることとならぬことにてありしなり。また或る日、鼻のところにて、フルヘッヘンドせしものなりとあるに至りしに、この語わからず。これは如何なることにてあるべきと考へ合せしに、如何ともせんやうなし。その頃ウヲールデンブック（釈辞書）といふものなし。漸く長崎より良沢求め帰りし簡略なる一小冊ありしを見合せたるに、フルヘッヘンドの釈註に、木の枝を断ち去れば、その跡フルヘッヘンドをなし、また庭を掃除すれば、その塵土聚まりフルヘッヘンドすといふやうに読み出だせり。これは如何なる意味なるべしと、また例の如くこじつけ考へ合ふに、弁へかねたり。時に、翁思ふに、木の枝を断りたる跡癒ゆれば堆くなり、また掃除して塵土聚まればこれも堆くなるなり。鼻は面中に在りて堆起せるものなれば、フルヘッヘンドは堆（ウツタカシ）といふことなるべし。然ればこの語は堆と訳しては如何といひければ、各々これを聞きて、甚だ尤もなり、堆と訳さば正当すべしと決定せり。その時の嬉しさは、何にたとへんかたもなく、連城の玉をも得し心地せり。（『蘭学事始』）

ともあって、苦心の実況をいきいきと綴っている。

「鼻」の部の翻訳実例

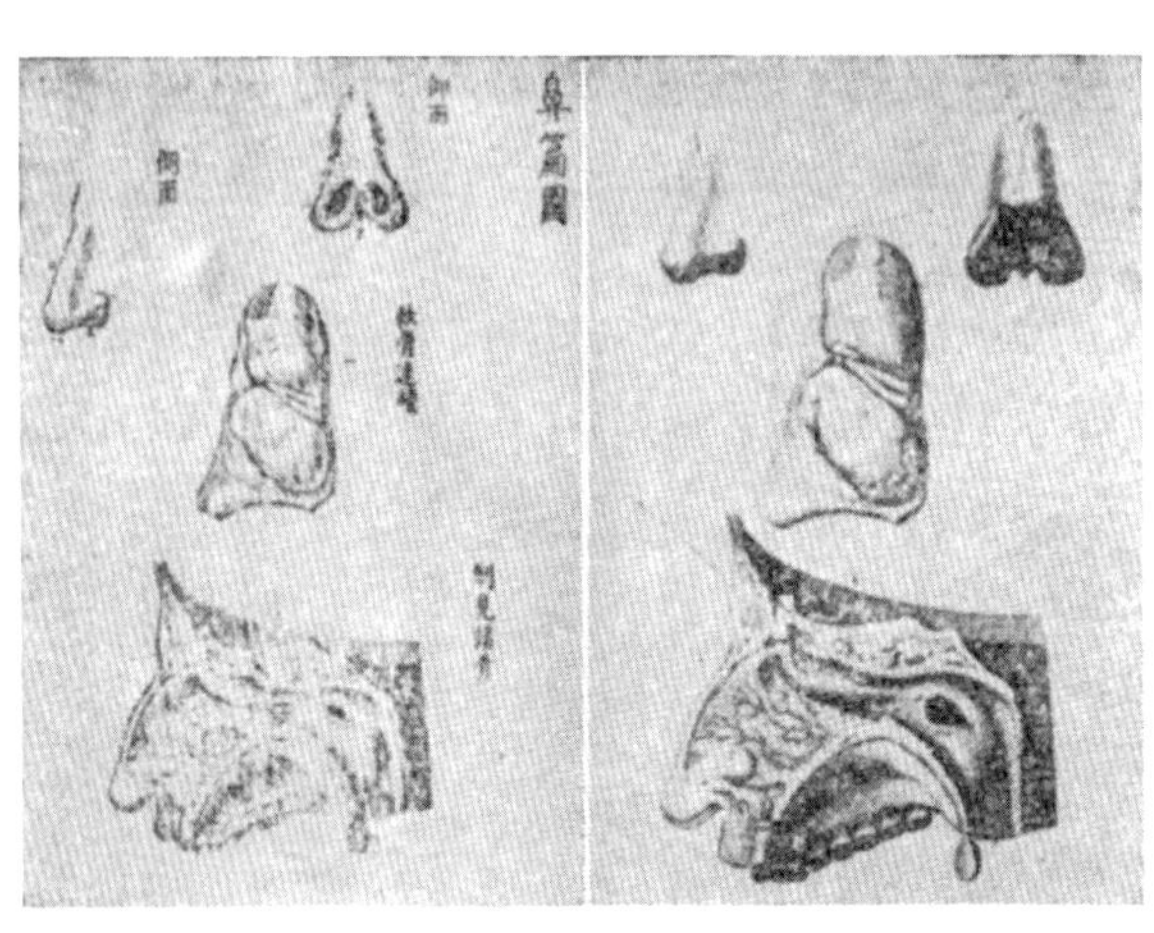

鼻の部分図
（『クルムスの解剖書』より）

鼻の部分図
（『解体新書』より）

われわれも、この辺で、良沢・玄白らの方法通りに一節翻訳してみよう。玄白が例にあげた鼻の個所を採りあげてみよう。

全身図は附図番号からすればタイトルページのⅠに次いでⅡ番である。

女子の全身図の顔の鼻には「6」の印がついている。そこで本文の一九ページからはじまるTWEEDE TAFEL（第二図篇）の項をみていくと、二一ページに、

6. *Nasus*, de Neus. Des zelfs deelen zullen in de XI. Taf. beschreven worden.

とみえる。説明はXI. Taf.に書かれているというのである。しかし、彼らは当初この説明は解読できなかったと思われる。しか

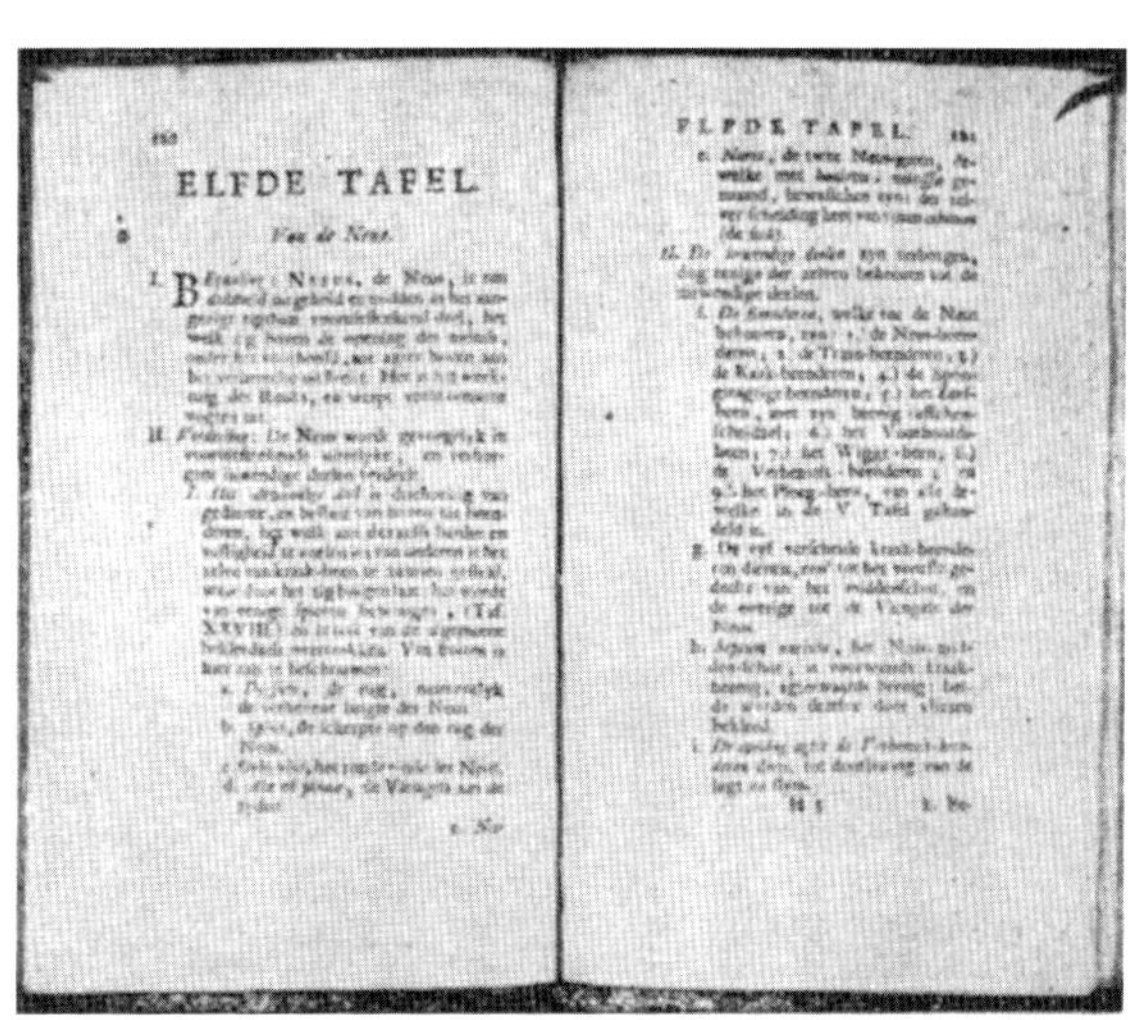
120

ELFDE TAFEL.

Van de Neus.

ELFDE TAFEL. 121

鼻の部分の原文（『クルムスの解剖書』120—121ページ）

し、XI. Taf. という文字に導かれて本文を探索したと思われる。まず附図の XI を開くと、はたして鼻の解剖図があり、一方本文のページをめくり進んで一二〇ページまでいくと、そこに ELFDE TAFEL（第十一図篇）とあって Van de Neus. とみえる。ここで彼らは前出のイタリック *Nasus* がオランダ語でなく、de Neus がいまでてきた de Neus と同じだからオランダ語であるとわかったであろう。しかし当初は玄白がいうように冠詞 de がいかなる語かわからなかったと思われる。兎に角めざす「鼻について」の記述がはじまるわけである。

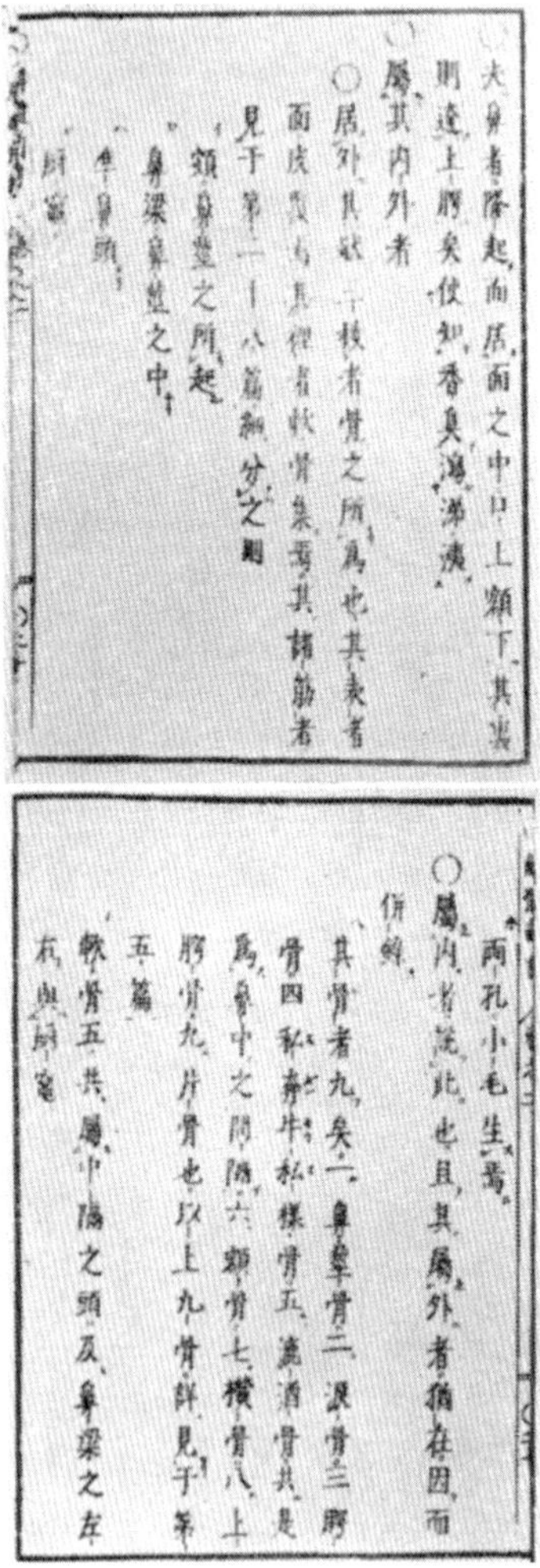
夫鼻者隆起而居面之中口上顴下其裏則達上腭矣使知香臭瀉涕洟
屬其内外者
○居外其状一枝者骨之所爲也其表者面皮裹焉其裡者軟骨集焉其諸筋者見于第二十八篇細分之則
頞鼻莖之所起
鼻梁鼻莖之中
準鼻頭
鼻竅
兩孔小毛生焉
○屬内者説此也且其屬外者猶在因而併解
其骨者九矣一鼻梁骨二涙骨三腭骨四篩骨五骨其是爲鼻中之隔六顴骨七横骨八上腭骨九片骨也以上九骨詳見于第五篇
軟骨五其屬中隔之頭及鼻梁之左右與鼻竅

鼻の部分訳文（『解体新書』巻之二）

ところが、玄白が記した「フルヘツヘンド」という発音に当たる文字はどうもみえないのである。しいていえば附図のa印に対応する本文aのところに、

a *Dorsum*, de rug, naamentlyk de verhevene langte der Neus.

とみえるうちの verhevene フルヘーフェンを指すということになろう。意は「盛上った」である。玄白の老齢故の記憶違いかと思われる。

訳読グループ一同は、やっとの思いで附図と本文との対応の組織を理解し、一語一語訳語を解決していったのである。

いま例にあげた箇所は、結局『解体新書』においては次のように訳が落ちついた。まず「形体名目篇図」においては「六――鼻」とし、本文「形体名目篇　第二」においては、

六　鼻は第十一篇に見えたり。

とし、その「鼻篇　第十一」における該当部分は、

イ　頞、鼻茎の起る所なり。

と決定し、「鼻篇図」における「仰面」の図の該当部分には、同じく「頞」と記入して、連絡をつけたのである。

彷彿のうちに訳語を考え出す

全篇、右に点検してみたような翻訳方法で作業を推進した模様である。

「こじつけ考へ合」わせ、「彷彿」のうちに訳語を考えついて合議決定するという作業を開始したわけで、推して定めた訳語は次第にその数を増し、盟主良沢がすでに覚えていた訳語のメモをも増補するようにさえなっていった。しかし形態のはっきりしている

未解決記号、轡十文字

会読、月に六－七回

人体各所の名称などは容易であっても、抽象名詞や形容詞などは誠に難解であった。「シンネン（Zinnen 精神）などいへること出でしに至りては、一向に思慮の及びがたきことも多」く、困りに困ったすえ、彼らは「ゆくゆくは解すべき時も出来ぬべし。先づ符号を付け置くべしとて丸の内に十文字を引きて記し置き」、この不明未解決記号をば「轡十文字」と名付けたのであった。宿題にしたのである。はじめは、「毎会いろいろ申し合せ、考へ案じても、解すべからざることあれば、その苦しさの余り、それもまた轡十文字、轡十文字と申」さざるを得なかったのである。

苦しさの余り申し合せの宿題記号轡十文字を付けながら、「精を研り、辛苦」の会は一ヵ月に六－七回も催された。おたがいに主君に仕える責任ある身であったから、一ヵ月に六－七回の会合は大変なことであった。会集すれば、熱中して「日暮るゝまで考へ詰め」る、時間のかかることであったから、小人数でなければうまくいくわけがない。というのも、翻訳作業と並行してオランダ語の学習も相兼ねて事業を促進しようということであってみれば、足並が揃わなければならなかったからである。

そこで、『ターヘル＝アナトミア』に打ち向い、月に六－七回にのぼる集会を催して訳読を続けた会の顔触れをみてみよう。

玄白が骨ヶ原の腑分けをみに行くに際し、さそいの通知を受けて同道した人々は、玄白の記録によれば、玄白の同僚中川淳庵と中津藩医前野良沢らであって、残念ながらこの二人以外の名は書き留められてはいない。が、少なくとも良沢・淳庵の外に何人かいたことだろうと思われる。それは「先づ同僚中川淳庵を初め、某誰と知らせ遣はせし中に、かの良沢へも知らせ越したり」とも、「良沢参り合ひ、その余の朋友も皆々参会し」とあるところから推察されるわけである。

しかし、観臓の帰路、同行であって『ターヘル＝アナトミア』の翻訳を誓い合ったのは良沢・淳庵・玄白の三人であった。明和八年三月五日、最初の会合も多分この三人によって開始されたことと思われる。それは玄白が、「その初め、前野良沢・中川淳庵・翁と三人申し合せ、かりそめに思ひつきしこと」といっていることからも明らかである。このような重大な初日のことをいくら年月が経っても忘れられるものではない。ただ、同じく玄白は「最初より会合ありし桂川甫周君」ともいっているところをみると、官医桂川甫周も翻訳事業開始まもない頃から加わったものと考えられる。のち『解体新書』

会読は小人数であった筈

にはその原稿を「閲」したこととして名を連ねているし、ことによったら、例の腑分けも一緒に見にいっていたかもしれない。

小人数であれば会合の日取りの都合もつけやすい。いずれも主家に仕える身の余業としてすることであってみれば、一層その間の事情を考慮に入れねばならない苦心があったと思われる。それにもかかわらず、玄白は会合開始から月に六－七回も参会し続け、一年もたつころには訳語も増し、翻訳も余程進行するようになったと述べている。してみると、やはり訳読事業開始後しばらくの間は、極めて小人数で頑張り続けたと判断しなければならない。

少数精鋭をもって難解な原書『ターヘル＝アナトミア』に立ち向った良沢・玄白たちは、二十八枚の附図を中心に、それに対応する本文だけを翻訳することに決めた。「原本は注有り。今、形体に関渉する者を取り、之を訳す。他は皆略す」とあって、詳細な脚註は一切はぶき、本文もその大要をとって訳出することにしたのである。

その本文の訳しかたであるが、玄白は次のような三通りの方法をとったことを記録している。

> 訳に三等有り。一に曰く翻訳、二に曰く義訳、三に曰く直訳。

と。この三通りをさらに具体例をあげて説明するに、まず、

翻訳

> 和蘭呼びて価題験（ベンデレン）と曰ふ者は即ち骨なり。則ち訳して骨と曰ふが如し、翻訳是れなり。

とある。価題験はオランダ語の Beenderen の発音通り漢字を宛てたもので、Been（骨）の複数型である。こういう訳し方を「翻訳」といったのである。

義訳

> 又呼びて加蝋仮価（カラカベン）と曰ふ者は、骨にして軟なる者を謂ふなり。加蝋仮とは鼠の器を嚙む音の如く然るを謂ふなり。蓋し義を脆軟に取る。価は価題験の略語なり。則ち訳して軟骨と曰ふ、義訳是なり。

とある。加蝋仮価はオランダ語の Kraakbeen で、玄白らはうまい説明をしたものである。加蝋仮 kraak は急潔な鋭い音を表現したもので、われわれがよくいう「カリカリ」「カラカラ」とでもいう音に当たるようである。been について、玄白は価題験の略語といっているが、前述の通り、骨の単数型である。単数・複数を明確に区別して表記できたのであろうか。この Kraakbeen は現在でも軟骨と訳されている。この種の訳し方を「義訳」

といったのである。

又呼びて機里爾と曰ふは語の当つ可き無く、義の解す可きは、則ち訳して機里爾と曰ふ、直訳是なり。

直訳

と、機里爾はオランダ語の kliers のことで、これを訳すに適当な日本語が見い出せなかったので、発音通り漢字を宛てたのである。今日でいう「腺」のことを指す。この種の発音通りの宛漢字作業を直訳といったのである。余程苦心しても解決できなかったらしく、この種の語は多い。

beenderen→　骨　……翻訳……（現代訳 骨・複数）
kraakbeen→軟　骨……義訳……（軟骨）
klier　→機里爾……直訳……（腺）

という三方式をとったのである（『解体新書』）。

翻訳の順序

次に原書の翻訳の順序を、彼らがどのようにすすめたかというと、「斯の書の条例は一に原本に依る」といって、原書の構成に沿って訳読をすすめた。

すなわち、凡例に続いて、「解体大意篇　第一」「形体名目篇　第二」「格致篇　第三」

「骨節分類篇　第四」「骨節篇　第五」「頭并皮毛篇　第六」「唇口篇　第七」「脳髄并神経篇　第八」「眼目篇　第九」「耳篇　第十」「鼻篇　第十一」「舌篇　第十二」「胸并膈膜篇　第十三」「肺篇　第十四」「心篇　第十五」「動脈篇　第十六」「血脈篇　第十七」「門脈篇　第十八」「腹篇　第十九」「腸胃篇　第二十」「下膈膜及液道篇　第二十一」「大機里爾篇　第二十二」「脾篇　第二十三」「肝膽篇　第二十四」「腎膀胱篇　第二十五」「陰器篇　第二十六」「妊娠篇　第二十七」「筋篇　第二十八」の二十八篇であって、これは二十八面の附図に対応しているのである。原本では附図を巻末にまとめて掲載しているが、玄白らは「解体の書は最も図譜を爛(てら)し、而して読むことを重んず」る書であるから、まず解体図を掲げることとしたのである。良沢・玄白らは、附図と記号に導かれて翻訳をすすめた方法が読者に理解を授ける方法としても、最も有効的だと判断したからであろう。また結果的には親試実見を旨とする蘭学者の研究・表現方法として、最もふさわしい構成になったわけで、とりもなおさず、玄白ら翻訳グループの根本的思向がこのような構成表現に帰結したものと思われる。

さて、明和八年（一七七一）三月五日から翻読事業を起した玄白たちは「一ヶ月に六―七会」

一年半で一応の訳は成る

も定日の会合を重ねた結果、当初無数に付けられた不明宿題記号・轡十文字も、およそ一年余も過ぎるころには、訳語の増加と正反対に一つ減り二つ減りして、「その章句の疎きところは、一日に十行も、その余も、格別の労苦なく解し得るやうに」なった(『蘭学事始』)。事実、この訳読の事業は予想以上に早く進捗した模様で、一年半くらいもたった時にはもう一応の訳は出来ていたのである。というのは、安永二年(一七七三)の正月に出版した『解体約図』の中で玄白は、

僕嘗テ紅毛解体書ニ従事シテ、コレヲ訳スルコトココニ年アリ。今既ニ成ル。名ヅケテ解体新書トイフ。

と明記しているからである。辞書をはじめ、何かと不自由な当時にあって、これは驚嘆すべき早さである。

このように事業が短時日のうちに進捗した蔭には、実は杉田玄白のなみなみならぬ努力があったのである。

そもそも玄白がこの『ターヘル＝アナトミア』の翻訳を思いついて同志に議った時の決意は、医業をもって主君に仕える身でありながら、それまで医術の基本ともなる人体

の真形をも知らないで過して来たことの恥しさから、是非とも「実験に本づき、大凡にも身体の真理を弁へ」たいということであった。「この業を以て天地間に身を立つるの申訳」にもと、「憤然として志を立」てたことであった(『蘭学事始』)。

しかし、漢学が遠く応神帝の代に百済の王仁(わに)が初めて漢字を伝え、書籍を持ち渡ってから、代々奨励され、今に至りようやく漢人にも恥じない漢学ができるほどになった事実を思うにつけても、

今はじめて唱へ出だせるの業、何として俄かに事整うて成就すべきの道理なし。たゞ人身形体の一事、千載説くところの違ひたるところを世に示し、何とぞその大体を知らせたく思ひしまでにて、他に望むところなしと一決。(『蘭学事始』)

会読の即夜稿をまとめる

していたのである。だから、一日会して訳読できたところを、その夜直ちに整理し、記録し続けたのであった。次の会には、またその先へその先へ、次へ次へと急ぐのであった。そこで翻訳の同志たちは、玄白の一徹ともみえる性急な様子をみて、時には笑ったものである。しかし、玄白は答えて、

凡そ丈夫は草木と共に朽つべきものならず。かたがたは身健(すこや)かに齢(よわい)は若し、翁は多

病にて歳も長けたり、ゆくゆくこの道大成の時にはとても逢ひがたかるべし。人の死生は預め定めがたし。始めて発するものは人を制し、後れて発するものは人に制せらるといへり。このゆゑに翁は急ぎ申すなり。諸君大成の日は翁は地下の人となりて草葉の蔭に居て見侍るべし。（『蘭学事始』）

と答えるのみで、次へ次へと、急ぎに急ぐのであった。だから同社の中でも年若い桂川甫周などは、これを大いに笑って、のちには玄白のことを「草葉の蔭」とさえ渾名して呼ぶようにもなったのである。

玄白の渾名「草葉の蔭」

この玄白の努力と意気込みが事業を促進せしめたのである。社中のよきマネージャーともいうべきであろう。

玄白は社中の強力なマネージャー

その間、時には「解屍」を見分に赴き、人体の構造に似ているといわれれば、かわおそなどの獣畜までも解剖して『ターヘル＝アナトミア』の附図・説明と見合わせ、訳業を推し進めたのである。

さらに、毎春参向してくるオランダ商館長一行が定宿長崎屋に旅装を解くと、待ち構えていてその付き添いの阿蘭陀通詞や商館長・医師に問いただすのであった。残念なが

同志が訳読期間中の江戸参府に東上したオランダ商館長一行たち

ら、商館長・医師・通詞らと問答した具体的史料を欠くのであるが、前後の事情、とりわけ後年の商館長アレント＝ウイルレム＝フェイトとの交流や通詞吉雄幸左衛門らとの接触の事実から、長崎屋への訪問は、頻繁に行なわれたとみなされる。そこで玄白らが会読の業を開始してから面談したと思われる江戸参府一行の名を挙げておく。

○明和八年（一七七一）春、商館長ダニエル＝アルメノー Daniel Armenault、上外科医イカリウス＝ヤコブス＝コトウェイク Ikarius Jacobus Kotwijk、大通詞名村初左衛門。

○明和九年（一七七二）春、商館長アレント＝ウイルレム＝フェイト Arend Willem Feith、上外科医コトウエイク、大通詞今村源右衛門、小通詞名村元次郎。

○安永二年（一七七三）春、商館長アルメノー、上外科医コトウエイク、大通詞吉雄幸左衛門、小通詞吉雄作次郎。

○安永三年（一七七四）春、商館長フェイト、大通詞楢林重衛門、小通詞堀儀三郎。

以上は『解体新書』出版までの分である（『オランダ商館日記』）。

昼の会読の苦心と、帰宅後、即夜稿をまとめて整理した玄白の苦労の程は、玄白自身が『蘭学事始』の中で述べている。その文は、

一日会して解するところはその夜翻訳して草稿を立て、それにつきてはその訳述の仕かたを種々様々に考へ直せしこと、

と記し、また、

一日会して解せしところをその夜宿に帰りて直に翻訳し記しためし置きたるなり。

とも記している。

昼の会読、即夜の翻訳

ここで一寸注意したいのは、昼の会合で同志の諸君と長時間にわたって訳読し、訳語を見い出し意味を理解したことを「解するところ」「解せしところ」と表現し、帰宅後、玄白が一人で、昼同志と理解し合ったところに従って草稿にまとめたのであって、これを「その夜翻訳して草稿を立て」とか、「その夜宿に帰りて直に翻訳し」と記している。

これから推すに、昼の会読は、同志が一つの字句・章句をめぐって訳解するに意見百出、議論沸騰、時には考えあぐねて溜息だけという時間の中から彷彿と訳語を見い出し、『ターヘル＝アナトミア』の附図と本文の意を理解したものと考えられる。玄白はこの附図・本文の相関々係と文意の諒解点を持ち帰って翻訳・草稿として、記憶の鮮明なうちにまとめておいたものと察せられるのである。

第五　『解体約図』出版

一　玄白の心配

粒々辛苦、一年有半、さしも難解と思われた訳読事業も、一応最後までの草稿を積みあげるにいたった。

急ぎに急ぎ、「草葉の蔭」と渾名(あだな)されても笑い流して頑張った成果である。「東西千古の差(たが)へあること」を「知り明らめ」「治療の実用」に立てたいと、「この一書の訳をし、そのこと成らば望み足りぬと心に決し」た、その「人身形体の一事」である。しかして「人の死生は預め定めがたし。始めて発するものは人を制し、後れて発するものは人に制せらるといへり」。ゆえに玄白にとっては「急ぎ申す」ことなのである。まして「多病にて歳も長(た)けた」身にとっては、急ぎ申す一事、これより外にない（『蘭学事始』）。

注連飾(しめかざり)　真新しくも　のどやかに　明けたる春の　おちこちに　稚児らの持てる

羽子板の　撞く音も澄みて　いきわたり　揚げたる凧の　空に舞う

玄白、四十一歳の初春を迎えることになる。わが医学界も新春を迎えねばならぬ。はやりにはやる玄白の心である。しかし、その心には一点の憂いを含んでいる。気になりだすと、その暗雲は、事成り、はやり立つ玄白の心をすっぽり包み隠してしまいそうである。

後藤梨春『紅毛談』

思い出されて脳裡から離れないのは、かの後藤梨春のことである。もう七－八年も前のことになろうか、梨春は江戸参府のオランダ人一行を長崎屋に訪ねて見聞したことをまとめて、明和二年（一七六五）に『紅毛談』と題して、これを出版した。

梨春は江戸に生まれ、田村藍水に学んだ本草家で『合監本草』や『本草綱目会読筌』『随観写真』などの業績を持つ篤学の士である。玄白もかつて藍水や源内の物産会を通じてよく識っている人物なのである。

梨春は、彼の小冊子『紅毛談』の仮名書の本文中に、かのアルファベット二十五文字が彫り込んであったとして咎をうけた。

梨春は玄白らが翻訳の業を起した明和八年（一七七一）に他界している。

小冊子中のこのような軽微な点においてさえも咎を受けたのである。ましてや全冊オランダ書から翻訳した内容で、附図も多く、大冊となるであろう出版物である。禁令に触れ、罪に問われるやも知れない。でないという保証はどこにもない。測りがたい心配事と玄白には思われたのである。

もっとも、『紅毛談』は、のち文化三年になって『紅毛噺唐繰毛（おらんだばなしからくりげ）』と書名を変えて、「大日本国住小唐先生」なる変名の人物が再版している。したがって後藤梨春に対する咎めはさほどきついものではなく、板木そのものも残っていたものと思える。しかし、少なくとも玄白自身はこのことを重大視し、心配していたものと思える。

いずれにしても、玄白にとっては、何としても「急ぎ」成し遂げねばならぬ一事をもっていたのである。

二 『解体約図』版行計画

玄白は『ターヘル＝アナトミア』の翻訳が一応できあがり、出版するに先立って簡単な内容紹介を世に問うてみようと決心した。これが刊行は、『解体約図』なる題名のも

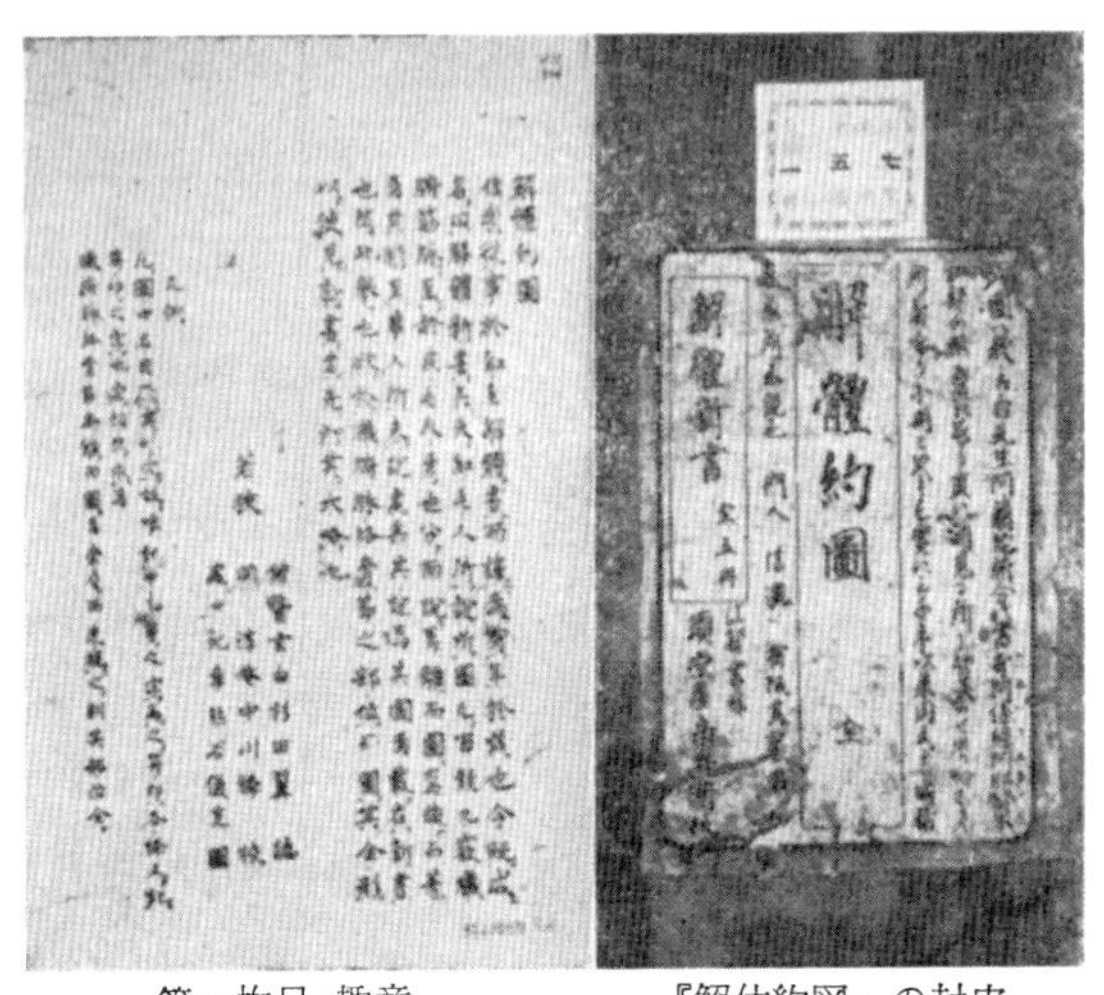

第一枚目　趣意

『解体約図』の封皮
翌年出版される『解体新書』5冊が予告されている（東京大学図書館蔵）

とに安永二年（一七七三）正月になされた。翻訳事業開始以来一年と十一ヵ月目に当たっている。しかし、江戸の須原屋で開板までに要する準備期間や、さらにその前に、『ターヘル＝アナトミア』の翻訳の全体を得て、その中から主要部分を抽出して『解体約図』の形に原稿を完成させる日時を考えると、これは短時日のうちになるものではないことに気付く。かなりの時間的余裕が必要なことは当然のことである。したがって、『ターヘル＝アナトミア』の一応の訳了が正味一年半くらいとみなさなければならない必然性がここに存する。

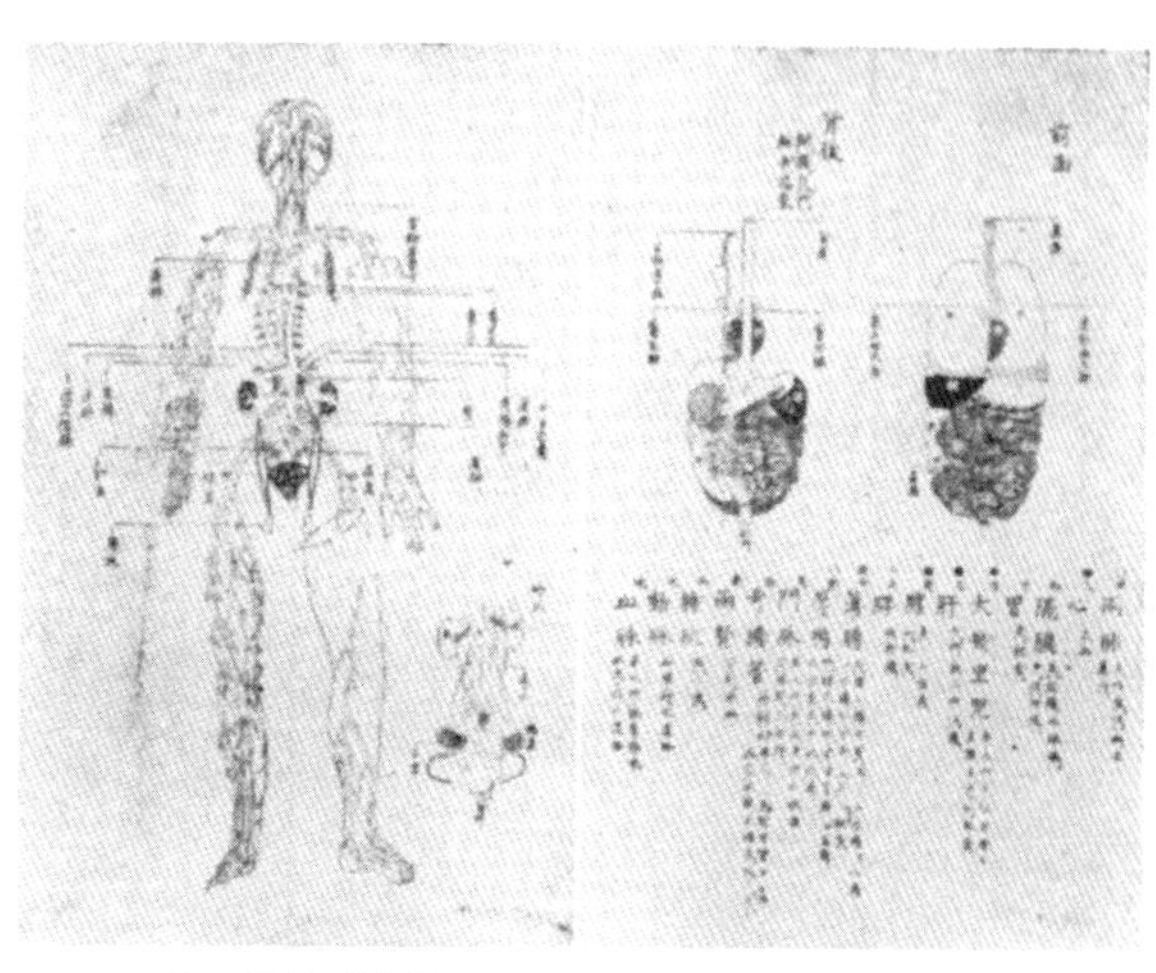

第三枚目「脈絡」　第二枚目「臓腑」

さて、『解体約図』出版の事情を玄白は次のように述べている。

さて、右の如く、一通り訳書出来たれども、その頃は蘭説といふこと少しにても聞き及び聞き知れる人絶えてなく、世に公にせし後は、漢説のみ主張する人は、その精粗を弁ぜず、これ胡説(こせつ)なりと驚き怪みて、見る人もなかるべしと思ひ、先づ解体約図といふものを開板して世に示せり。これは俗間にいふ報帖(ひきふだ)同様のものにてありたり。(『蘭学事始』)

右の一節の冒頭にみえる訳書とは『解体新書』その本を指すことはいうまでも

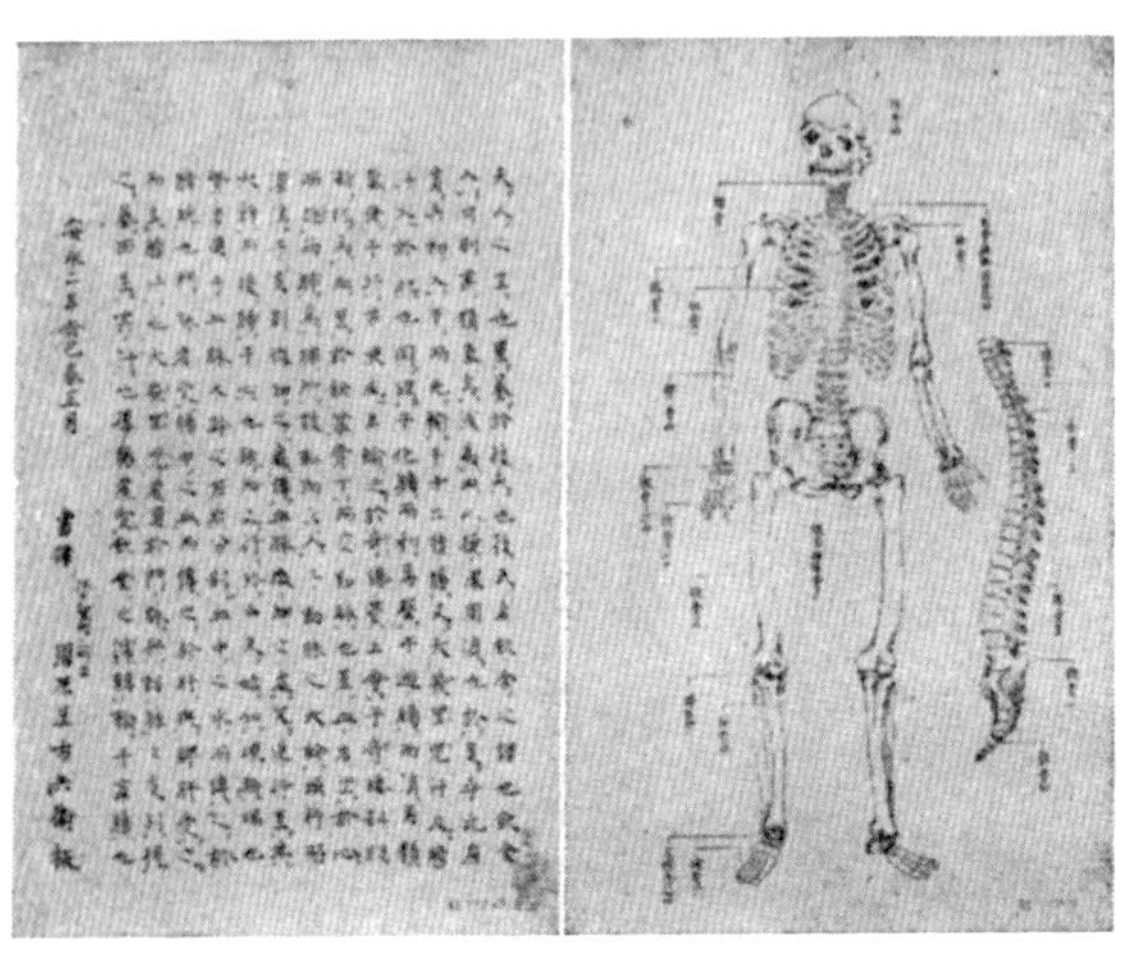

第五枚目「解説・刊記」　第四枚目「骨節」

ない。蘭方の医説を見聞きする人もない当時、突然この蘭方医書『解体新書』を世に出せば、その内容が余りにも異なれるところから、漢方医書に親しみ、その漢説をのみ主張する人々は、この内容を十分比較検討することもなく、一も二もなく異国の説（＝胡説）として疑って見向きもしないかも知れない。玄白はその逆効果を心配して、世間でよくいう報帖（ひきふだ）＝内容見本の予告——の意味でこの『解体約図』を出板してみることにしたのである。

一年半の歳月をかけ、粒々辛苦、累積したこの成果を、最後の立居振舞の失敗によって水泡に帰してしまうことのなきよう腐心したのである。

玄白らをしてこのような危懼（きく）の念を懐かしめる程に『解体新書』の内容は、漢方医師にとっては「驚き」かつ「怪」しむに値する新しく、珍しいものであったのである。

それ故に玄白らはこの『解体約図』をもって世間の反応をみようとしたのである。その時の玄白の心中には、想像もつかない深刻なものがあったにちがいないのである。

三　『解体約図』

『解体約図』は五枚一組

『解体約図』は五枚からなっている。その五枚は離れればなれになっているからどの一枚をとってみても一つのまとまりを示している。しかし順序は内容から決まるようである。玄白が周到な配慮をもって板行した作品であり、次に刊行を予定した『解体新書』の成否をはかるテストペーパーでもあったから、われわれも少し念入りにみてみよう。

第一枚目、趣意表明

第一枚目は、いわば『解体約図』の趣意を表明したもので、

侍医　玄白　杉田翼　誌

若狭　同　淳庵　中川鱗　校

処士　元章　熊谷儀克図

と関係者の名を掲げている。

オランダの解剖書の翻訳に従事して、すでに完成し、その書名も『解体新書』と決定していることを報じている。紅毛人（オランダ人）の書物は人体のあらゆる部分を、細かく分けて説明し、それぞれ分離して図示している。その精しさは華人（中国人）がまだ説き明かしていないところにまでもおよんでいる。そういう説明や図はすべて『解体新書』にのせてある。しかしまず臟腑（内臓）・脈絡（血管）・骨節（骨格）の全形を掲げ、『解体新書』をみようとされる人のために、その大略を知ってもらおうとするものである、としている。そして、凡例で各図のみかたを指示している。すなわち、図三枚を重ねて透視すれば、部位の関係が完全に理解できるようになっているとしている。なかなか芸の細かい、よい着想である。実際に重ねて透かしてみると、脈絡と骨節の二図はぴったり一致するとはいえないが、骨節と臟腑の二図はよく合っている。

第二枚目、臟腑の図

第二枚目は臟腑（内臓諸器管）の図である。前面からみたものと背面からみたものと二種を並べて図示している。先の凡例でもいっているごとく、図中に直接各部の名称を記入するというのではなく、甲乙丙……の記号を用いて、図の下段余白に各部の名称とその働きを簡単に説明・註記している。

「大幾里児」「門脈」「奇縷管」

　諸器管の説明の中でも、時に注目すべきは、「華人未ダ説カザルトコロノモノ」として「大幾里児」「門脈」「奇縷管」の三つをあげている。これらは今日いう「膵臓」「門脈」「乳糜管」のそれぞれであって、大幾里児と奇縷管の二つは原語に当てるべき漢字名がないので玄白のいう直訳すなわち発音通りの漢字を当てて表わし、門脈は原語の意味を訳してそれに適当した漢字名を付けたのである。それぞれ特に明記して新機軸の程を示したものである。

第三枚目、脈絡（血管）の全身大系図

　第三枚目は脈絡（血管）の全身大系図である。ここでは文字によって血管の説明をしていないが、動脈と血脈（静脈）の大系を示したもので、右の手・足が血脈である。男性の性尿器も明記されており、女性の性尿器は右下の余白に図示している。

第四枚目、全身骨節図

　第四枚目は正面からみた全身の骨節（骨格）を図示している。右の余白には脊柱を側面から示している。漢方の骨格図と異なるところ多く、驚嘆の眼をもってみられたにちがいない。

第五枚目、人体生理の大要、構造解説。刊記

第五枚目。この一枚は人体生理の大要を、構造の説明を加えながら、簡明に紹介しており、最後にこの五枚一組の『解体約図』が「安永二年癸巳春正月」に「書肆江戸室町三丁目須原屋市兵衛板」で板行されたことを明示している。

人の生命は飲食物を口より得ることによって保たれている。口から入ったものは各消化器管を通り、循環周流し、消化して血液となる。血液は心臓より出て肺を循（めぐ）り、動脈に入って順行し、やがて血脈（静脈）に入ってもとの心臓に帰る。循環の終りなきことを説き、ついで腎・門脈・肝・大幾里児・厚腸の機能を説明している。うち門脈と大幾里児（膵臓）の働きは漢人未説のところであって、これが機能と関連を堂々と明記している。ただし右のうち門脈が肝と脾に血を伝えるという点は誤りで、のち玄白は『解体新書』で訂正するのである。また肺に入った血液が肺のために鼓動するなどというのも誤りを犯している。しかし、何はともあれ、われわれは玄白が西洋医学の真髄をこのような簡潔明瞭なる図示と説明によって天下に公表した勇気を掬（く）み取らねばならない。玄白たちはこの『解体約図』になみなみならぬ期待をかけていたのである。

『解体約図』は以上みてきたように『解体新書』の内容の要約・図解紹介をして世間の

反応を把握しようと狙った予告作品である。玄白が本文を書き、中川淳庵がこれを校閲して、熊谷元章が図をかいて協力したのであって、このことは第一枚目に明記してある。

『解体約図』の独自性

したがって『解体約図』の中心ともなる図そのものは『解体新書』に掲載予定の図のなかから選んで、そのまま利用したものかとも考えられるが、実際は必ずしもそうではない。第二枚目の臓腑の図と第三枚目の脈絡の図の右下の女性の性尿器の図は、のちの『解体新書』にはみられない図である。さらに原典となった『ターヘル＝アナトミア』にもすべてこれらの原図があるわけではない。他の原書を参考にして模写のうえ上梓(じょうし)したものに相違ない。

右の点において、『解体約図』はそれ自体、独自性を保持しているということができ、留意されるべき作品なのである。

玄白らは、この五枚一組の『解体約図』に封皮をかけて出版した。これは読者のために五枚の分散をふせぎ、保存の便を考慮してなされたもので、一組のまとまりあるものとして見てもらいたかったからでもあろう。また想像をたくましうすれば、出板してみて、何か不都合なことがおきた場合には、この五枚のうち、どれでもその箇所を訂正し、

『解体約図』の封皮

あるいは差し替えることもできるようにと、配慮しておいたものともとれる。

さらに封皮の表には、外題(げだい)が貼附されていて、簡単な宣伝用の文言と出版事項とが記されている。挿図を見てわかるとおり、中央に「解体約図　全」と枠付で大きく外題を書き、左上に「解体新書　全五冊」と、これも枠付で予告を掲げている。その下部に「江都書林須原屋市兵衛板」と出板元を明示している。右の欄から左の欄の余白にかけて『解体約図』の内容宣伝文（キャッチフレーズ）が載っている。すなわち、

　此図ハ我玄白先生、阿蘭陀腑分(ふわけ)の書打阿係縷阿那都米(たあへるあなとみい)一部の趣意を取り、直ニ割見(さき)る所と質(ただし)合せ省略して所レ著なり。小冊といへども実に三千年以来同文の国(の)諸名家所レ未レ説也。門人　信濃　有阪其馨　識

とある。

以上のことから、『解体約図』の出板事情とその時の状況を綜合的に観察し判断してみると、そこには頗る注目に値する諸点が含まれていること、かつその蔭に玄白らの深い配慮が匿(かく)されていることに気付くのである。

○人体を「直ニ割見る所と質合せ」て、これが真正・真理の主要点を摘出・注記した

ものであること。

○それゆえにこの医説は、三千年来「同文（漢文）の国の諸名家がいまだ説かざるところ」の新説であること。

○このことの真髄は「玄白先生、阿蘭陀腑分（＝解剖）の書打阿係縷阿那都米（たあへるあなとみい）一部の趣意」をとって著わした『解体新書』にある。

○その『解体新書』はすでに訳稿、成って、その精を分けて説き明かし、詳細に図示しているが、特に「臓腑・脈絡・骨節ノ部位ニオイテ、ソノ全形ヲ図シテ……大略ヲ知ラシメン」としたものである。

『解体約図』刊行の責任の所在

○これが文は若狭の国の侍医杉田玄白が誌し、同じく同国の侍医中川淳庵が校閲し、さらに同じく同国の処士熊谷儀克が図を模描している。須原屋から板行に際しては信濃出身の玄白が門人有阪其馨が識語を掲げて披露しているのであって、これが責任の所在とその範囲は頗る注目・驚嘆すべき一事と判断される。

責任は小浜藩と杉田塾との内

○すなわち、誌・校・図いずれも若狭小浜藩の者に限り、識語も玄白の門人の一人が認（したた）めているのであって、小浜藩と杉田塾が責任の範囲と判断される。

○小浜藩内において有力な後楯岡新左衛門・倉（青野）小左衛門を得て、さらにその上には、かつて京都の西郊で行なわれた刑屍の腑分を許可した藩主酒井忠用（ただもち）の庇護をいただいて、その責任を固めたのであって、直接の広告・宣伝には杉田塾の門下生一人が当たり、その責を負っていることがわかる。団結のとれた周到・巧妙なる措置といわなくてはならない。

かくて、背水の陣を布くが思いで『解体新書』の予告『解体約図』を出版したのである。尽くすだけの手を尽くして世間の反応をまったのである。

四　宛名のない質問状

これより先、玄白が『ターヘル＝アナトミア』を入手する前の年、すなわち前野良沢が長崎で勉学に励んだ年＝明和七年（一七七〇）のこと。奥州一ノ関（現在の岩手県）から医学修業の一青年が江戸に上って、必死に人を探していた。彼の懐（ふところ）には国許（もと）に残っている年老いた恩師から、かたく言付かった一書がたたみ込まれている。その書には真の阿蘭陀流医学の真髄を求める質問数ヵ条が認（したた）められているのである。この青年の江戸出府は二回目、今回は何としても老境に入った恩師の切々たる望みを叶えてやらねばと、心せく江戸の毎日を送っているのであった。

衣関甫軒

この篤学の青年は、名を衣関甫軒（きぬどめほけん）といった。一ノ関にのこる師は名を建部清庵といい、はや耳順（じじゅん）(六十歳)に手の届こうという歳である。

建部清庵

建部清庵は一ノ関藩田村侯の侍医を勤める医師である。漢方医ながら熱心に阿蘭陀流医学を求める心を内に燃やしている士であった。というのも若い頃、享保の末つ方、医学修業のために江戸に遊学、片田舎で耳にした阿蘭陀医学に対する興味と疑念から、官医桂川家に入門を願い出たことがあった。桂川家が所持するオランダ医書にひかれて起した勇気であった。しかし当時、桂川家では弟子を取らないとのことで願望は叶わずじまいに終ったことがあったのである。そのこと以来、ずっと抱き続けていた疑念がある。老の兆（きざし）がみえてくるにつけ、この望みは、ますます募るばかりであった。

建部清庵の塾生衣関甫軒が、さらに修業を積まんがために江戸に遊学した際、清庵は積年の阿蘭陀流医学に対する疑念を四ヵ条に認め、その一書を甫軒に持たせて旅立たせた。都下の諸名家に問い質（ただ）せよとの頼みであった。

出府後の甫軒は、研修の余暇、ようやく「都下に和蘭陀医学を講ずる者のある」を風のたよりで耳にした（大槻玄沢「和蘭医事問答序」）。一ノ関での師清庵先生が口ぐせのようにいっていた和蘭陀流医学である。それとなく聞いてみたが、定かなることはわからない。兎角するうちに帰省の時がやって来た。

久し振りの帰郷の挨拶が、「都下に和蘭医学を講ずる者のある」ことに話題が移って、清庵を喜ばせた。清庵は早速一書を認め、前条に追加すること数条、再度江戸に赴く弟子甫軒にそれを持たせ、依頼の念を強くした。時に明和七年閏六月十八日。

甫軒は江戸に出て、阿蘭陀流医学を講ずる良師を求めて、気のせく日々を送った。しかし、これはなかなか困難なことであったようだ。名家といわれる諸家に質しても確たる要領を得ず、時日は過ぎるばかり、歳はたちまち三度閲（あらた）まってしまった。そして、ようやく心を満たしてくれる医師にめぐりあうことが叶った。その名は、

若狭ノ医官　鷧斎（いさい）杉田先生

年は年号の明和も改まって安永二年の正月である。

老師の望みを叶えんものと、甫軒が書牘（しょとく）を懐（ふところ）にたたんで尋ね歩いた三年である。「名

衣関甫軒、玄白にめぐりあう

家」と呼ばれる人に会えば必ず取り出して質問におよんだ一書である。玄白の手に清庵の心血込めて認めた書が手渡された時には、さぞや皺筋多く、反古ともみまがうばかりの一書になり変っていたに相違ない。

しかし、玄白が一度これを披見するにおよぶや、牘紙の状態などはおかまいなく、弱った紙質も破れんばかりに握りしめ、眼は行を移すにつれて、爛々と、枯れた筆先が躍るがごとく、まだ見ぬ人の面影が、紙背に立って語りかけるかと思われるがごとく、玄白の眼は惹きつけられて離れない。

書牘の折れめが進むにつれて、玄白の胸には幾種類もの熱いものがこみあげてくるようであった。見守る甫軒の眼差しも動かない。

建部清庵の質問四ヵ条

建部清庵が最初に認めて甫軒が江戸遊学の際に持たせた疑問の四ヵ条の要旨は、次のようなものであった。

第一問　毎年来朝するオランダ人医師に、外科はみえるが、内科はみえない。オランダには内科の医者がいないのであろうか。

第二問　オランダにも風寒暑湿、産前産後、婦人・小児の病がないことはあるまい。

膏薬・油薬の類だけでは療治できるはずはない。しかるに阿蘭陀流といえば、みな膏薬・油薬の類ばかりで、腫物や一と通りの療治をするだけである。これは不審なことである。

また長崎へさえ行ってくれば、誰でも阿蘭陀直伝などといって吹聴しているが、蘭医に就いて研修し、彼の国の医書を習わないで果してできることなのであろうか。

第三問　阿蘭陀本草の書というものは有ると聞いているが、僻邑では見ることができない。その書物をみれば本草の気味功能など『本草綱目』などのように知ることができようか。

第四問　阿蘭陀医書は多く舶載されているであろうか。

甫軒の再遊の際に、清庵はさらに面談のうえ細々と含め聞かせたあと、なおこれを確かめ、堅く依頼して縷々筆に託したのであった。

清庵が追加の文意

追加した清庵の文の要旨は、本質的には前掲四ヵ条に尽きるが、それを強調するに、実例をあげ、漢方医術・医学と比較して力説・敷衍しているのである。

縷々書き足した文言の中でも、玄白の心をとらえて、眼を見張らせた字句は、

○元来阿蘭陀の医書といふものを伝受せず、膏薬・油薬計を習ひてそれで一流を建立したる故……用に立ざるべし……日本にも学識ある人出て阿蘭陀の医書を翻訳して漢字にしたらバ、正真の阿蘭陀流が出来、唐の書をからず外科の一家立ち、その外婦人小児科抔の妙術も出べし。

○阿蘭陀流の外科計ハ阿蘭陀名乗ハすれども、内々を見れバ皆唐の書から抜出して集合傅会したるハ慨嘆すべきの至なり。

○江戸表にハ広き事なれバ、先達而此道を建立したる人あるか、又阿蘭陀医書を翻訳したる人あるべし。若し左様の書あらバ、早速見たきもの也。かやうの大業ハ都会の地にて豪傑の人起り唱出さゞれバ成就せぬ事なり。

○厳命有りて阿蘭陀の医者を召し呼ばれ、日本の学力あらん人に仰せ付けられ、彼地の医書の翻訳出来たらば、正真の阿蘭陀流も成就すべけれ共、今は是もならぬ事にやあらん。

などの文言・章句である。清庵は最後に「日暮れて途遠し、如何ともせんかたなし。……明日に死たりとも、此趣にも御世話これ有り候へバ、遺恨なく候。依て遺言も同様に

存じ印象いたし進候。以上。」と一気に書き結び、その奥に、

明和七年閏六月十八日

奥洲一関

建部清庵由正

と謹厳に署名し、一顆を加え捺したのであった。

清庵の問書から判断されること

享保の頃、いわゆる蘭方医書の流布

清庵の江戸遊学

建部清庵の疑問の一書に対する杉田玄白の返答をみるまえに、一つ二つ清庵の一書から当然判断されうるところを摘出しておこう。

一、建部清庵が青年の頃、すなわち享保の頃、陸奥一ノ関にも南蛮流医学をのりこえて、阿蘭陀流医学と称する一流、家秘の医書が出廻っていたこと。

一、清庵は阿蘭陀流に殊の外深い関心を示して、江戸遊学の若き頃、桂川家の門を叩こうとしたこともあり、のち嫡子三省をして江戸表で高識の人を尋ねさせようともしたことがあった。

一、衣関甫軒が師清庵の疑念の四ヵ条を懐に江戸へ出て、高識なる阿蘭陀流医家を尋ねたが、帰省する明和七年(一七七〇)の頃まで、そのような医家に廻り会うことができ

江戸は阿蘭陀流医学の処女地

なかった。玄白らが『ターヘル＝アナトミア』訳業を起す以前であり、当然とはいえ、真の阿蘭陀流医学の実施という点では、江戸がまだ全くの処女地であったことがわかる。

玄白らの訳読事業がひそかに推進されていた証明

一、玄白らが訳業を開始した明和八年（一七七一）春から、推進中の安永元年（一七七二）の頃、甫軒は恩師の望みを叶えんものと必死に探索の日を続けても、「その人」に廻り会い得ないでいた。すなわち、このことは玄白らの翻訳の事業の噂がまだ江戸の巷間に広まらずにいたことを傍証している。前述したように、翻訳起業からしばらくの間は、当初の小人数で頑張り通していたと推測しておいたことがここでも立証される。

『解体新書』成稿後話題が広まる

一、安永元年（一七七二）の後半には『解体新書』の稿は一通り成就していた。その頃からでもあろうか、ようやく江戸の街で彼らの壮挙が話題ともなって、やがてこれが甫軒の耳にも入ることとなって、甫軒は恩師の宿願を果たすことの機会に恵まれることとなったに相違ない。

杉田玄白は無名の医師であった

一、したがって、衣関甫軒の来訪を受ける直前の頃までは、杉田玄白なる医師はまだ「都下に和蘭医学を講ずる者」として名が通っていなかったことがわかる。

同志の慎重な盟約態度

一、玄白は良沢・淳庵らと小人数で苦心力行、その業を急ぎに急いだが、懸念される点もあろうかと、同志内のこととして世間には秘して、慎重なる盟約のうちに業の成就に努めたに相違ない事情が、如実に窺えるところである。

五　玄白の答書

清庵が枯れた筆の穂先を走らせて、認め送った問書は、三歳を経てようやく答えてくれる人の許（もと）に達した。

玄白は清庵が挙げた疑問の四ヵ条に加えて、積年の疑念を筆に託して縷々問いかける一ヵ条・一ヵ条を読みすすむにつれて、非常に感動させられた。

玄白にとっては、時あたかも『解体新書』が未定稿ながら一応稿成り、この成果をいかなる方法と経路をもって世に問おうかと腐心していたときに当たっている。訳稿になお推敲（すいこう）の筆を加えつつ、同時にひとまず予告篇として『解体約図』を出板して世間の反応を観察しようとも努めていた時にも当たっていた。

時も時、このような高い識見をもって疑念の一書を認め送り届けた人を得ようとは。

「千載之奇遇と存」ずる以外に考えようがない。畏敬と驚喜の念さめやらぬまま、玄白は感動を込めて長文の答書を認め返したのである。その文は清庵の箇条に対応して、その順を追て進められ、最新の情報・技術知識を傾けて、懇切・敬慎の情をもって語りかけられている。

玄白が清庵に対する感応

清庵建部先生、和蘭陀外科者流之儀、御不審逐一拝見仕、誠にもつて感心し奉り候。天涯相隔て、御一面識も御座なく候得共、実に吾党の知己千載之奇遇と存じ奉り候故、存候趣御不審に応え、左ニ相認め申候。

と答書の筆をおこしている。

十二歳の年長で、かつ中央からの学問・文化の流入が思うにまかせない陸奥一ノ関の地にあって、高い識見を内に秘めて、家業と門弟の育成に当たってきた人に対して、現にその心を込めた疑念の一書を届けてくれた頼もしい青年甫軒を育てた老師に対して、玄白はその答書の劈頭(へきとう)に「清庵建部先生」の呼びかけの敬語をもって筆を下した。「天涯相隔」て「一面識も御座無」き間柄とはいえ、このように互いの心情を文に託して交えることができることは、まさに「千載之奇遇」であって、その心情の一致し、軌を一にしたともいえるこの時に当たり、これはまさに「吾党の知己」というより外にいい表わしようがない。清庵の心の書に対する玄白の感応の発露ともいうべき答書の冒頭の一文というべきであろう。

玄白は清庵の疑念の箇条を追って、一気に筆を走らせて答え送った。

答書第一点

第一問に対する答　来日のオランダ人中、内科の見えないという不審はもっともである。その事は、初期来航の舶には外科に巧みなる者が来て、通詞がこれを見習って覚えたため、日本の蘭方医はすべて外治を致すように思われているからである。しかし来日のオランダ人医師たちの多くは外科専業の者であっても内科を兼帯するものもいるし、内科専門の医師も来日していると聞いている。内科は「ヘネースヘール」、外科は「ヘールメーステル」と区別して存在することを申し送っている。玄白がいうところのオランダ語は geneesheer と heelmeester である。

答書第二点

第二問に対する答　何でもかでも膏薬・油薬だけで済ませているわけではなく、内薬を専ら用いているのであって、オランダ語で「インウェンジケヘネースミッテレン」といっている。煎湯・丸散のほか、種々の製薬方法は唐・日本より多くあるから、お望みであればおって「書附」を御覧に入れるともいっている。大体、治療の仕方を漢方でもいう汗吐下三法を「デリーヲーペンデミツテレン」といって三等開塞法といっている。そのうちでも下剤を使用したところへ「スポイト」と申す水銃器で肛門から薬水を入れる方法があって、これを「キリステル」といっている。これは漢方でいう密導法に似ているが、簡便・速効である、と述べ、鎗持の八蔵、挾箱の六助のような手合が長崎へ行って帰って来さえすれば阿蘭陀外科と称しているというような者は、吾が論説に「与侯(くみし)者ニハ御座なく候」と明記して一線を画している。

この項で玄白が述べたオランダ語は、inwendige geneesmiddelen（内服薬）、drie opende middelen（三等開塞法）、Spuit（灌腸）、klisteer（浣腸する）の諸語である。

答書第三点

第三問に対する答　玄白はオランダ本草書について次の五種の書籍を解説して申し送った。

1 「ドヽニュース」の「コロイトブック」は大成書である。

2 「アブラハムユンチンク」の「アヽルドゲワッセン」

3 「ウェヰンマン」の「本草に彩色写真図之書」

4「ヨンストンス」の「禽獣魚介蟲を説き申候書」
5「スェイステマタ」という「金石を説申候書」

の五種を掲げ、たとえば蟲魚の類では、その臓腑の形状異同までのべ、自国の産物だけでなく、通商を通じて四方万国の産物までも悉く集め、その説の精密なること「本草綱目抔の及候者にハ御座なく候」と解説を加えている。この五種の蘭書は初期の蘭学者がいずれも珍重・活用した珍籍ばかりである。

答書第四点

第四問に対する答　内景を説候書として玄白は、コルムス・ブランカールッ・カスパリュス・コイテル・パルヘキン・ハルヘインなる人名をあげて、これらが著わした書籍数十部を見ていると述べ送った。コルムスは Johann Adam Kulmus その人である。以下南蛮医学の時代から名の知れていたものも含めて、初期の蘭学界によく知られた人の名であって、やがてその翻訳を手懸ける人が出てくるのである。玄白のいう「数十部」はいかにも多く、「数十冊」の間違いであろうが、それにしてもその数の多いことに驚く。

答書第五点

疑問の第五　治療の書については、マタロースト ロースト（内外医書）・ボヰセン（内科書）・ブカン（上ニ同じ）・アンブルシスパーレ（医家に係り候事集成の書なり）・アポテーキ（内外方彙之書）・ウヲヰトシカツトカームル（内外医方法集成の書）・ショメールホイスホウデレーキ（右ニ同じ）・ヘーストル（内外医書二通）・ホウチユルン（外科書）・ワアペンホイス（右ニ同じ）、と十一部の原書を紹介している。これらの中には、蘭学者の間に話題の高かった本が多く含まれていることに気付く。「医家に与り候書計も夥敷御座候」と述べ、その外題は書かなかったが、これまた御希望なら書附を御覧に入れると申し送っている。

答書第六点

疑問の第六　和蘭外科伝書については、「皆和蘭方之膏薬・油薬ニ唐の外科書の論説を加へ、著述致候者と相見へ申候」といい切っている。例えば通詞家の楢林流の金瘡の書、京都の伊良子氏の外科訓蒙図彙などは、いずれもアンブロシス＝パーレの外科書のうち金瘡の部を抄訳したものに、訳者など各家の実用経験のメモなどを加味したもので、「正真之和蘭流とハ申がたきもの」といっている。

答書第七点

疑問の第七　和蘭文字は日本のいろは同然かという点については、その通り、音ばかりで一字の義はないとして、その文字は二十六字で数字が九ツ、合せて惣数三拾五といっている。言葉を覚える方法としては、訳家について日用の説話を覚え、書き習い、読み習い、ついで字書にて一語ずつ引き覚えるのだと説明し、その字書としてはマーリン・ハルマ・ハンノツト・ローケスなどが著わした『ウヲールデンブック』(=woorden-boek=辞書)を掲示している。

さらに清庵が問う「雅俗並方言」の有無に触れて、アジアは漢字で通じ、ヨーロッパ中を通じる言葉は羅甸(ラテン)語で、これが彼方の雅言であるとし、ラテン語が彼の諸国の語原で、医書もみなラテン語で本名を書き、直ちに各国語がその下についていることをみても雅俗ともによくわかるとしているのは、『ターヘル=アナトミア』訳読に当たって苦労したために実感をもって申し送ったところである。

答書第八点

疑問の第八　これまで日本に伝来している和蘭流外科書の薬名が一様でない点については、従来「和蘭学ニ文盲」であったから、ラテン語とオランダ語の区分も知らず、そのうえ「何の気もなく」仮名に書きとっていたためであると、その原因をつきとめ、実例をあげて明快に回答している。

玄白の阿蘭陀流医学に対する所信と近況の報

玄白は清庵の疑問に逐条回答したあと、さらに筆を続けて、阿蘭陀流医学に対する自己の所信と近況を書き添えた。それは、当世のいわゆる和蘭外科と唱える医者が、伝授

玄白、すでに日本一流の外科の書編述し、草稿七－八巻を有す

を受けもしないで、単なる聞書を伝書と称して家伝となし、膏薬ばかりを貼りまわし、不学文盲のため内医の指図ばかり受けているなどは、お申越の通り全く残念に思われる。自分は以前、和蘭の膏薬・油薬ならびに其の術の少々伝わっているのを主に、家々の秘方を加えて、唐の書も参考に、日本の妙薬も加味し、一体となった療方を、漢文にまとめ、中国人にまでも読ませるべく「日本一流の外科建立」を心がけ、編纂・著述を進め、草稿七－八巻をなしたこともあった。しかし、二－三年前、ふとクルムスの著わした内景の書を入手して、刑屍を観臓する機会を得てみると、漢人の所説が大きに違い、和蘭図の寸分違わないことがわかったので、大憤悲して前野良沢を盟主に中川淳庵と打ち寄り、翻訳をして、「解体新書と申書五冊」が出来た。まだ校合がおわらないので上木してないが近々出来(しゅったい)するところまできた。その「約図」は出来ているから御覧に入れるので、「大筋」だけは推察してもらいたいと申し送っている。さらに、唐の医書とその論・説が信ぜられなくなったので、以前発起し、努力を続けてきた「日本流外科取建」の事業は相止めて、今後は「和蘭正流の医道建立」を決意した。身体内景は医道の根元であるから、クルムスより翻訳を始めたのであって、今後は同志のものが申し合わせて追

々一書ずつ翻訳するつもりでいる。早速ヘーステルの外科書を翻訳すべく「近頃より筆を採り申候」とその意気込みを伝えている。しかし、このような「心願」をもっていても、当年四十一歳になり眼病を数度煩って視力も薄くなっているので、中々生涯には大業をなし遂げることは覚束ないと思っていると嘆き、若い桂川甫周や中川淳庵に期待を寄せていることを伝えている。

近頃よりヘーステルの外科書の翻訳に着手

玄白、すでに眼病数度煩う

玄白、桂川甫周や中川淳庵に期待を寄せている

玄白は、一気に走らせた返書の筆を、

前件数条、老先生之御不審、扨々御深切之段驚入りたてまつり候故、不佞従来の存念、自負の事迄も顧りみず思召申しあげ候。誠に書ハ言を尽さずとやら、何卒御面会仕度と、同志之者共御噂仕候、此趣宜敷仰せ達せられ下さるべく候。以上。

安永二年正月

と結んだ。どんなにか力づけられたことかと、行間から彼の心情が汲みとれるところである。これは玄白一人の心情ではなく、「同志之者共御噂仕候」とあるから、玄白が早速清庵の手紙を翻訳の同志の面々に披露したのであって、彼らもまた有力な同志を外に得て、喜んだ様子が察せられる。

玄白、清庵の問書を同志に披露

玄白、『解体約図』を清庵に贈る

これ正に『解体約図』出版と同じ安永二年正月の交である。

玄白の答書は『解体約図』を添えて衣関甫軒に託された。

甫軒は老師清庵が遺言とも思って認め託した書に対する回答を得ることができたことを喜び、一ノ関へと急いだ。おそくとも三月末までには清庵の手許に届けられたようである。というのは、これから間もなく、清庵が玄白の答書を読んで再び一書を認め送ったことによって察せられる。

清庵、玄白の答書を得て狂喜す

玄白の答書を手にして清庵は狂喜した。「約図拝見、覚えず狂呼口を呟いて合はず、舌は挙がりて下らず、瞠若たる老眸、頻ニ感泣仕候」と喜びの感涙をしぼったのである（「和蘭医事問答」）。

清庵の第二問書

建部清庵はその四月九日の日付をもって、再び玄白への質問を含む一書を発した。

その要点は、『解体約図』を一見して驚嘆したこと。玄白の企てた「日本一流外科建立」の草稿を是非とも拝見したいこと。教諭の『シカッテカンムルブック』とはいかなるものか。所持している金瘡跌撲之書は和蘭医書を翻訳したものらしくなく、図は何という蘭書からとったものであろうか。「セイヌン」とは漢名の何というものに相当するのであろうか。これらの追加質問のあと、近刊予定の『解体新書』を待ちうけていること、ヘーステルの外科書の翻訳出来次第四‐五枚なりとも拝見したいと、強い希望を認めた。かつその筆を続けて、「四十は人の三‐四月」とさえいえるわけだから「御大業近年ニ御成就成さるべく」と勇気付け、現今「廃絶之医道」を「興復」され、一家を立てられるべきことを、老懐を傾けて申し送ったのである。また、清庵は嗣子亮策をして遊学せしめて就けるべき師は、玄白の外にないと心に決めていたようであった。

ところが、玄白の第二の答書はなかなか認められず、十月十五日まで延びてしまった。清庵の第二の問書が発せられてから、玄白の答書が認められるまで、実に半歳の月日を要している。これは一体どうしたことであろうか。

病弱な玄白のことだから寝込んでしまったのであろうか。それとも玄白の周囲に重大な心境の変化が生じたのであろうか。忙殺されるような仕事でも持ちあがったのであろうか。なんとしてもその事情を探ってみなければならない。

玄白の身辺探索の準備の手を休めないようにしながら、ひとまず心の友に対する玄白の返書を読んでみる。

玄白の第二答書の内容

時候の挨拶に続けて、心の友・同志・千載の知己を得て雀躍の喜びを述べるとともに、過当な賞誉の言葉に接し、汗していることを述べたあと、清庵の希望した「日本一流外科建立」の草稿は、そのような内容でないと謝辞した。『シカッテカンムルブック』については『シカットカームルブック』というのが正しく、「宝蔵書」とでもいうべき書であると述べ、書中の刺絡の説を説明し、清庵が問うた荻野氏の著述の意味とは違うことを申し送った。いうところの『シカットカームルブック』とは Schat Kamer Boek といって、のち蘭学者の間で『和蘭宝函』と訳され重宝がられた書物である。「金瘡跌撲之書」については、楢林流で取り扱っている書で、『アンブルシスパアレ』の書の訳である。清庵の所持本には金瘡の術はみえるが整骨の法・内薬の方もない由であるが、この「和蘭全書」にはそれらの諸術の記載があることを説明し、古書で言葉が難解なため金瘡の部だけが少し訳されているだけであると申し送っている。いうところの本は Ambroise Paré の著わした外科書のことである。さらに続けて清庵がいう「セイヌン」について、これまた正しくは「セイニューー」ということをのべ、『解体新書』の該当の神経の部分を引いて懇切に解説したのである。

末尾では清庵が書き贈ってくれた忠告を感謝し、「一番鎗を入候にハ、鎗玉に上り候覚悟ニこれなく候得ば、相成りまじく候。併(しかしながら)一人なりとも鎗付ケ候者、本望之至ニ御座候」とその勇気ある決心と自信の程を披瀝している。

玄白の第二回答書の遅延の理由如何

さて、いま読んだ玄白の清庵に宛てた第二回目の答書が、何故半年も遅延したのか、その間の事情を追及することに話を戻してみよう。

清庵の玄白に宛てた再度の質問の書翰が贈られた安永二年の春頃からの玄白の身辺の事情を観察してみると、あるわ、あるわ、玄白を多忙ならしめた重大事がいくつもあるのである。

『解体新書』の推敲

その第一は、一応稿成った『解体新書』の全文に亘って、推敲の筆を進めることに忙殺されていたのである。このことは、この年の正月に第一回目の答書を認めたとき、玄白はまだ「解体新書と申書五冊出来いたし候。いまだ校合相成申さず候故、上木(じょうぼく)申さず候」といっているから、その後も間断なく、その作業が続けられていたに相違なく、むしろ最後の推敲・校合に全力を傾注せねばならない時期に当たっていた。

遅延の第二は、この年の三月、『解体新書』の稿が一応成って、何回か書改めたうちの一揃を手に、前野良沢と語らって、かねて昵懇の阿蘭陀大通詞の吉雄幸左衛門を長崎屋に訪れ、序文を懇請したことにある。吉雄幸左衛門はこの春、小通詞吉雄作次郎とともにオランダ商館長アルメノー一行に付き添って出府してきたのである。吉雄幸左衛門はかつて玄白にヘーステルの外科書を貸してくれたこともあってよく知っており、阿蘭陀通詞の本業のかたわら、阿蘭陀流医術の面でも名声が知られているので、序文の寄稿を懇望して再三長崎屋に歩を運んだのである。前野良沢と連れだって行くことも、吉雄幸左衛門に序文を依頼して、その原稿を受け取るまでの折衝の気苦労など、何かと玄白の肩には仕事が山積していた。

玄白、吉雄幸左衛門に序文を懇請す

その第三は、玄白がこの年の五月某日に夫人を迎えたことにある。小浜藩医を勤める玄白の身辺、殊の外多忙をきわめた慶事である。

玄白の結婚

玄白は晩婚であった。玄白の齢はすでに四十一歳に達し、清庵より「四十は人の三十四月」と激励されたとはいえ、生来の病弱な身に加えて、はや視力も衰え気味の昨今であった。

安東登恵

しかし何といっても目出度い。玄白が迎える夫人は安東氏。名を登恵といい、時に二十九歳。玄白より十二歳も年若の新妻である。

安東氏は下野国喜連川（きつれがわ）藩の藩士である。夫人は延享二年（一七四五）に生まれた。幼い時に両親を失ったので、叔父生沼氏に養われて人となった。生沼氏は喜連川藩の家老を勤める人であった。

この登恵女も江戸に生まれ、江戸で育ったようである。十九歳の時から伊予国大洲藩の江戸邸に仕えて、藩主加藤左近将監泰衑（やすみち）の母に侍すること十年におよんだ。玄白に迎えられるにおよんで、江戸の大洲藩邸への仕えを辞したのである。

夫人は幼少から薄倖な境遇に在ったが、

性、和順にして、事を執ること周密に、惟（これ）、婦是れ勤む。

と碑文にみえているところから、天成の美質は薄倖な境遇にも少しも歪められるところなく、家老職の家に育ち、十年にもおよぶ他家藩邸内での勤務は、かえって十分なる躾と、教養を吸収するに役立ち、登恵女をして賢夫人にしたものかと思われる。

六　玄白夫人登恵と有阪其馨

玄白が『ターヘル＝アナトミア』の翻訳に没頭し、やがて『解体約図』の出版をみる、いわば『解体新書』出版の前奏曲が奏でられている頃の杉田家の状況はとみれば、家政は決して豊かなものではなかったようだ。

その頃の杉田家の家政

のち大槻玄沢が天明五年（一七八五）に長崎遊学をする際に、玄白は弟子の志に感じ、及ぶだけの援助をしたのであるが「そのころは生計かたく思ふ程なら」ぬ状態であったので、十分なことが出来ないことを漏らしている。それより十年余も前の無名の頃においてはなおさら余裕はなかったかと思われる。

藩への出仕をはじめ、一人立ちすれば、一年ごとに交際範囲も広まり、翻訳の同志との往き来も繁くなり、殊に『解体約図』版行後は急に多忙となったようである。

一方、それまでの独身生活の玄白を援けて、身のまわりの世話を一手にしてくれていたのは妹さゑ女であったかと思われる。

こんな状態のところへ、夫人登恵女は玄白に迎えられたのである。

登恵女のことは多く知られていない。わずかに碑文によって推測を許されるくらいのものである。

安永二年夏五月杉田先生に嫁す。是の時、先生始めて西洋の学を唱ふ。四方の客を延き、取りて与に交接する者は皆一時の士なり。

と、家庭よりも社交の方が骨の折れることを碑文は記している。さらに続けて、

孺人内に在りて、酒食を□□殽蔌を弁じ、未だ嘗て夫の婉娩の色あらず。人、其恪慎に服せり。先生の多く士意を得る、内助益し。

ともいって、夫人のまめまめしい働き振りを伝えている。

この夫人のなみならぬ努力と立派な態度は、少にしては家老生沼氏のもとにおいて躾られ、長じては大洲藩加藤侯の藩邸に仕えるうちに仕上げられた賜であった。

玄白夫人は蘭学発達史上の隠れたる功労者

この賢夫人の労は玄白にとっては大きな内助となった。同時に蘭学発達の歴史においては、その隠れたる功労決して看過しえないものがあると思われる。

ところで、ここに頗る注目すべき事実を発見する。

『解体約図』を安永二年春正月に江戸の須原屋から板行するに当たって、その封皮の貼外題に、内容宣伝の引の一文を筆執って識したのは、

門人　信濃　有阪其馨識

有阪其馨

とあるように有阪其馨という人であった。

『解体約図』ができた直後の安永二年正月から、文通が始まった建部清庵との往復書翰をまとめて、寛政七年（一七九五）にその出版方に尽力したのも、大槻玄沢の序文によれば、

同社　阪其馨　等

と、ただ一人その名をあげて明記されている。

その『和蘭医事問答』を出版したのは玄白の男「若狭小浜藩医官　杉田勤士業」の校を俟ってなされたのであるが、その編輯にたずさわり、版行事業を推進したのは、

　　陸奥一関医官　衣関敬鱗伯龍
門人　伊予松山医官　安東其馨子蘭　輯録
　　陸奥仙台医官　大槻茂質子煥

と明記されている三名である。すると当然、

1　門人　信濃　有阪　其馨
2　同社　阪　其馨
3　伊予松山医官　安東　其馨子蘭

安東其馨子蘭

と書き分けられている人物が注意を惹くのである。これらは同一人物を指しているのではあるまいか。1と2は同一人物と見做されよう。有阪を略して単に阪と記し、三文字で表記することは漢学趣味の普及した当時において極めて普通にみうけられることであった。2と3は同じ『和蘭医事問答』の序文と奥付にみえる表記名で、ともに其馨（きけい）といっているから、同一人物に思われる。其馨なる通称をもつ門人もしくは同志が幾人もいたとは考えられず、ましてや玄白の名声がまだそれほど喧伝されない時点においてはなお更のことであるといえる。

さすれば、其馨と称される人物は、有阪姓と安東姓とを共有していることになる。どちらが本姓で、どちらが後姓であろうか。

両姓のうち、『解体約図』の出来た当時の安永二年の頃の記録にみえる有阪なる姓が本姓で、その人物は信濃出身者であって、玄白の社中にあった人とみなされる。やがて寛政七年頃までに安東なる姓を冒（おか）すような事情、すなわち養子あるいは婚姻関係が結ばれてのち、伊予松山医官なる勤務の身にもなったものかと思われるのである。

ところで、安東姓を玄白の周囲から探してみると、なんと玄白が安永二年の五月に迎えた夫人が、実は安東姓ではないか。その安東登恵は十年余りも伊予大洲藩の藩邸に仕えていたという。安東其馨は伊予松山藩々医となっているのである。

以上のすべての諸点は、全く偶然の一致とは到底考えられないところである。むしろ密接な関係が存すると見るのが当然であろう。

はたせるかな、大槻玄沢は、後年『磐水漫草』の中で「軒輊旧誼次録」というものを記録しているが、そこに注目すべきことを書き留めている。すなわち、

鶉斎玄白杉田先生
杉田先生室安東氏
在坂東溪其馨
在坂東溪其馨

とある。「在坂」は「有阪」の誤記であろう。これでさきの疑問は氷解し、推測は完全に立証されようかと思う。

されば、翻訳の同志達が『解体新書』の出版に先立って非常な心配を懐き、世間の反応をみようと、まず試行してみた『解体約図』の出版に、表立って責任を明らかにして推進した人物で門人の有阪其馨なる者は、実は極めて身近な人物であったことがわかる。

信濃出身の有阪其馨は玄白がまだ無名の頃より門人として玄白の許にあった人物で、

有阪其馨はおそらく玄白の最初の門人であったであろう

玄白夫人が選ばれた範囲

おそらく玄白にとっては最初の門人であり、かつ『解体約図』板行を決断するに際して、よき相談相手となり、協力・推進者ともなり、また危険な責任を分ちあってくれた同志でもあったことを理解することができるのである。この有阪其馨（東溪）が杉田塾における先輩格として重きをなす人物であったことは、大槻玄沢が杉田玄白に入門した当初の安永七年頃、早速先輩有阪東溪に就きＡＢＣ二十六字を学び、その接字の法を修めたと伝えられる点によっても察することができる（大槻如電『大槻磐水』）。入門が叶って在塾した建部亮策（のち清庵、東蘭と号した）もおそらく、有阪其馨の教導を受けたことであろう。

一方、玄白夫人を中心にして考えれば、玄白の『解体約図』出版、『解体新書』訳述出版事業の準備・推進の過程において、その門人にして社中の有力なメンバーでもあった有阪（安東）其馨と肉親の間柄もしくは姻戚関係の範囲内から選ばれ、迎えられたことが理解できる。したがって、先に『解体約図』板行に際しては、同藩・同門内において責任を持つというような方法で行なわれたことを指摘したが、その推測と理由を有力に裏付ける関係が存在していたことが、ここに証明できる。

玄白が同藩・一門内で背水の陣を布くが思いで、この事業に対処した意気込みを汲みとることができる。

七　『解体約図』の伝播と反響

玄白、『解体約図』出版を境に多忙となる

背水の陣を布くが思いで出版した『解体約図』の伝播（でんぱ）と反響はどんなものであったであろうか。

返書に添えて、版行されたての『解体約図』を添えて贈られた一ノ関藩医建部清庵は狂喜してこれを受けとり、玄白の壮挙を激励した。

『解体約図』出版の目的であった世間の反響はどうか。これを証するに十分な資料を欠くとはいえ、懸念された難事も起きず、世間に流れでた様子である。

というのは、無名の玄白が、この頃より多くの客を迎えて多忙さを極めるようになったことでもうなずける。「四方の客を延（ひ）き、取りて与（とも）に交接する者」が増えたのである。

それ故に、妹さゑ女一人の手では不自由を極め、翻訳事業とその同志が取り持つ縁あるを幸いに夫人を迎えることとなったのである。その妻また「内に在りて、酒食を□□殽藾（こうらい）を弁じ」るの多忙を極め、この「内助益（おお）し」であったればこそ「先生の多く士を得る」こととなったのである。

『解体約図』無事世に出る

少なくとも『解体約図』がさしたる抵抗もなく世に出て、むしろ好評を得たために来客増加という現象を来たしたものであろう。現に、酒田の光丘(こうきゅう)文庫には刊本『解体約図』を筆写した五枚一組がある。これなどは『解体約図』の板行部数が少なく、何らかの必要によって刊本から精写した人のあることを証するものかとも考えられる。

『解体約図』の写本

さればこそ、玄白は、もはや迷うことなく最後の推敲・校合作業を急いで『解体新書』出版へと日夜の努力を重ねたのである。

八　翻訳の同志と社中

玄白が晩年の懐古『蘭学事始』をみると、『ターヘル＝アナトミア』訳述に加わった同志とその会のことについて、

この会業怠らずして勤めたりしうち、次第に同臭の人も相加はり寄りつどうことになりしが、

として、まずその名を記されている人々について、

嶺春泰・烏山松円

桐山正哲・桂川甫周

> さて、都下は浮華の風俗なれば、他の人もこれを聞き伝へ、雷同して社中へ入り来りしものもありたり。その時の人々を思ふに、遂ぐるも遂げざるも、今はみな鬼録（きろく）上の人のみ多し。嶺（みね）春泰・烏山松円といへる男などは、頗る出精せしが、今は則ち亡し。同僚淳庵なども新書上木後なりけれども、五十に満たずして世を早うせり。そのころ往来せし者にて、今に生き残りしは、翁などよりは、はるか歳下の人なれども、弘前の医官桐山正哲までなり。（中略）最初より会合ありし桂川甫周君は、天性穎敏（えいびん）、逸群の才にてありしゆゑ、かの文辞章句を領解し給ふことも万端人より早く、未だ弱齢とは申せ、社中にても各々末頼もしく芳（かんば）しとて賞嘆したりき。

とあって、嶺春泰・烏山松円・中川淳庵・桐山正哲・桂川甫周らの名を出している。『解体新書』出版の暁に、それが「参」として名を連ねている「石川玄常世通」はその名さえみえていない。このうち中川淳庵は玄白と同藩の酒井侯に仕える医師で、すでに述べたように当初からの訳述の同人であった。桂川甫周は官医にして「最初より会合ありし」人であった。残るは玄常・春泰・松円・正哲らである。翻訳事業の最初から参加していたものなのか、途中から参加したものなのか。

石川玄常

石川玄常は『解体新書』の各冊の巻頭に「参」として責任表明の名を連ねているから、主たる協力者とみなければならない。しかし彼の事績については、太田錦城が撰した墓誌銘によってみる以外にその資料を持たない。それによれば、石川玄常は延享元年（一七四四）二月二十八日生まれ、諱（いみな）は世通、字（あざな）は子深、別の字を玄常といい、愚岡と号した。行状中、年二十八の時憤発、意を決して京師に遊学して高名の医と交わって学んだとある。その後蘭化先生が西洋医学を起したことを聞き、江戸に帰ってその学を問うたともある。また天明八年（一七八八）に一橋公（徳川治済、一七五一―一八二七）の召しに応じて侍医となり、文化十二年（一八一五）正月二十八日、享年七十二をもって卒したとみえる。

明和八年の玄常は京都遊学中

玄常の二十八歳は丁度明和八年に当たる。明和八年は、忘れもしない『ターヘル＝アナトミア』翻訳開始の年に当たっており、この年に石川玄常は笈（きゅう）を負って京師に遊び「名高之医」たちと交わっていたのである。『解体新書』訳述事業の最初から参加協力していた人物でないことは、これによって歴然とする。「既に蘭化先生が西洋医学をもって関東に勃興するを聞きて、急ぎ江戸に帰って、叩いて其の学を問う」というのは、少なくとも『解体新書』の予告篇、玄白の『解体約図』が出版されて、世間に翻訳同志のことがひろまってからに相違ない。玄常の参加をいくらはやく見積っても、訳述事業の終末期の推敲・校合の頃より参加したに過ぎないといわざるを得ない。しかし、『解体新書』をみると玄常が『ミスケル解体書』というドイツ語本を所持していたことがわかる。彼の生涯からは特に蘭学に熱中して、これを本業としたとは思えないが、このような原書を早くから集めて、関心浅からず、それ故に訳述事業の終末期に参加してからは、よくその事業に力を貸したものと思えるのである。甫周・淳庵・玄白・玄沢らと共に切劘（せつび）磨礱（まろう）して西洋医術の普及に従事したというのも、玄沢の名が含まれているような点からして、『解体新書』出版後の彼ら社中の活躍振りを多分に表明している言と受けとられる。

玄常、天明八年に一橋公の侍医となる

石川玄常が一橋公の侍医に召されたのは墓誌銘が明記しているように天明八年（一七八八）の交であって、『解体新書』出版後十四－五年も後のことである。にもかかわらず『蘭学事始』の註解をはじめ、あらゆる従来の諸研究において、『解体新書』訳述に参加した石川玄常を解説するに、当時「一橋公の侍医」としているのは全く不用意なる誤りで、『解体新書』出版当時玄常はまだ一橋公には仕えていない。それ故『解体新書』の巻頭の責任氏名列記のところに、単に、

東都　石川玄常世通　参

と記してあることが正しいのである。石川玄常は『解体新書』出版後、そこに名を連ねたことによって同志の面々とともにその名が喧伝せられたものと見做すのが妥当なのである。

嶺春泰は玄白から「頗る出精せし」男として好評を得ている人物である。

春泰の伝については、玄白とも関係の深い宇田川玄真の撰文にかかる「嶺春泰先生之碑」の文があり、近くは緒方富雄氏の「嶺春泰伝」があってかなりはっきりする（緒方富雄「嶺春泰伝」『日本医史学雑誌』一四ノ三、昭和四十三年十一月）。

春泰は延享三年（一七四六）に高崎藩医嶺春安の長男として高崎に生まれ、長じて父の跡を継いだ。

ところで、京都の古方医山脇家の『門人帳』をみると、

同年

三月十六日　江府　松平　嶺　春泰　泰（花押）

同前　吉川玄瑞紹介　午二十九歳

なる記載をみることができる。「同年」は門人帳の前葉から続いた記載からして「安永三年甲午」を指し、春泰の「午二十九歳」の年齢とも矛盾しない。「同前」とは同様の理由で、「於江府執贄」という内容なのである。

嶺春泰は安永三年春、江戸において山脇東門に入門

安永三年の当年は、『蔵志』の著者山脇東洋（一七〇五―六二）はすでにこの世になく、その子東門（一七三六―八二）の代になっている。東門は三度も死体の解剖を実行しているが、父東洋と同じく漢方医家である。東門はすでに明和三年六月十一日に法眼に叙せられており、山脇家の『家譜』ならびに『日本医譜』によれば、安永三年の正月悴玄沖十七歳をつれて江戸に参府のうえ、同月十五日に浚明院（家治）・文恭院（家斉）に御目見をすませ、三月十九日まで滞在していたことがわかる。したがって門人帳に春泰が三月十六日に「江府において贄を執る」ということに、日時・場所の矛盾がない。

すなわち、嶺春泰は『解体新書』出版の年に当たる安永三年の春三月十六日をもって漢方医家の中でも名門の山脇東門に入門の贄を執っているのであって、これは春泰の意識が漢方医学に強く傾いていたと見做さなければならない。

したがって、いくら早く見積っても訳述事業の終末期にしか春泰は参加していないこ

嶺春泰・片倉鶴陵、隣同志

春泰は晩に蘭学に入る

『五珍法』『和蘭局方』

桐山正哲

と、もしそうだとしても春泰の意識はまだ漢方医学に大きく傾斜していたこと、つまりは協力の事実は極めて稀薄であったことが証明されるのである。

安永七年の頃江戸本石町で春泰と隣り同志であった漢方医片倉鶴陵が春泰を伝えて「晩に阿蘭の学を好み」といい、宇田川玄真も「後に阿蘭之医事に精覈(せいかく)なるを知った」と記しているのが正しい記載であることがわかる。春泰は『解体新書』出版後、社中に来たって、蘭学の普及に努め、前野良沢にも就いて研鑽を積み、良沢の勧めをうけて、ボイセンを訳し『五珍法』を物し、アポテーキを訳して『和蘭局方』をも手懸ける程になったものと判断するのが順当と思われる。

桐山正哲について玄白は『蘭学事始』執筆の当時まだ存命の旨記している。久しく不明であった桐山家各代の伝が、羽賀与七郎・松木明知両氏によって順次明らかにされていることは意義深い。

当面問題にする桐山正哲は桐山家の第四代に当たる。初め名を正倫といい、のち永世と改めた。代々正哲を通称とした。明和二年七月一日に弘前藩津軽侯に御目見をすませ、同七年七月一日に家督をついだ。玄白たちが鋭意『解体新書』の完成に没頭していた頃の動向は詳らかでない。

桐山正哲は田村元雄の子田村西湖に本草学を学び、その関係から中川淳庵と親交を結んだことと思われる。淳庵を介して翻訳の会に接近したものと推測されるところであるが、その時期は詳らかでない。のち正哲は天明初年に江戸の躋寿館(せいじゅかん)で薬品会を主宰している。のち寛政三年からは弘前藩江戸屋敷内で医書のうちとくに本草学を講じ、同九年十一月江戸邸内に弘道館が開設されると、本草学部門の講義を受け持っている。正哲が本草学の面で地歩を築き、本領とした人であると解すべきであろう。しかし、彼が蘭学者として名を得ていたという形跡はほとんど見当たらない。正哲は文化十二年(一八一五)七月十日に歿した。玄白が『蘭学事始』の中で「今に生き残りしは」と記したことに矛盾はない。

『蘭学事始』のみでは即断を許されるものではなかろうが、石川玄常の場合といい、また嶺春泰の場合といい、『解体新書』訳述事業のうち、少なくとも草稿の出来上るくらいまでの、いわば良沢・玄白・淳庵らが最も力を尽くしていた頃までは加盟していないことが判然としたのであって、桐山正哲・烏山松円なども、嶺春泰とほぼ同様なケースと思われるのである。今まで調査報告された桐山正哲をめぐる資料からは、何ら訳述事業に参加したことを証するような積極的事実は見い出せないのである。『蘭学事始』の中で嶺春泰などと同様に扱っているような点からして、やはり主たる訳述作業には参加せず、最大限譲歩したとしても玄常・春泰らと同様、『解体約図』出版後、社中に加わって最後の推敲・校合の段階で協力的発言をしたくらいがせいぜいのところではあるまいかと思う。その後、この社中で交際を深め、蘭学的知見ものびたことと考えられる。

第六　『解体新書』出版

一　出版決意と序文

背水の陣を布くが思いで世に出してみた『解体約図』は、幸いにも何の支障もなく広まっていった。

時あたかも、陸奥は一ノ関の建部清庵が託した、積年の疑念の書牘(しょとく)が届き、心の交際がはじまった。玄白は自分たちが企てる以前から、僻邑にありながら阿蘭陀流医学に多大の関心を懐いて、原書の翻訳・刊行を待ち望んでいた具眼の士のいたことを知った。その人から激励の書面をもらった。

浮華の都のこととて、『解体約図』の評判も思いのほか広まって、わが社中に来たって事業の大成に参画を申し出、協力的な意見を寄せてくれる人も増えて来た。その中でも有阪其馨(きけい)・石川玄常・熊谷元章などは盟主前野良沢・同志中川淳庵とともに全面的に本事業の達成に力を貸してくれることとなったのである。

かつておこった、後藤梨春の『紅毛談（おらんだばなし）』出版禁止処分に類するような不測の事態が、われらの事業の成果『解体新書』のうえに降りかかってきてはならないと、同志の面々とも相談した。念には念を入れて万般注意を払ったつもりである。そのため今日まで稿は十一回も改めて推敲を凝らし、校合を重ねたのである。

最早、迷うことはない。

「はじめて唱ふる時にあたりては、なかなか後の譏（そし）りを恐るゝやうなる碌々（ろくろく）たる了簡にて企事は出来ぬものなり」、「翁が初（しょ）一念」を貫徹するのみ。あとは「天助」をまつのみである。

一切の責任は自分がとろう、と玄白はかたく心に決めた。しかし、この創業の名誉は当然同志がわかたねばならない。殊に盟主前野良沢については「良沢といふ人なくばこの道開くべからず」とも思って感謝している。

この責任と名誉をどのような形で表明するか、まず盟主良沢に相談せねばならないと思った。『解体新書』の巻頭を飾る序文を得んために良沢の胸の内を叩いたのである。

しかし、良沢の学に忠実なる心は堅く、その門は容易に開かれなかった。思いがけない返事を耳にすることとはなったのである。

野崎謙蔵が誌した「前野蘭化先生碑」はこのときの玄白と良沢との交渉の様子をいきいきと伝えている。

良沢が天満宮祈願

玄白が序文を良沢に請うと、良沢はこれを堅く辞退して、その心を打ち明けてくれた。良沢はかつて長崎遊学の途次、筑紫の太宰府天満宮に参拝し、「それがし、和蘭の術に従事するに、いやしくも真理をおしひらき、活法をぬき出さずして、猥りに聞達の餌となす所あらば、神明これを殛せよ」と祈願したので、今、わが姓名を表明すれば、神は自分を何といわれるかしれないと、名を載せることまでも堅く辞退したのである。

玄白は良沢の意の堅いことをみてとって、序文をもらうことを断念し、訳著の責任を表明する欄からも良沢の名を省くことに決した。

玄白が右のこととの交渉と決定とは、たぶん『解体新書』の草稿が一応できあがってから間もないころのことかと思う。少なくとも『解体約図』の板行された安永二年正月よりも以前のことと思われる。おそらくは『解体約図』の準備をするに先きだって問い質されたことと思われるのであって、そうなれば安永元年も比較的早い月の頃のことであったかとも推量される。

「世に良沢といふ人なくばこの道開くべからず」とその功績を認め、「この学開くべき天助の一つには、良沢といふ人」のあったことを感謝している玄白が、盟主良沢に一言の断りもなしに『解体約図』にしろ『解体新書』の板行にしろ、事を進めることはできなかったはずであるからである。同志の心の団結がなによりも必要な難事業にして、この創業の推進に、私欲が先き立って事が成就するはずの決してないことにも照して、容易に肯ずけることではある。

吉雄幸左衛門に序文を請う

そこで玄白は、安永二年の春、恒例によってオランダ商館長に随行出府し、長崎屋に滞在中の訳官・大通詞吉雄幸左衛門に序文を請うべく前野良沢にその斡旋方を頼んだのである。

玄白にとって吉雄幸左衛門は未知の人ではない。それどころか以前より長崎屋を訪れて良沢とともに面談を重ね、ヘーステルの外科書を貸してもらったこともある。記憶に深い人である。しかし、それにもまして吉雄幸左衛門は前野良沢が長崎遊学の折のオランダ語の師であったのである。と同時に、すでにこれまでオランダ商館付医師ムスクルス Philip Pieter Musculus・エーフェルス David Evers・バウエル G. Rudolf Bauer らに親しく就いてその医術を修得して名が通っている阿蘭陀流医師でもある。

幕府の訳官にしてオランダ医学にも著名な吉雄幸左衛門から序文を得ることができれば『解体新書』の前途にどれくらいプラスとなることか、測りしれないと玄白は判断したのである。

良沢は斡旋を承知してくれた。吉雄幸左衛門も快諾してくれたのである。玄白が周到な配慮のもとに苦心して請い受け、かみしめて読んだ吉雄幸左衛門の序文の要をわれわれもかいつまんで読んでみよう。

吉雄耕牛の序文

今茲癸巳の春（安永二年春三月）、復蘭人と東都に来る。前君（前野良沢）、亦同好の士を引きて余を問ふ。慇懃なること故の如し。中に郤郟（狭若）の官医杉君玄白なる者あり。其の著す所の解体新書を出して、余に示す。且つ謂ひて曰く、翼や、良沢氏に従ひて遙に先生の余教を辱承す。乃ち蘭書中に就きて、其の解体の書を取りて之を読む。従ひて解し、従ひて訳し、遂に得て以て虚斯に臻る。亦悦ばざらんや、伏して願

玄白、耕牛に『解体新書』の電覧を請う

はくは一たび先生の電覧を歴るを得て、其の疑ひを質さば、則ち死するも且つ朽ちずと。（中略）二君再拝して曰く、是れ我が功に非ざるなり。誠に先生の徳なり。敢て請ふ、先生の一言を得て巻首に弁め、永く以て栄と為さんことを。余謝して曰く、章や惰夫、幸に諸君の彊を以て曹上と為り我斯の盛挙に与るを得るに生るなり、深く以て慙恧す。鄙辞を以て其の側を形穢するが如きは、章何ぞ敢てせん。況んや斯の書の行はれて、日月を掲げば、則ち天下自ら其の貴重なるを知らん、章何ぞ得て以て斯の書を光価せんや。二君遂ふ可からず。余の二君を識る所以の由を記して、以て序と為す。（原漢文）

とあって、立派な序文を物してくれた。その日付は、

安永二年癸巳の春三月

署名は、

阿蘭訳官西肥

吉雄　永章撰

印　印

と明記して愛用の二顆をも捺して重きを表明してくれたのである。

二　責任分担の表明

序文の準備が整ったので、玄白は本文の原稿を板木屋に渡し、完成を急いだ。訳述の同志の責任と、創業・成就の栄誉をわかつべき姓名の表記も決めた。のち出来上った『解体新書』の各巻の巻頭をみると、そのいずれにも、

若狭　杉田玄白翼　訳
日本　同藩　中川淳庵鱗　校
東都　石川玄常世通　参
官医　東都　桂川甫周世民　閲

と明記してある。

杉田玄白「訳」

杉田玄白は「訳」とある。オランダ語の原書を翻訳した重い責任を負った形になっている。

中川淳庵「校」

中川淳庵は玄白と同藩で、「校」とある。玄白がしばしば述べている「校合」の作業に尽

石川玄常「参」

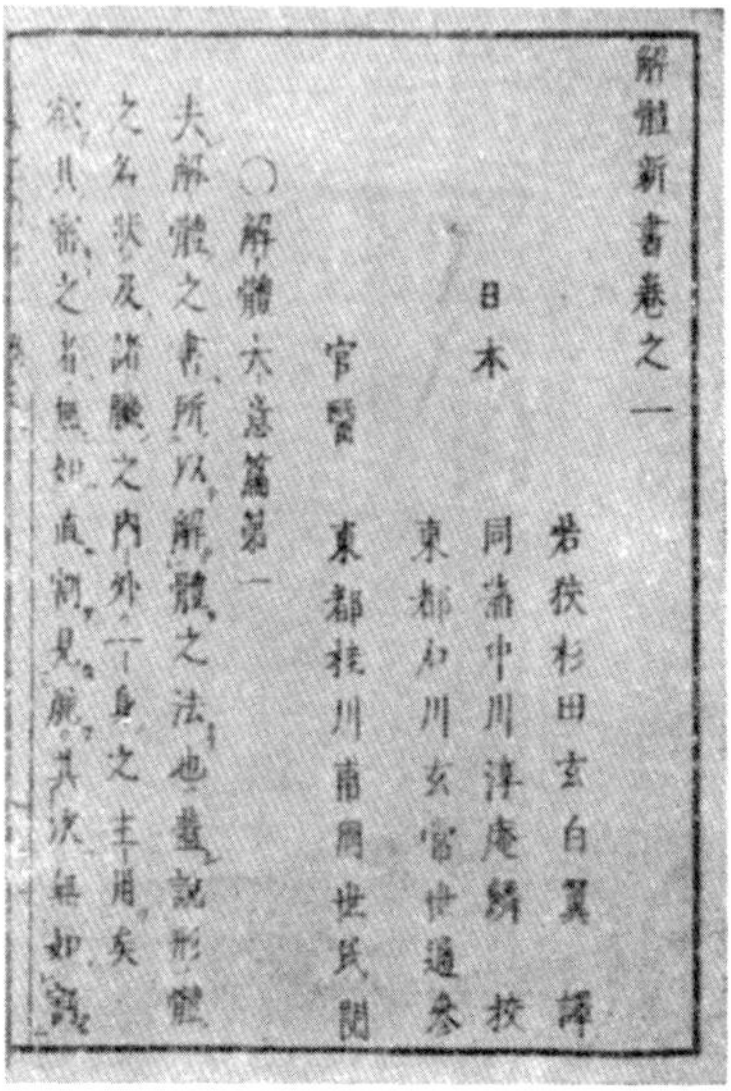

『解体新書』本文第一丁表
前野良沢の名前はない

力したという意味なのであろう。

石川玄常は、のちに一橋公に召されたが、この時はまだどこにも仕えていなかったから単に「東都」としてある。そのことは正しい。役柄は「参」とある。前に考証したように、この事業がかなり進んで、多分最初の草稿などは出来たあとにでもこの訳述の社中に加わって、同志の一人となったのであろう。その意味ではこの事業におくればせながら「参加」「参画」し、進んで所持している『米私計爾（ミスケル）解体書』を「参考」に供して、随時有力なる「参考意見」を具陳したものと思われる。だからこそ、もっとも重要にして準備の手間取る「解体図」そのものの用意には間に合わなかったが、「校合」「推敲」の段階においては十分役立ち得たわけで、それを反映してか、「凡例」において「其の説を取る所の書目」の末尾に、

米私計爾解体書　処士石川玄常蔵する所、亜爾馬泥亜国の書

桂川甫周
「閲」

と加えられ、明記されることになったのである。この積極的協力と参加が、玄白をはじめ同志の面々にも受け入れられることとなって、もっともふさわしい表現「参」の文字を付して、姓名を連ねるの栄誉を得ているものと判断されるのである。

桂川甫周は若冠二十歳の春秋に富む身であった。訳述事業の役柄としては「閲」と表現されている。彼はこの訳述事業の「最初より会合ありし」人であって、毎会合日の出席率もよく、「天性頴敏、逸群の才にてありしゆゑ、かの文辞章句を領解し給ふことも万端人より早く、未だ弱齢とは申せ、社中にても各々末頼もしく芳しとて賞嘆した」有能なる青年医師であり、加えて好ましいことには、由緒ある幕府の医官を勤める家柄の人であることであった。官医桂川甫周が『解体新書』の全体を閲覧承知していることの表明は、先に「訳官　吉雄永章」から序文をもらって巻頭を飾るを得たと同じように、『解体新書』が支障なく世の中へ歩き出すためには、またとないパスポート（通交手形）ともなるものであった。訳述事業の最初から参加していた力量ある青年同志であったから、勿論巻頭に名を連ねる資格は十分あったわけである。それに見合うに十分な翻訳上の苦心も

してきたわけではある。しかし、結果的には有力なパスポートの役をも果たしてくれたのである。その意味で「閲」と付して明記されたことは、ふさわしくも効果的なことであったとみなければなるまい。

表現型式では、いかにもきちんと役割が分担されていたかのごとくにみえるが、決してそんなことはなかった。春の一日、たった一行の文章にも皆んなが総がかりで智恵をしぼって訳語の決定に力を合わせ頑張ったのであって、全く平等というか、渾然一体というべきものであったのである。同志にとって、わが子『解体新書』を浮き世に送りだす手段としての衣であり、姿勢として、銘々が「訳」「校」「参」「閲」の役を分担し、責任を負ったもの以外の何ものでもなかったのである。

「日本」の明記

それにもまして同志四人の最上部に「日本」と明記した二文字を見逃すわけにはいかない。玄白はこの二文字に大きな意味を持たせていたのである。「解体新書も色々工夫仕候得共、多く漢人未説者御座候故(中略)及ばずながら運ニ叶ひ唐迄も渡候者」と、漢人未説の内容を、いや真の医学を知らしめようとの高遠なる意気込みを含ませていたのである。

なお、『解体約図』出版に際しては、前述のような出版事情もあって、その図は玄白

「解体図」は秋田蘭画の泰斗、小田野直武が描く

と同藩の熊谷儀克が描いたものであったが、『解体新書』においては小田野直武が絵筆をふるった。小田野直武は秋田藩士で、主君佐竹義敦曙山とともに平賀源内が秋田に鉱山事業で赴いた途次洋風画の手ほどきをうけた、秋田蘭画の代表的人物である。直武は安永二年の冬、源内のあとを追うようにして江戸に出た。源内の斡旋で玄白は直武を相識ることとなって、「解体図」の描写を依頼したと考えられる。それには佐竹侯の江戸邸と玄白のいる酒井邸とが同じ浜町の至近距離に在ったから、「解体図」の完成するまでの数ヵ月間、細々(こまごま)とした連絡には何かと好都合であったわけである。それ故に直武が原書の銅版挿図を面相筆(めんそうふで)で丹念に写しとる作業も殊の外速く進捗したものと考えられる。直武が苦労して完成した「解体図」をみ

『クルムスの解剖書』の扉絵

ると、玄白たちが思いのほか多くの原書を参考にしていた様子が窺えるのである。例えば、「解体図」の扉絵は、『ターヘル＝アナトミア』の扉絵とは似ても似つかないものであって、これはむしろ一五六六・一五六八・一六一四年などの各年にアントワープで出版されたスペインの解剖学者ワルエルダ Juan Valverda de Hamusco の解剖書の扉絵に酷似していて、影響を受けたものであることの指摘などはその好例であろう。

『解体新書』の扉絵

玄白ら同志の面々が、最後まで高遠な目的の達成のために、参考文献を渉猟し、有能なる士を依嘱するにいかに腐心していたかが窺えるのである。

三　出版・献上

『解体新書』の刷り・製本、すべて成る。立派に出来あがった五冊の綴じめもしっかりしている。パリッとめくる一丁ごとに、版刷（はんずり）の墨の匂いがただよって、玄白はその香りをかみしめた。

1614年アントワープ版『ワルエルダの解剖書』の扉絵
1566年，1568年アントワープ版の扉絵もこれと同じ

『解体新書』は漢文

去る骨ヶ原の腑分けの翌日に発起して以来、片時も忘れずに訳語の決定に腐心してきた。会集の晩は直ちに翻訳の稿を整理した。漢人の眼にも見せんものと漢文に仕立てて推敲を凝らし、校合を重ねた。あらゆる不測の災を除かんものと注意を払った幾日月の苦労が、この掌にのった五冊の重みに集約されている。感慨無量、「翁の初一念」ここに成就して「草場の蔭」の渾名（あだな）を返上することとはなった。

公儀献上の希望

桂川甫周の父、甫三

御奥より内献

吉村辰碩

万般に亘って配慮したつもりではあるが、同志の努力の結晶『解体新書』を支障なく世に送り出し、広めさせるためには、念には念を入れて艫綱を解いてやらねばならない。玄白は同志とも相談のうえ、慎重に事を運んだ。

万一禁令にふれ、罪蒙るやも知れずと「甚だ恐怖」したが、横文字をそのまま出すのではなく、読めばその内容・真意はわかることである。「わが医道発明」のためと心を決め、この初めての翻訳の成果をまず公儀へ献上しようと考えた。幸い桂川甫周の父甫三とは旧友の間柄でもあるので、この法眼に謀って、その取り扱い、推挙によって「御奥より内献」することに成功した。これは誠に幸いなことであった。玄白は「かく障りもなく事済みしはありがたき御事なりき」と安堵の胸をなでおろしたのである。

さらに京都に住む従弟の吉村辰碩の推挙をもって時の関白九条家ならびに近衛准后内前・広橋家へもそれぞれ一部ずつ進献することができた。三家よりは目出度き古歌の染筆を賜わり、東坊城家よりは七言絶句の詩賦を賜わった。時の「大小御老中方」へも同じく一部ずつ進呈することが叶った。『解体新書』はいずれも嘉納された。玄白たちがいかに周到な措置を採ったかが察せられる。

玄白は全く安堵した。「これ和蘭翻訳書、公になりぬるはじめなり」と自信を得た。『解体新書』は、公明にして緻密周到なる配慮のもとに編集されている。さらに出版に際しては、これまた周到な手続きで要を得た経路から公儀ならびに宮中の近くに献納が行なわれたのである。それが全て功を奏したのである。玄白らの苦心がその仕上げにおいても実を結んだのである。この献納は三家よりの目出度き古歌にもまして、玄白らの蘭学の発達を寿ぎ告げる目出度き前奏曲ともなったのである。

第十代徳川家治の治世

ここで玄白が述べる『解体新書』の献納先と、その斡旋の労をとってくれた善意の人々についてみてみなければならない。

当時、将軍は第十代徳川家治の治世であった。玄白はこの将軍に献上したいとの志願を持っていたのである。

家治将軍に献上が可能となった事情を、玄白は「幸ひ同社桂川甫周君の御父甫三君は、前にもいえる如くの御旧友なりければ、この法眼に謀りしに、その取扱推挙により御奥より内献し奉りぬ」と述べている（『蘭学事始』）。翻訳の同志桂川甫周の父甫三の取扱推挙によって御奥から家治将軍へ内献が叶ったというのである。

甫周の父甫三について、玄白は「甫三と申せしは、翁若かりし時、常に交厚かりし御人なりし」とも明記している（『蘭学事始』）。

桂川家の『家譜』によれば、この甫三とは桂川家の第三代目甫三国訓（くにのり）のことである。寛延元年三月二十八日に九代家重将軍に御目見を許された。宝暦二年の八月十二日には本丸の御広敷女中病用を相勤めるよう仰せ付けられた。次いで、御簾中様の西丸御入輿につき、西丸御広敷病用も相勤めるよう仰せ付けられた。宝暦十年には奥御医師を命ぜられ、翌年からはオランダ人との対談も許可されている。明和三年の十二月十九日に法眼を許された。

右にみえる御簾中様とは、閑院宮王女の五十宮（いそのみや）で、宝暦四年十二月一日、将軍世子大納言家治と婚儀をあげ、本丸から西丸大奥に移った方なのである（『徳川実紀』九篇六二九頁）。

宝暦十年五月、家治が父家重のあとをうけて第十代の将軍職に付くにおよんで、その八月に甫三は、早速奥医師にあげられたのである。

したがって、玄白が同志甫周の父にして旧友の甫三に献本の志願の程を謀り、その甫三が年来奉仕してきた本丸・西丸の御広敷など病用勤務の実績に加えて、奥医師として勤仕する間に機会を得て「御奥より内献」が叶ったという次第なのである。

誠に有力な、太い絆（きずな）であったわけである。あれほど心配した『解体新書』が、ビクともしない安全な大橋を渡って将軍の許へ、するするっと献じられてしまったのである。これは玄白をはじめ、同志の面々を安堵させずにはおかない慶事であった。玄白らにとっては、まさに「ありがたき御事」であったのである。

玄白の従弟で、京都に住む吉村辰碩の推挙で「時の関白九条家並びに近衛准后内前公及び広橋家へも一部づつ奉りぬ」とある。吉村辰碩については、今その伝を詳らかにし得ない。

関白九条家・近衛准后内前・広橋家というのは、若干、玄白の記述に違いがみられる。安永三年当時、関白太政大臣は近衛内前であった。九条尚実が左大臣にあって、広橋兼胤は武家伝奏であった。この三家を指すものであろう。いずれも「目出度き古歌を自ら染筆して賜は」ったとある。それぞれ嘉納されたわけである。

「時の大小御老中方へも同じく一部づつ進呈したり」とある。当時大老はその人を闕いており、「大小御老中」とは老中筆頭以下の各老中と若年寄を指すものであろう。

漢方の医官、宮中・公家に仕える医官との摩擦を回避することに成功

安永三年当時の老中は、松平右近将監武元・松平右京大夫輝高・松平周防守康福・阿部伊予守正右・板倉佐渡守勝清と、それに田沼主殿守意次(おきつぐ)であった。意次は安永元年以来老中に加わって権勢を得つつあった。

『解体新書』はこのように、将軍家をはじめ、老中たちならびに京都の主だった公卿の各家に嘉納された。

このことは、武家の職制における医官中の、特に漢方医家たちからも、あるいは京都の宮中・公家に仕える医官たちからも、いらざる問題・摩擦を事前に回避することに成功したことを意味するものである。

したがって、このことは『解体新書』が弘通(ぐずう)する、行く手の道を切り開いたことを意味する慶事であって、それ故に「ありがたき御事」であったのである。

結局、『解体新書』が懸念なく出版でき、弘通しえたのは、直接的には、玄白はじめ同志の熱意とよき理解者の斡旋を得ることができたからである。しかし、そのことを容易に許しうる背景、間接的状況としては、田沼時代の世相・風潮が大きな基盤となっていたとみなければならない。

田沼時代の風潮

すなわち、良沢・玄白らが訳読を開始した明和八年の頃は、側用人出身の田沼意次が老中格としてその権勢を増しつつあり、翌九年は、まさに迷惑の年（明和九）と懸けて呼ばれたごとく、江戸は大火にみまわれ、風水害により諸国は凶作に苦悩した。しかし、こんな中で田沼意次は正式に老中の座についた。そして「世人何となくかの国持渡りのものを奇珍とし、総べてその舶来の珍器の類を好み、少しく好事と聞えし人は、多くも少くも取り聚めて常に愛せざるはなし。ことに故の相良侯当路執政の頃にて、世の中甚だ華美繁花」の時代となり、「西洋のことに通じたりといふ人もなかりしが、たゞ何となくこのこと遠慮することもなきやうになりたり。蘭書など所持すること御免といふことはなけれども、まゝ所持する人もある風俗に移り来れり」といった世相・風潮の中で、この壮挙が進み、画期的業績『解体新書』が誕生したのである（『蘭学事始』）。

四　『解体新書』の反響と玄白の反駁

一日千秋の思いで待っていた建部清庵にも刷りたての一本が送られたに違いない。しかし、清庵の感激の情を伝える記録は一片だにも残っていない。しかし、後日の言動を通じて十分推察できることである。

小石元俊

すべての反響を代表するものとして、京都の小石元俊のことが『蘭学事始』にみえている。「かれはじめて解体新書を読みて千古の説に差ひしところを疑ひ、みづからしばしば観臓してこの書の着実なるに感じ、爾来深くこれを喜び、翁へ書信を通じて、猶その解しがたきところを尋問せり」といっている。このことは元俊の子元瑞がまとめた元俊の伝記『先考大愚先生行状』の伝えるところとも符合している。

『元衍』

元俊、『解体約図』をみて、自己の医説の破れるを恐れる

小石元俊は、諱を道、字を有素、大愚と号した。父の林野氏は小浜藩国老を勤めたが、処遇が意に満たず藩籍を去り医を行ったという。元俊は淡輪元潜に医術を学び、慈雲に参禅し、また山脇東洋の高弟永富独嘯庵に師事した古方医師であった。かつ自己の業に一家言を有し、実地経験の集積のうえに立つ、自信をもった気骨ある医師であった。時あたかも彼のライフ＝ワーク『元衍』の大著述に力を注いでいた時であっただけに、関心が深かったのである。元俊は『解体約図』をみたときから、蘭方医学の的実を知り、医理の精しきことを知って、「我説の破れざるを保すべからず」との不安と疑問を抱いていた。つづいて出た『解体新書』をみるにおよび、その説に大いに傾斜していった。

これらのことは、玄白とその同志の壮挙が、建部清庵からは最初から何の抵抗もなく受け入れられ、信頼を寄せられていたことを物語るものであり、小石元俊の場合には古方家元俊に大きな衝撃を与え、不安と疑念を懐かせつつ、やがてこれを説得していったことを証するものともみなすことができよう。

玄白とその同志たちは、これらのことによって勇気づけられ、自己の創業を誇りともしたに相違ない。

しかし、建部清庵・小石元俊のように受けとってくれる人たちは、当初においてはむしろ極めて少数意見に属するものとみなければならなかったようである。

建部清庵は漢方医師とはいえ、年来蘭方医学に関心を寄せていた、いってみれば求める心をもっていた人物であった。小石元俊もまた漢方医とはいえ、かの山脇東洋の高弟永富独嘯庵に学んだ医師であり、自らも解剖の技術をよくして、親試実験の学風のうえに立った気骨ある古方医として成長した人物であったからこそ、実証的新説を解するだけの心を保持していたのである。

いってみれば、右の二人は、玄白らの医理に精しく、的実なる和蘭医学を受け入れる素地を十分に備えていた人たちであったということができよう。

繰り返していう。清庵・元俊のような賛成意見は、当初においては決して多数意見ではなく、むしろ少数意見にすぎなかったのである。

漢方医たちの痛烈なる批判

はたせるかな世間の漢方医たちの玄白に対する風当たりは厳しく、痛烈を極めた。幾百年来の医学を一新する内容をもっとはいえ、無名の一医師が天下の医師たちに向って、さらに願はくば海を隔てた大陸の医を業とする人たちにまでも向って、声も届けよとばかりに、

凡そ斯の書を読む読者は宜しく面目を改むべし。(『解体新書』凡例)

と呼びかけ、

苟くも面目を改むる者に非ずんば、則ち其の室に入ること能はざるなり。(同上)

とも、

其の権輿(けんよ)する所、要は面目を改むるに在り。(同上)

とも連呼し続けたのである。

生まれながら、「頑健」の二字とは縁薄く、弱い細軀(さいく)の玄白が、ただ一つこの道を求

めて、「草場の蔭」と渾名されながら、急ぎに急いだこの成果を右手に掲げて連呼し続けた。ひ弱な、痩せた玄白の、どこから出てくる気魄であろうか。狂気した人が叫ぶ姿とも見まがうばかりにみえたかもしれない。

そんなためでもあろうか。およそ一ヵ年もするうちに、都下の漢方医たちの間に、ひときわ大きな波紋が巻き起った。頑迷な漢方医の痛烈を極めた批判と風評が極に達した。なかには、語気も荒々しく、玄白をさして「あんなろくでもない小男の、医者の敵とも思えるやつ」とか、「奇を好んで聖賢の書を疑い、蛮夷の書を信じ、これまで伝えられた法をみだそうとしている」とも批難していうのである（『狂医之言』）。

玄白の反論

玄白は自分に対する風評・批判がひとしきり出たところで、それらの批判にこたえることとした。

漢方医学と蘭方医学の相違する要点を摘出して、わかりやすく解説することを通じて、頑迷な漢方医師の述べる空理・空論を指摘・論破して、翻訳に加えて直ちに実物について確かめ得たところの理論と実見のうえに成り立った自己の医学の正当なる点を納得せしめようとしたのである。

この目的をもって成ったのが、『解体新書』出版の翌年の冬に著述された『狂医之言』なる作品である。

この『狂医之言』は、のち寛政七年(一七九五)乙卯(いつぼう)初秋に刊行された『和蘭医事問答』の巻末の「紫石斎蔵刻目録」中に、

「狂医之言」。和漢古今の医説を看破し西医の説によつて医道を弁正す、鷧斎先生著、近刻。

とあって、まさにその目的とする内容を簡潔に明言している。と同時に玄白の同意を得て養嗣子紫石＝伯元がこれを刊行して、天下の識者の正覧に供しようとしている積極的姿勢が窺える作品なのである。

しかし、実際には刊行を見ずじまいで終った。したがって著述直後からの転写・流布はどれくらいの広がりをもったかを知ることはむずかしい。しかし、著述の意図とその間の事情は十分汲みとることができるのである。

『狂医之言』は親しい友人と玄白との問答体で構成され、友人が問いかけ、玄白が答えるという形式になっている。文章は『解体新書』同様、漢文で認(したた)められている。

十の問答

問答は約十問十答から成っており、玄白は問に、実例をあげ、極めて理論的な解答を与えている。いまここでこれを全部読んで吟味する余裕はないので割愛する。

『狂医之言』に登場している玄白の友人は、玄白の心中からすれば「株(しゅ)を守り、改めることなき」漢方医たちの代表者なのである。親試実験のオランダ流医学を奉ずる玄白が、机上の空理・空論たる漢方医学者をして「愕然」とせしめ、「終(つい)に去つて言はず」の状態に論破退散せしめた意を表現しているものにほかならない。

したがって、この議論の中から、当時のわが漢方医学界の状態と玄白らが唱えるオランダ医学との対比が浮彫りにされていると同時に、『解体新書』の主要点の紹介に加えて、玄白らの心の内が吐露されているのであって、頗る注目すべき作品なのである。

なお玄白は『狂医之言』の大尾(たいび)に、

狂医之言終

安永乙未冬十月

於二三叉邸之官舎一著レ焉

と明記している。安永乙未は四年(一七七五)で『解体新書』出版の翌年に当たっており、その十月の脱稿であったわけである。かつ、「三叉邸之官舎（さんさていのかんしゃ）」において著したといっているところの三叉邸とは、明和六年（一七六九）十一月一日に三十七歳で父の跡をうけついで酒井侯の侍医となって移り住んだ、新大橋のそばにあった酒井侯の中屋敷を指す。

三叉邸

江戸の切絵図をみると新大橋のすぐそばに「三ツまた」とか「三叉」と記入されているところの、まさに端角に当たる。

その中屋敷は、かつて小浜出身の芦田伊人氏の努力の編纂にかかる『酒井家編年史料稿本』によると、挿図のごとく、三叉の近くで、周囲を道路に囲まれたほぼ三角形の敷地であったために、かく名付けられ、玄白ら当時の家士がそう呼び習わしていたものと思われるのである。玄白はこの三叉邸の中に官舎をもらっていたのである。（二二六ページ参照）

三叉邸の官舎で玄白は訳稿を整理し、門弟を教導していた

したがって、玄白らが三叉邸と呼ぶ新大橋そばにある酒井侯中屋敷の中の玄白の官舎において『解体新書』の原稿が整理され、『狂医之言』がまとめられたのである。初期の門弟たち、有阪其馨（きけい）や衣関甫軒（きぬどめほけん）らが学んだ場所でもあるわけである。

天真楼

この官舎に玄白は「天真楼」と名付けていたのであって、そのことはすでに『解体新書』の扉絵の下部に、その名がみえていることでも明白である。

第七　蘭学者玄白の活躍

一　外宅と著訳続行

浜町に外宅

さらに歳が改まって、安永五年（一七七六）、玄白四十四歳。この年玄白は酒井侯の中屋敷を出て浜町に外宅した。竹本藤兵衛という士人の地を借りたと『杉田家略譜』は伝えている。

浜町の居を、近年、諸書に「日本橋浜町河岸山伏井戸の新居」などと解説しているが、これは、後年、立卿が文化二年の交に建てた家と混同しているものと思える。少なくとも、安永五年の外宅のことは、史料的には「浜町」としかわからぬ。軽率な附会は消去せねばならない。

玄白は『解体新書』出版後、頑迷固陋な儒医らの痛烈な批判・俗論とたたかいながら、なお、次の仕事を精力的に推し進めていた。

すでに『解体約図』版行の安永二年初めには、

「ヘーステル」外科書翻訳いたし可レ申と近頃より筆を採り申候。（『和蘭医事問答』上）

といい、

其外、医方・薬物等も段々と手を掛申度心願ニ御座候。（同上）

ともいい切っていた。

浜町移転後もヘーステルの外科書の翻訳は続けており、また「医方・薬物」の調査・研究も進めていたのである。これらの成果は、ヘーステル外科書の翻訳『大西瘍（よう）医書』と薬物研究・調査の成果である『的里亜加（テリアカ）纂稿』にみることができる。

病身な玄白にとって、この仕事の推進が、風当たりの強い世間に対して毅然たる姿勢を保ち続け得る心の支えとなり、弱い肉体を支える柱ともなっていたのである。

『ターヘル＝アナトミア』の共同翻訳事業の続行中は、そのことに忙殺されて、心ならずもヘーステルの外科書までは手がまわりかねた。

共同の翻訳事業が一段落して、いよいよ年来の腹案を実行に移す時間の余裕を取り戻し得たわけである。加えて、世間の厳しい風評に対し、それを説得し、乗り越えていく

『大西瘍医書』

ために も、クルムスよりも余程詳細なヘーステルを訳出せねばならぬ必要があったのだ。

玄白が、このヘーステルの外科書に立ち向って、挙げ得た成果は、『大西瘍医書』と題して、その写本が一冊現存している。すなわち、静嘉堂文庫に収まっている巻三の零本一冊の内容は、

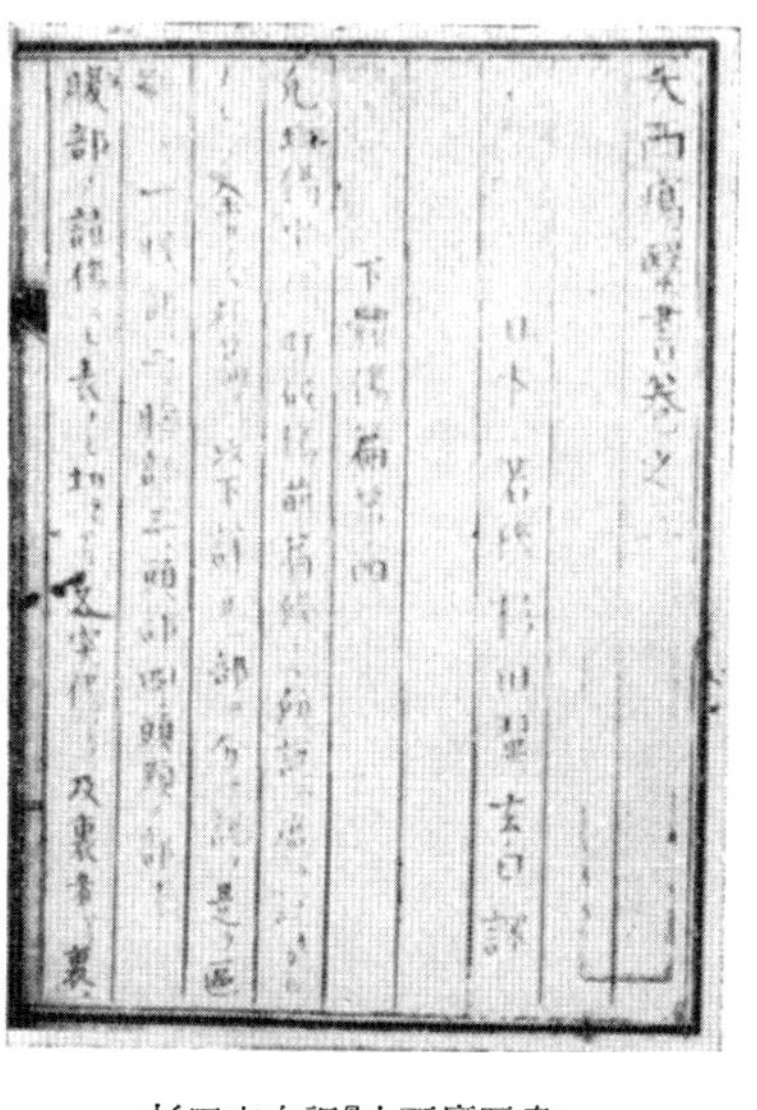

杉田玄白訳『大西瘍医書』
（静嘉堂文庫蔵）

下体傷篇　第四　五条
腹傷篇　第五　十六条
腸傷篇　第六　六条
断腸篇　第七　四条
腸網脹出篇　第八　六条
下体傷総論篇　第九　一条

の六篇計三十八条からなっている。玄白の草稿本の転写本と思われるものである。のち養子伯元の『紫石斎蔵刻目録』において予告していると

ころによれば、

瘍医新書病門二百五十之内　金瘡之部廿二条　同前　近刻

西医ラウレンスヘイストル之　外科書

同　　瘡瘍之部廿九条　同前　近刻（同前は玄白を指す）

とのみあって、他の骨傷之部・脱臼之部・刺絡（しらく）之部・繃縛之部などは、いずれも紫石（伯元）と玄沢の追訳となっている。ヘーステルの外科書があまりにも大部なるため、玄白が自ら訳しえたところは『瘍医新書』の瘡瘍之部を中心とする未定訳稿とみなされるところである。のち本書の翻訳は大槻玄沢に依嘱され、玄沢が改訳・続訳に励んでいることがわかる。

『瘍医新書』

『的里亜加纂稿』

『的里亜加纂稿』は何年の成稿か詳らかにしえない。先学諸賢の考証ではいずれも安永五年頃に位置せしめられている。

この『的里亜加纂稿』の一巻は、未刊のまま幾種かの写本で伝わっている。漢文で記述されており、「的里亜加」はテリアカに当てた漢字で、これは解毒の効能のある一種の万能薬として、古くから著名な西洋薬物である。わが蘭方医家の間でも、このテリア

後年、鷹見泉石もテリアカの入手に腐心した

カを珍重し、かつこれが本質の究明に力を注いでいる。玄白も、オランダ医書からこの処方を検出し、最良と思われる種々の処方を採って、その調製法を詳述し、前野良沢・中川淳庵ら同志にみせた。内容はとりたてて論ずる程のものではないが、西洋薬物に国産生薬の何を比定するかという点に苦心している。

テリアカは蘭方必須の薬として蘭方医や病人を抱えた諸家が努めてその入手に苦心したもので、後年病身な妻女のために古河藩の家老鷹見泉石が下城・帰路の途次や、わざわざ家来を遣して、よく天文台詰の阿蘭陀通詞あたりからこのテリアカを少々ずつ分けてもらい、常に心付けをしているなどはそのよき一例である。したがって需要度の高い西洋薬剤であり、その代用にも言及した玄白の『的里亜加纂稿』は写本ながら比較的伝本が多いのである。そのため題名も「底野迦纂稿」とか「底野迦真方」と記したものもあるが、内容には転写の際の誤写を除けば差異はない。

臨床医家としての玄白の研究態度を窺う好資料たるのみならず、製薬法を詳述した文献としても薬学史上注目されているところである。

二　その後の平賀源内

平賀源内は翻訳事業に加わっていない

ところで、物産会や長崎屋で一座の関心を一身に集めて得意を極めたあの平賀源内はその後どうしていたであろうか。

源内が『ターヘル＝アナトミア』の翻訳事業を知らなかったわけではなかったろうが、参加していたというような様子は一寸もみられない。

訳読の事業の事が、当初根気のいる、はかばかしい成果のあがる仕事でなかったために、器用で機転のきく才の持ち主ではあるが、一つ事をじっくりとやり通すなどという地味な事柄からは余程かけはなれた、いわば世にはやる心の持主の源内が心落ち付けて参加できるわけの事ではなかったためであろう。

良沢と源内との性格の違い

玄白・淳庵は物産会や長崎屋で相識（そうしき）であり、良沢もことによったら長崎屋で顔を合わせた間柄だったかもしれない。が、良沢と源内とでは全くその性格が合わない。正反対である。良沢は人間嫌いな性分であるから、その間にたって、まとめ役の玄白が、この一大事業の継続・成功をおもんぱかって、あえて源内を良沢に近付けず、翻訳のスタッ

源内、田沼意次に接近

フとして呼ばなかったとも解せられるところである。

源内はその間、ますます自己の野望を達成すべく、一途に老中田沼意次に接近を試み、鉱山の開発に、科学器物の改良・創製にと、その才を広げていったのであった。

すなわち、明和七年（一七七〇）の長崎行も田沼意次の世話により実現したもので、その御用については、

此度阿蘭陀翻訳御用被仰付、冥加至極難有仕合ニ奉存候。（『平賀源内全集』）

と喜んでいる。いうところの阿蘭陀本草とはドドネウスの本草書 Rembertus Dodonaeus: Cruijdt-Boeck であろう。

また、安永三年と推定されている高松藩儒菊池黄山宛の書翰の中でいっている如く、源内は秩父中津川鉄山の採鉄をもって刀剣を作り、意次に献上している。

以前から諸国の物産に殊の外興味を懐き、進んではオランダの本草書までも入手するほどの源内であったから、明和初年以来の秩父行も、その当初の目的は物産採集にあったと考えられるが、途中からその目的の比重が鉱山調査に移り、鉱山事業家として力を尽すようになっていった。秩父中津川の採金事業、これは足掛け三年の努力も空しく、

成功をみずじまいに終ったが、多田銀・銅山の検分や水抜工事、秋田の佐竹侯の依頼を受けて領内の銀・銅山を調査し、「古今の大山師」（全集上）と自負するまでになったのである。この彼の態度の変化と活動は、みな田沼の鉱山開発政策に即応せんがためのものであった。

意次の父、田沼意行

田沼意次の父意行（ともゆき）は、八代将軍吉宗が越前時代からの従臣で、越前丹生（にゅう）から紀州へ、紀州から江戸へと扈従（こしょう）して、吉宗が将軍職につくにともなって、御小納戸役に任じ、のちその頭取まで昇進した。理財の事務に手腕があった人物ということができよう。その長男である意次の理財面における才幹は父子相伝の特質でもあったわけである。

意次は十三歳で将軍吉宗に御目見（めみえ）を許され、十五歳のとき将軍の世子家重の小姓になった。眉目秀麗・優雅慇懃なる物腰に、沈着なる利発さを備えていたから、家重の寵愛を受けた。

意次の累進

父意行の死により、享保二十年遺跡を継ぎ、翌々元文二年十九歳で従五位下主殿頭（とのものかみ）に叙任された。家重に仕えて西丸出仕を続けたが、延享二年主君家重が将軍に就職するにおよんで扈従して本丸に出仕する身となった。以後、御小姓組番頭格・御取次見習・御小姓組番頭禄高二千石に進んだが、宝暦元年大御所吉宗が亡くなると、家重の意次ひいきが表立ち、早速側衆に任ぜられ、将軍のそば近く侍座して時務万端を執りしきる位置を占めた。加増が重なって、宝暦八年には遂に禄高一万石に達して大名に列し、老中と並んで評定所出仕を命ぜられた。幕府最高の評議・決定に連なったのである。

宝暦十年家重は将軍職を子の家治に譲って隠居、翌年六月死んだ。しかし、家重臨終の遺言も手伝ってか、新将軍家治の意次寵愛は先代にも増して深く、五千石加増につい で明和四年には御側御用人となって従四位下に陞り、さらに五千石加増、命により遠州相良（さがら）に築城し、城持大名にまでなった。

明和六年五千石加増とともに老中格、明和九年一月十五日、ついに老中に列した。やがて、「列相以下百官、媚を意次に求めざるは無し」とさえいわれる程の権勢を握ることになるのである。

田沼意次の任務

田沼意次に課せられた最大の任務は、幕府財政の確立である。父子相伝の理財の才を発揮して彼が採った政策は、商業資本と結んで行なった積極的殖産興業政策であった。鉱山開発・専売政策を実施し、特権商人に座・会所・問屋を設けて物産の独占的売買を行なわせた。これによって多額の運上金を官庫に収納せしめようとの策なのである。したがって、この期に銀座・銅座・鉄座・真鍮座などの鉱山物関係の座ができたのをはじめ、輸入の朝鮮人参を専売にした人参座や龍脳・朱・明礬・石灰・硫黄など諸産物の座や会所・問屋が設けられたのである。朝鮮人参のごときは、それまでの清(しん)の商船によって広東から輸入されるものが多かったが、吉宗将軍以来実学奨励の線に沿って本草・物産の調査・研究が蓄積されて、ようやく国産のものが出廻るほどにまでなって、輸入品のかわりに人参座で一手に売りさばかせたので、輸入制限・正貨流出を防ぎ、さらに正貨にかわる物として俵物貿易も奨励されたりして、目的達成の努力が推し進められたのである。

源内、幕政に沿って努める

されぱこそ、源内も幕府の政策に沿って、「何卒日本の金銀を、唐・阿蘭陀へ引たくられぬ」(『放屁論』後篇)よう腐心して、人参栽培法・砂糖製造法の研究、火浣布(かかんぷ)・寒熱昇降器などの創製、国倫織・源内焼の製出、洋風画技の修得など多方面の物産研究・改良・工夫・発明に心を配ったのであった。この彼の知識と技術と、それを支える彼のセンスが、幕府の殖産興業政策と同一線上にあり、かつ「その頃より世人何となくかの国持渡りの

源内、意次の結びつき

ものを奇珍とし、総べてその舶来の珍器の類を好み、少しく好事と聞えし人は、多くも少くも取り聚めて常に愛せざるはなし」(『蘭学事始』)という社会風潮にマッチしたものであったから、その政策を推し進め、積極的に対外貿易を謀ろうとの意欲を示した田沼意次とは当然結びつくべき時代の子二人であったわけである。

千賀道有意次の妾、神田橋御部屋様

その結びつきの直接の経路は、城福(じょうふく)勇氏がその好研究「源内と意次」(『日本歴史』二二三号)において示されたごとく、源内の書翰などからみて、囚獄医から身をおこし、将軍侍医にまで進んだ千賀(せんが)道有および、道有が仮親になっていた意次の妾＝「神田橋御部屋様」らを介して、源内が田沼に取り入ったものと考えられるのである。この千賀道有は浜町に約二千坪の屋敷をもらい、家屋・庭園は善美をつくしていたという(『五月雨草紙』)。

さらに、安永五年十一月にはエレキテルという「人身の火をとりて病をいやす器」(『話一言』)をつくりだして評判となった。この器はオランダ船で舶載された摩擦起電器を修理し、模造したものにすぎず、その放電現象をみても、彼自身電気のプラス・マイナスの理を知るわけでもなかった。しかし、世人はこの放電現象を奇怪に思って、源内のもとにおしかけ、彼の居宅は「高貴の旁(かたがた)を初として、見ん事を願ふ者」(『放屁論後篇』)跡をたたず、気をよくした源内はその器を大名屋敷や富商の邸宅に持ち込んで、花火＝放電現象を見世物にし、病気の治療にもあてているのである。

源内の新宅へは田沼もその妾＝神田橋御部屋様も立ち寄ってこれをみた。

このように、政治の中枢に列する人にも接触し得た源内は、自己の才能をフルに使って活躍した。生活のためとはいえ、文学や、はては浄瑠璃の世界においてさえも、その名を売った。

源内の失敗と玄白の成功

しかし、彼が「目論見人平賀源内大しくじり有レ之」と鉱山日誌に書きつけられねばならなくなったのは安永三年のことである。長年手掛けた秩父鉱山の失敗である。自らもこの失敗を平賀権太夫宛の書翰の中で認めている。この時はまた、かねて知り合っていた杉田玄白らが、わが医学界に新紀元を画する事業を成就した年にも当たっており、源内もこのことを知ったのである。

才ある自己の自由を束縛する封建制度の封鎖性、官途出世の道の飽和状態となった高松藩を捨てて、新しい世界に身を投じた源内が、当初意気込んで手がけた「阿蘭陀本草」の翻訳も結局は果し得ずじまいで、長年手掛けた事業の失敗と重なってしまった。張りつめて、一途に進んできた源内ではあるが、気付いたときには、自分の心に大きな空洞のあいていることを見つけざるを得なくなっていた。

源内の心は疲れ切っていた。大田南畝が『一話一言』で伝える源内の狂歌、

翻訳は不朽の業、御高恩須弥山よりも高きにほこりたる事をしらずして、いろくの物ごのみは、栄耀のいたりなりけりと、自ら吾身をかへりみて、

むき過て　あんに相違の　餅の皮
　名は千歳の　かちんなる身を

は、岡村千曳氏も示唆されているように、語学力不足のため、不朽の業である翻訳を成就することができず、須弥山よりも高い「御高恩」＝意次より受けた恩を忘れて、あれこれ雑事に心を散じてしまった自分を、いまさらながら悔むということでもあろうか。「翻訳は不朽の業」はあたかも安永三年、彼の親友杉田玄白が『解体新書』の翻訳・出版に成功して、千載の佳名をかち得た、まさにそのことをいっているようである。自省とも、半ば自嘲とも受けとれる源内の心の内であろう。

源内の精神のすさみは、作品にも生活にもにじみ出ることとなった。

ついに彼は、安永八年十一月二十一日、自家において殺傷事件を起してしまった。その事情については『代地録』や『聞くまゝの記』が種々伝えている。いずれにしても智恵ある才の人源内としては異常の沙汰であった。直ちに入牢。破傷風が因とかで、その十二月十八日、牢中で多彩なる生涯を終った。源内獄中で死去の報に接し、源内と意次の橋渡しをした浜町に住む千賀道有は、自家の菩提寺橋場の総泉寺にそのなきがらを葬った。

源内獄中で病死

友人達は、異常なる才の持ち主であった源内の死をいたんだ。なかでも親友の杉田玄白は、私財を投じて墓碑を建てた。しかし、獄死人に対する銘であるとてその刻文は削り去られたという。しかしその銘文のみは伝えられている。

玄白、源内のため墓碑を建てる

嗟非常人　ああ、非常の人
好非常事　非常の事を好み
行是非常　行うも是れ非常
何非常死　何んぞ非常の死なる

と、その非常なる友の死を嘆じた。

ところで、ここに一寸注目すべき人間関係があることに気付く。

・玄白と源内は長崎屋・物産会の座でよく知りあった間柄である。

・田沼意次の妾の仮親は将軍侍医に陞進した千賀道有である。

・平賀源内はこの千賀道隆・道有父子と交際が深く、自宅に招いて珍奇な器物の実験を披露している。その知己により意次の妾も源内の宅を訪れている。さらにその橋渡しで、源内は田沼意次に取り入ったものであった。

・千賀道有は浜町に豪勢な家屋敷をもっており、源内の死に際し、その屍を引きとって自家の菩提寺に葬った。その際、源内の親友杉田玄白は私財を投じて源内の墓碑名を撰して、それが建立を企てた。

右の関係から、当然、玄白は道有とともに源内を葬るに際し、また墓碑の建立に際して接触があったはずである。ことによったら、これより以前から玄白と道有は相識(そうしき)の間柄であったものかもしれない。それぞれの関係が、積極的に密接であったから、決して推測は難くない。

さらにこの人的関係は、杉田玄白らの『解体新書』の公儀献上のルートにも連なり、

玄白は、田沼意次の妾の仮親千賀道有と接触あり

『解体新書』が老中へ献上されたルートの一推測

少なくとも老中方へ献上されたルートに連なるところであって、決して不可能な経路ではなかったとみなければなるまい。

三　大槻玄沢と三叉塾

入門者、建部勤と大槻元節

安永七年、心の友建部清庵が玄白のもとにさし向けて来た子弟が二人あった。一人はその第五子勤、他は大槻元節といった。

大槻元節

元節は名を茂質（しげかた）といい、のちの大槻玄沢である。玄沢は自著『畹港漫録（えんこう）』において、

　茂質八歳ノ時清庵先生名ヲ元節ト賜フ。安永戊戌東都ノ鷧斎先生ノ門ニ入ル。

と通称の由来と入門の年を明記している。

この大槻元節は多才の士であったようだ。玄白が『蘭学事始』の中で評しているところによれば、

　この男の天性を見るに、凡そ物を学ぶこと、実地に踏まざればなすことなく、心に徹底せざることは筆舌に上せず。一体豪気は薄けれども、すべて浮きたることを好まず。和蘭の窮理学には生れ得たる才ある人なり。

との好評を得ている。が一方杉本つとむ氏の調べによれば、彼は花篠種成なる狂名をもって戯文を作り、嘘風・嘘風旅人・嘘風雅伯などの俳名をも用いて句も作り、かつ後日のことながら、異国情緒溢れる長崎へ遊学が叶って、旅立に先だって、まだ見ぬ丸山（長崎市内の遊廓）のさんざめきを夢見て、はやる心を狂歌に託すといった一面をも有していた人物である（杉本つとむ「大槻玄沢に関する二三の考察」『早稲田大学図書館紀要』第九号、昭和四十三年）。

玄白、元節を玄沢に改めるようすすめる

しかし、玄白はこの新来の弟子に好意を持って接した模様で、『蘭学事始』において、翁その人と才とを愛し、務めて誘導し、後には直に良沢翁に託してこの業を学ばせしに、果して勉励怠らず、良沢もまたその人を知りて骨方（こっぽう）を伝へしゆゑ、程なくかの書を解することの大概を暁（さと）れり。

と明記しているのである。その通称についても、自身『腕港漫録』において述べているごとく、

同九庚子秋（＝安永九年）鷧斎（いさい）先生イヘラク、元節ノ名称呼ニ蹇渋（けんじゅう）ス促（マヽ）ル、玄沢ト改ンヤト。茂質（しげかた）謹デ命ヲ奉ケ且謝シテ曰、玄沢ハ我先人（せんじん）壮年ノ称スル所ノ名、仙城ノ玄潤先生命ズル所ナリ。故アッテ後玄良、又玄梁ト改ム。父ノ名ヲ襲（おそう）ニアタル。然レ

ドモ玄沢ノ字不佞小人ノ名トナスベキノ文字ニアラズ。唯郷里ノ近邑ニ黒沢ト云フ地アリ、コレヲ郷ノ清庵先生ニ謀リ先大人ニ曰フス。亦可セラレ則侯ニ達ス。侯速ニ許シタマヒ、郷国ニ大人ニ命ジ給フ。依テ再ビ東都ノ余ガ三叉塾ニ告ラル。本月廿五日ニ其書到ル。十二月六日コノ日ヨリ玄沢ト称ス。先大人ヲ玄沢ト松井積水玄潤ノ号命名シタマフ説ハ別ニアリ。

玄沢は郷里の黒沢の地名に由来す

安永九年十二月六日より大槻玄沢と称す

と改称の由来を詳記しているのである。従来、単に玄白と良沢両師の名を一字ずつもらいうけて通称としたというようないい伝えが定説化していたが、杉本氏の調査報告により、玄沢なる通称が玄白が元節は呼びにくいから玄沢としたらどうかといわれ、郷里の黒沢（黒は玄に通じる）に合致する点を理由付けにして玄沢と通称するように改めたものであることがわかった（杉本つとむ「大槻玄沢に関する二三の考察」）。

玄白がなぜ元節なる通称を改めよといったか、その真意を汲みとることは困難であるが、いわゆる医家にふさわしい名を選んで改称をすすめたものかと思われるところである。

ただ、ここで一寸考証しておきたいことは、玄白の塾名のことである。右の文で玄沢

三叉塾から玄沢・伯元つれだって長崎遊学に旅立つ

が「東都ノ余ガ三叉塾」とみえるので、あたかも玄沢自身が経営している塾が三叉塾というように受け取れるのであるが（杉本つとむ氏見解）、ここではよく在学生が母校を「僕の学校」とか「私の大学」とかいいならわすと同じように「私（＝玄沢）が在塾している三叉塾」という意味であって、具体的には杉田玄白の塾を指すのである。大槻元節が江戸に出て来て杉田玄白に入門した際の宿所は玄白の塾そのものと思える。一家をもって自立するのは後日のことである。すなわち、郷里の親許から在塾中の三叉塾の先生（＝玄白）のもとに報告が来たので、この日、十二月六日より玄沢と改称した、と解すべきである。どだい入門二年で開塾しうる程の蘭学の学力がついているわけもなく、まだ前野良沢からもオランダ語の教授を受け終ったわけでもないのである。

したがって、天明五年十月七日に大槻玄沢は待望の長崎遊学に旅立つのであるが、その日のことを『磐水先生随筆』の中で、

十月七日、暁発二三叉塾一、快晴、同レ行令郎伯元及僕伊三湘中一ノ為ナリ。……

と記しているものも、玄白経営の三叉塾から伯元と連れ立って出発したことと受けとれる。

門人・社中の人々は三叉邸内の玄白の官舎を三叉塾と呼ぶ

これより先、玄白が新大橋のたもとの酒井侯中屋敷に居て、『解体新書』の完成を急いだ頃、その中邸を同志の人たちは「三叉邸」と呼んでいたとみえて、玄白が『狂医之言』の大尾に「於二三叉邸之官舎一著レ焉(これを)」と明記したのを思い出す。江戸の切絵図に「三ツマタ」と記入されているごとく、酒井家の中屋敷に接する川面が三叉になっている地型からきた名称なのである。すると、三叉邸内にあった玄白の官舎を同志の人々は三叉塾と呼んだものと思えるのであって、玄白が浜町に外宅したとはいっても、同じく新大橋の三叉のところおよび中屋敷＝三叉邸から至近距離にあったから、依然とし

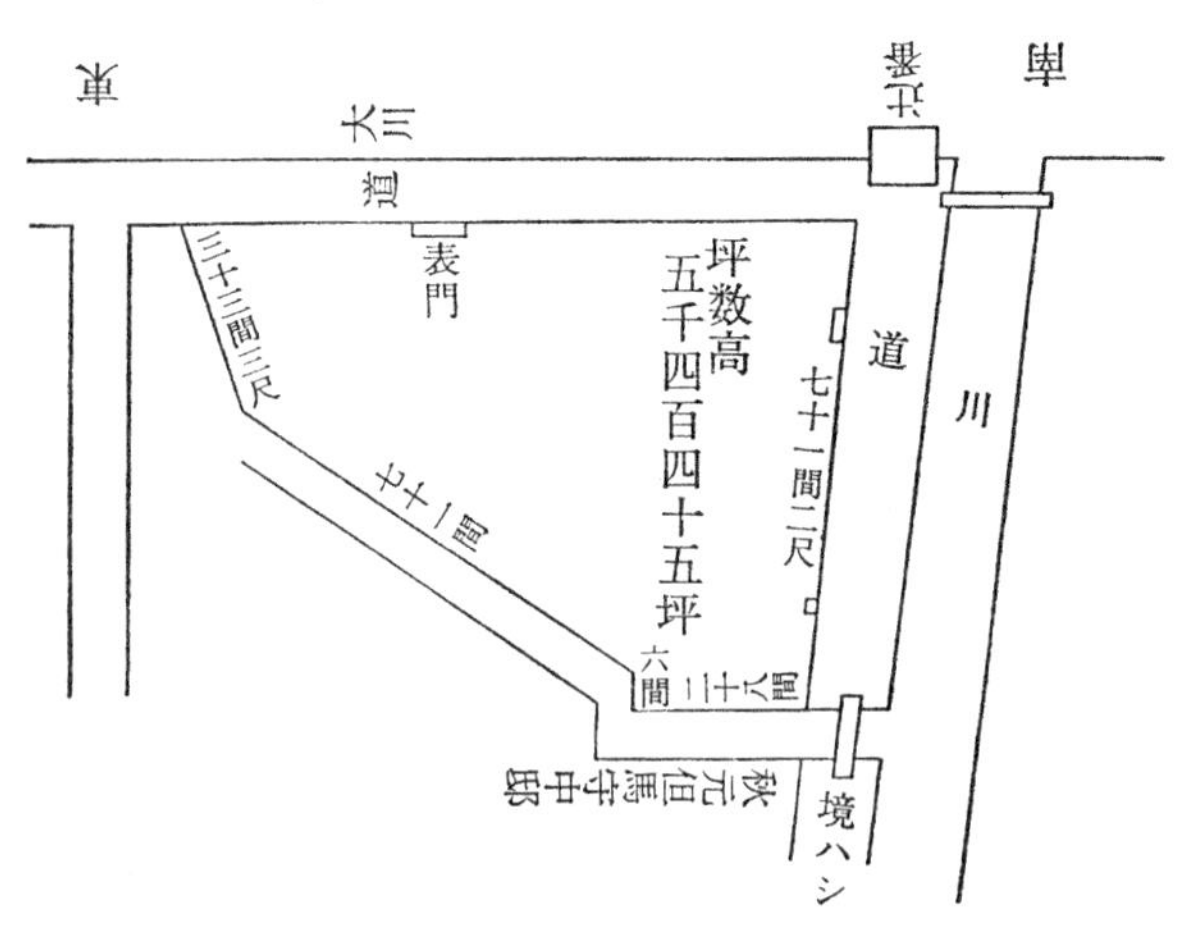

酒井家浜町邸之図
(『酒井家編年史料稿本』元文五年十一月七日より)

て塾生・同志の人々は「三叉塾」と通称していたものと考えられるのである。

しかし、『解体新書』の出版時以来、その蔵版元に「天真楼」の名を用いており、後年に至るまで「天真楼塾」と明記して使用している。したがって杉田玄白の塾の正称は天真楼塾であって、三叉塾なる名称は酒井家中屋敷を三叉邸と呼びならわしたことに起因した通称であると解せられる。

杉田塾の正称は天真楼塾、通称は三叉塾

四　荒井庄十郎と天真楼塾中

話を玄白の身辺に戻そう。安永七‐八年の交、玄白の天真楼塾に一人の注目すべき遠来の食客があったのである。

安永七‐八年の頃、長崎より荒井庄十郎といへる男、平賀源内が許に来れり。これは西善三郎がもとの養子にして、政九郎といひて通詞の業をなせし人なり。社中蘭学を興すの最初なれば、翁が宅へ招き淳庵などと共にサーメンスプラーカを習ひしこともありし。源内死せし後、桂川家に寄食し、その業を助け、また福知山侯へも出入して侯の地理学の業にも加功したり。（侯専ら地理学を好み給ひ泰西図説等の訳編あり。）

荒井庄十郎、写本『蘭東事始』は新井庄十郎に作る

荒井庄十郎、天真楼塾中でオランダ語学を教授

庄十郎、彼は他家に在りて森平右衛門と改名したり。この人江戸へ下りて聊か社中を誘発せざりしにもあらざらんか。今は千古の人となれり。（『蘭学事始』）

長崎から荒井庄十郎なる者が江戸に来て平賀源内の許におり、もと西善三郎の養子であって政九郎という阿蘭陀通詞であったので、玄白が自宅に呼んで中川淳庵らとともにサーメンスプラーカ（Samenspraak＝会話）を習ったというのである。当然天真楼塾に在塾の面々もその手ほどきをうけたわけである。建部勤や大槻茂質の顔も含まれていたわけである。庄十郎は源内が安永八年暮に獄死するにおよび、社中の桂川甫周のもとに寄食し、甫周の翻訳を助け、また同じく社中の福知山侯朽木昌綱の地理学研究の手伝もし、のちには森平右衛門と改名し他家に在る身となったというのである。そして彼が江戸に来て玄白らの社中に加わったことが「社中を誘発」したというのである。

これは見逃せない人物である。そこで阿蘭陀通詞西家の『由緒書』を検すると、阿蘭陀小通詞並西敬右衛門が明和八年に届けた『由緒書』の「親類」の欄に、

一兄　元阿蘭陀大通詞相勤、四ケ年以前退役仕候。　西善三郎死

とみえ、さらに、

一同（甥）　阿蘭陀稽古通詞相勤罷在候。　西雅九郎

ともみえている。これでみると西善三郎を兄にもつ西敬右衛門の甥に西雅九郎なる通詞がいることがわかる。

さらに、阿蘭陀通詞の名家の一つ吉雄家の『由緒書』をみると、阿蘭陀大通詞吉雄幸左衛門が同じく明和八年四月に書き上げた『由緒書』の「親類」の欄に、

一姉　実従弟　阿蘭陀稽古通詞相勤罷在候。　西雅九郎母

とみえ、また、

一甥　阿蘭陀稽古通詞相勤罷在候。　西雅九郎

ともみえているのである。これをもって判断すれば、吉雄幸左衛門の姉は西雅九郎の母であって、雅九郎は実従弟すなわち実の甥に当たるのである。さらにこれは前条と綜合して、西敬右衛門の義従弟（＝義理の甥）に当たり、西善三郎の養子の位置に当てはまる人物である。

すなわち玄白が「政九郎」と記したのは一字違いで「雅九郎」が正しく、西家に入っていた当時は西雅九郎と称し、何らかの事情で西家を出て本姓に戻っていたものに違い

政九郎は雅九郎　西雅九郎＝荒井庄十郎＝森平右衛門

ないのである。その姓が荒井と思えるのである。

雅九郎の養父西善三郎はといえば、享保七年から出島に出入りし、宝暦四年には大通詞に進んだ人で、通詞職のかたわらマーリンの辞書を手懸りに蘭日辞書の編纂を企て、その作業をすすめていたことで有名なヴェテラン通詞であった。善三郎のこの挙は「同業初生徒ノ為」（大槻玄沢『法爾末和解』序）のものであったから、当然養子雅九郎もこの「初生徒」の一人であったに違いない。

雅九郎について、さらに注目すべきは、その母が吉雄幸左衛門の姉であるということである。西家を故あって出て荒井家に戻ったあと、また母方の実家である吉雄家との往来も繁くなったに相違ない。でなくとも幼児より由緒深いヴェテラン通詞の吉雄家と馴染み深く、感化をうけること少なからざるものがあったに相違ない。

この吉雄幸左衛門（耕牛）は玄白ら江戸の蘭学社中の面々とは馴染み深く、『解体新書』に序文を寄せたその人である。雅九郎が江戸に出て来た安永七―八年の直前の安永六年に、幸左衛門は大通詞として商館長ヤスペル＝ファン＝マンスダーレの参府旅行に付添って出府した。この機会に、かねて昵懇の間柄であった杉田玄白や平賀源内から懇談あ

荒井庄十郎が社中誘発の理由

荒井庄十郎に益を受けしは、建部勤・大槻玄沢・中川淳庵・桂川甫周なり

玄白、建部勤と大槻玄沢に期待をかける

って長崎に帰り、雅九郎の出府が実現したことかと推測されるところである。これは決して想像に難くない。

要は、吉雄幸左衛門・西善三郎のどちらをとってみても、オランダ語に関してはヴェテランの大通詞であって、なかんずく養父西善三郎からは、より組織的なる教導を受けたと考えられる。さればこそ、江戸の蘭学社中に入って、「社中を誘発」する効果をあげ得たものと判断されるのである。

かつ、この荒井庄十郎の語学力を十分吸収したのは、彼を招いた玄白や源内ではなく、むしろ塾中の玄沢や勤、それに同志の中川淳庵や桂川甫周であった。

ことに玄白の胸中には、塾中の建部勤と大槻玄沢に期待するところが大きかったようである。玄白がこののち二人を教導する態度から察するに、この頃からこの二人に家学と蘭学の確立維持を期待することに心をきめたかにみえる。

第八　家学と蘭学の確立のために

一　養子伯元に対する期待

天明二年（一七八二）、玄白は、はや知命（五十歳）の年を迎える。晩婚の玄白はこのころ一男二女の子供達に囲まれていた。長男は九ツ、長女扇は八ツの遊びざかり、次女八曾はまだ誕生日もこない乳呑児である。

玄白の長男、長女扇、次女八曽

診療と研学の間、玄白は無邪気に駆けまわって遊ぶ子供や、幼児の世話をしながら、加うるに数をましてきた塾生や患者たちにも気を配って立ち働いてくれる妻女のまめまめしい姿を眼にして、心のなごむ思いであった。生母を知らずに育った玄白が、母親にまとわりつきながら遊ぶ子供たちの姿をどんなにか可愛く見やったことであろうか。

しかし、玄白の胸中を去り得ない心事が一つあった。家学を伝うべき確かなる嗣子を決めねばならぬ一事である。身はすでに知命の年を迎え、先に念願の『解体新書』の出版を終わって、家学を樹立しえたとはいえ、それを継いでくれる確かなる人をきめていない。

前野良沢、長崎より持参の安産樹を杉田玄白に貸す

前野良沢がその女に宛てた手紙に「安産樹壱本、……この品ハ私長崎より持参いたし候、杉田家内出産の節借て遣候計にて、外へは出し候覚無レ之」と書き贈ったごとく、玄白の長男出生に際して盟友・盟主良沢がその安産・成長を祈ってくれたにもかかわらず、

玄白、長男の虚弱に悩む

その子が無邪気に遊ぶ姿も自分に似て弱々しい。玄白自身も生来の病弱に加えてこの頃は視力も衰え、眼病さえ加わってしまった。どうにもならない問題である。自分の肉体と年齢、長男の幼く虚弱な様子をみるにつけ、何とかせねばならない問題であった。

玄白、建部勤を養子に請う

心の友建部清庵に請うて、わが塾に迎え入れた建部勤由甫を早く養嗣子に迎えたいと思い、再三書信を贈っていたところである。

清庵も書牘を返して、豚児が負荷の任でないことを申し送って辞退したのであるが、玄白の懇請の熱意がそれを上まわったようである。

養子伯元

養子となった由甫は伯元を称するようになった。のち伯元自身が藩に届けた『由緒書』には、「天明二寅年五月十五日、願之通り仰せ付けられ、私義(儀)弐拾才にて養子ニ相成申候」

と明記している。

建部清庵の死

しかし杉田・建部両家の慶事は悲報とないまぜであった。同じ年、玄白は情熱の友清庵を失ったのである。老医師は七十一歳であった。玄白の心いかばかりであったであろうか。一度も会ったことのない友とはいえ、玄沢が入門に際して持参してくれた肖像のみが遺ったのである。もしや機会があれば会えるかもしれない。でなくとも一書を贈れば心の通った返書に接することが出来、字句行間にその人を見る思いがしていたものを。あまりにも遠いものとなってしまった。

玄白に学んだ建部亮策が家を継ぎ建部清庵を襲名

玄白に業を授かった亮策が家職を継いで名も清庵を襲い、立派なオランダ流医師として田村侯に近侍することになった。

杉田伯元、君侯に御目見、三人扶持

伯元は天明三年正月十五日に君侯に御目見が許され、さらに翌四年九月九日には三人扶持を給せられることとなり、役も御出馬御供を仰せ付かった。

長男夭す

玄白は眼に入れてもいたくない長男をこの年の正月十一日になくし、悲しい日を送っていた。しかし、ここに、期待をかけていた伯元が正規の藩士として立つことが叶って、ようやく一安堵したのである。と同時に、玄白はこの伯元に早く一人立ちできる蘭方医

玄白が、伯元養成のプラン

師となって家塾の経営に当たってくれることを期待した。ここにおいて玄白は新たなる目的＝伯元養成のために遠大な計画に着手するのである。具体的には、蘭方医学に基礎をおいた臨床医師として仕立て上げようとしたものと思われる。

養父の教えをうける伯元もまた、かつては郷里で実父清庵からオランダ流内科の必要を聞かされて育っただけに、その教えをうける心を十分にもっていたと思われる。すなわち、後年玄白が小林令助に宛てた手紙の中で「本科（＝内科）の事ハ伯元専一ニ心懸」と申し送った伯元の成果は、早くこの時期に根ざしていたものと受けとれるのである。

二　大槻玄沢に対する期待

玄白は玄沢に外科部門の翻訳の業を期待す

玄白の期待は大槻玄沢へもかかっていた。これも玄白が後年小林令助に宛てた書翰の中で「外治之事（＝外科）ハ門人大槻玄沢訳申候」と、特に書き送ってもいるように、外科ことにその翻訳力を期待していたのである。早くからその才ありと認めていたのである。

だからこそ、「その人と才とを愛し、務めて誘導し、後には直に良沢翁に託してこの

玄沢、良沢に師事

業を学ばせ」（『蘭学事始』）たのである。

玄沢は良き二師に就いてその才をのばし、特に良沢からは「骨方（こっぽう）」（＝基礎＝おそらく翻訳の基礎学力）を伝授されたのであった。加うるに天真楼に招かれた阿蘭陀通詞出身の森平右衛門の手ほどきは玄沢にとって益多かったものに違いなかったはずである。

大槻玄沢肖像（東京都，大槻清彦氏蔵）

『蘭学階梯』

『六物新志』『蘭畹摘芳』

玄沢、蘭学社中に知己を得る

はたせるかな、玄沢は天明三年には入門書『蘭学階梯』を著わして社中の好評を得、蘭書を拾い訳して『六物新志』を準備し、続いて『蘭畹摘芳（らんえんてきほう）』の訳述へと歩を進めるのである。玄白の狙いに狂いはなかったのである。この力量が買われて、以後玄沢は玄白からヘーステルの外科書の翻訳をはじめ、多くの著書の整理を委されるのである。

玄沢は玄白の仲介により中川淳庵や桂川甫周・福知山侯朽木龍橋とも往来するを得て

知見を広めた。そして、ついには長崎遊学を希望するようになったのである。

玄沢、郷里で家督を継ぐ

玄沢は天明四年父の病が篤いとの報により一ノ関に帰った。看病も空しく七月に悲しい日を迎えた。八月には家督を継いだが、事後の処理をはじめ、何かと用が続き、江戸へは出られなく、月日を送った様子である。しかし天明五年二月、ようやく君侯の出府の駕に従って江戸邸にやってきた。社中のそれぞれとも旧交が温められ、活気づいた。

蘭学社中、商館長フェイトの死を知る

この春のオランダ商館長ヘンドリック＝カスパル＝ロンベルグ Hendrik Casper Romberg に付き添って東上した大通詞は三年振りに吉雄幸作であった。玄白たちは長崎屋へおしかけた。そこで馴染み深かったフェイト Arend Willem Feith の病死の報を聞き、海外の情勢をも聞いた。

玄白と江馬蘭斎との交際

この話の模様をも含めて玄白は大垣藩医の江馬春齢（蘭斎）に長文の書翰を書き贈っている。春齢はのち寛政五年四十七歳のとき江戸に出て、前野良沢について蘭学を学んだ晩学の蘭方医であるが、それより十年も前に、すでにこのような当代一流の蘭方医玄白と深い交際を保ち得た間柄にあったということは注目に価する。やはり『解体新書』の出版が機縁となって開けた交際の一つかと推測されるところで、『解体新書』出版の影響

『解体新書』の影響の一つ

の大きさをあらためて知らされる。

話を玄白と吉雄幸作に戻そう。この春の面会の機会に、大槻玄沢の長崎遊学のことが依頼されたことかと判断される。というのはこの年の秋に玄沢の長崎遊学の希望が実現するのであって、タイミングの良さからいって、杉田玄白と吉雄幸作の斡旋を措いて他にあり得ないと考えられるからである。

三　小浜旅行と小石元俊との面談

玄白、小浜への君侯の駕に陪従す

天明五年(一七八五)の夏、玄白は君侯の小浜への伴を命ぜられた。酒井侯は七月二十五日に江戸藩邸を出立、八月九日に小浜の城に着いた。

玄白は主君の健康をみまもりつつ君侯の駕に陪した。小浜でその労をねぎらわれ、金二百疋の賞賜を受けた。

帰路は、先に江馬蘭斎に「帰リハ西遊之存寄も御座候」と、その予定を申し述べていた通り、京都に立寄ったのである。この京都で玄白を待ちうけていたのは、かの古方医小石元俊であった。

帰路、京都滞在、小石元俊と討論

『蘭学事始』には「帰路、上京せし時、滞留の間、日夜来りて問難したり」と玄白は記しており、小石側の『先考大愚先生行状』には「帰路、京え出られし時、三―五日の滞留の間も日々往きて対論し、他出せらるれば其先々へまで尋ね行かれし程の事なり」と伝えている。小石元俊が先に手紙で問答し、納得のいかないところを、とことんまで、問難・討論しようと迫ったのである。

しかし、この討論は結局、時間切れに終った。討論は打ち切りとなったが、小石元俊は玄白の主張する医理をよく理解し、杉田玄白は元俊の実技を高く評価する機会となったことだけは最大の収穫であった。これが契機となって両者の交流が深まり、蘭学の普及にも大きな役割を果たすこととなるのである。

玄白が浜町の宅に長旅の草鞋（わらじ）を解いて脚をすすいだ時はもう秋風がたっていた。食膳について、家内や子供たちに小浜の話をして聞かせ、塾生には京都の医学界の模様や小石元俊と交した問答、すなわちオランダ流医学と古医方とが四ツに組んだ模様を披露した。我らがうちたてたオランダ流医学の影響の大なることを語り合い、次の仕事をすすめる励みともしたのである。

なかでも、さきに前野良沢からオランダ語の手ほどきを受け、荒井庄十郎の誘発をも受けた大槻玄沢は、その基礎のうえに、ますます諸書を渉猟・読破して勉学を進めている様子で、最近は直接長崎へ遊学したいと洩らしはじめたのである。

四　玄沢の長崎遊学

大槻玄沢の長崎遊学は師友の心に支えられて実現

玄沢の長崎遊学の希望を聞いて、玄白・良沢ともに喜んだ。

「われも良沢も喜び許し、汝壮年、行ケ矣、勉メヨヤ、そのことを済まさば宿業ます〱進むべしと慫慂（しょうよう）せしにより、いよ〱憤起して志を負笈（ふきゅう）に決したり。然れどももとより貧生のことなれば力の及ばざることどもなり。翁、その志に感じ、専らその力を助けんと思へども、翁もそのころは生計かたく、思ふ程ならねども、力の及べるだけはこれを助け、且つ御同学たりし福知山侯も浅からぬ恩遇あり」という具合で、大槻玄沢の希望は、師や同学・知友の温い心に支えられて実現することとなった。

『磐水先生随筆』によれば、長崎遊学に際して、前野達・岡島伯雅・関中卿・何仏・朽木春世・杉田鶴斎（白玄）・中川鼎・杉田勤らの同学・知友が歓送の詩・句を贈り、激励し

玄沢・伯元・従僕の三人連れ

玄沢の長崎遊学、伯元の遊歴は玄白の遠大な計画の実行

た。その中に、

亜大臓山歌送三大槻・杉田二君遊二長崎一　前野達

とみえ、また諸家の送別の辞につぐ記事に、

十月七日、暁発二三叉塾一、快晴、同二行令郎伯元及僕伊三湘中一ノ為ナリ。（後略）

とみえる。したがってこの長崎遊学は、大槻玄沢に杉田伯元が同行したかにみえるが、途中、八日に藤沢で二人は別れの杯をくみかわし、玄沢は長途の旅に立ち、伯元はそれより江ノ島辺を探訪して帰るのである。

玄沢・伯元は玄白から大きな期待を寄せられている若者である。高齢者ばかりともいえる社中にあって、正に若きホープということができよう。と同時に、まえにもみてきたように、この二人の勉学や知見の拡大への旅立ちは玄白が二人にかけた遠大な計画の実行であったことに気付く。玄白がわが肉体の衰えにかわって、家学と蘭学の確立・発展のために必要と認め、効果ありと見込んだことだったのだ。それ故にこそ玄沢の長崎遊学の斡旋の労を強力に推し進めたわけなのである。

玄沢・伯元が出立の十月七日は、気持ちよい快晴の朝であった。見送りの有阪其馨（きけい）・

玄沢、京都で小石元俊に会う

玄沢、木村蒹葭堂に『六物新志』の出版を託す

玄沢、長崎で本木栄之進に師事

玄沢、長崎の阿蘭陀通詞が開催するおらんだ正月に出席、出島訪問、デュールコープに面会す

中川仙安らに別れを告げ、連れ立って三叉塾を後にした。

京都通過の際は、前年師玄白が面談した小石元俊を訪れた。その様子は「旧君（元俊をさす）道を学ぶの篤志深切なるを聞き、因つて往還共に其廬を訪ね、以て交誼を締ぶ。」とあるが通りである。

大坂では木村蒹葭堂のもとに立寄り十月二十四日から十一月六日まで滞在して、玄沢は携えて来た『六物新志』の手稿を手渡してその上木を託した。木村蒹葭堂ともすでに親交のあったことが知られる。

長崎において遊学半歳、阿蘭陀通詞本木栄之進に就いて学んだ。これはこの年の春、付き添って東上した吉雄幸作が事前に交渉準備しておいてくれたことに相違ない。本木本木家・吉雄家をはじめ、堀・西・志筑・稲部・松村ら通詞の各名家を歴訪し、通詞仲間のおらんだ正月にまねかれ、出島を訪問し、商館長デュールコープと会うなど、知見を広め、学力を深めたわけであろう。また、のちに刊行された玄沢の『瘍医新書』の「例言」をみると、「訳官本木蘭皐氏に就いて、以て素懐を告げ、而して読法を習ひ訳説を受くる。先づ斯編開巻第一外科入学誘導より始む」とあるから、彼の長崎遊学の主要目的が、

玄沢の長崎遊学の目的は『ヘーステルの外科書』の翻訳

玄沢、仙台藩医員となる

玄沢、江戸に住居、家塾芝蘭堂の経営

伯元、家学に力を尽す

玄白から依嘱された、難解な『ヘーステルの外科書』の訳読にあったことがわかる。玄沢が本木家に滞在し、通詞職の外に天文学に関する訳書をもつ栄之進（良永・仁太夫・蘭皐）に師事してこの翻訳の業に励んだことが窺える。

玄沢は翌天明六年、帰路再び蒹葭堂を訪ね、四月十五日から二十一日の間滞在し、ついで京都では小石元俊にも会って、五月江戸に帰着した。

玄沢はその同じ月のうちに一ノ関藩の本藩仙台侯の医員に挙げられ、食禄百二十五石を給せられて、江戸居住の下命をうけることとなった。いよいよ蘭方医学・蘭学をもって江戸に腰を据えることができたのである。そこで京橋一丁目に居を定め、ついで八月には本材木町に移って、学塾芝蘭堂の経営を推進することとなった。

伯元は玄白に仕え、家学の隆盛に力を尽すこととなった。

第九　家学と蘭学の維持・発展のために

一　小石元俊の東遊と田沼失脚

小石元俊、門人真狩元策を連れ東遊

同じ天明六年の秋九月、小石元俊が門人真狩元策を連れ、ライフワーク『元衍』の稿を首に掛けて江戸に来た。

その目的とするところは、江戸滞在中の十一月に大槻玄沢の『六物新志』に寄せた跋文の中で明記したごとく、「古今謬惑之論を排斥して以て一家を樹立せんと欲し」たが「未だ欧羅巴洲諸医の見る所を知らず。故に来つて江都蘭学家之巨擘に叩く」というものであった。

玄白、常費を支弁して三士の議論を援助

元俊の訪れたのはまず杉田玄白の許であった。玄白は元俊師弟の宿所を弟子大槻玄沢の新居にとりはからった。ついでをもって伯元もその期間玄沢宅に預けて起居せしめ、三士が議論に虚日なきよう、その常費をも支弁して援助したのである。

大槻玄沢邸で、小石元俊・杉田伯元ら三人、医説を討議す

小石元俊、前野良沢・杉田玄白・中川淳庵・石川玄常・賀川元厚・今井松庵らと往来会談

田沼意次退職、将軍家治薨去

三士の議論は、『解体新書』をはじめ、長崎で吸収した知識も加えて、広く西説を論じた。また伯元らは元俊から『寒傷論』『金匱（きんき）要略』『温疫論』などの漢方医説に加えて、元俊の本領とする実験の諸術に亘る諸論を聞くことを得た。

かくて半年間、元俊は前野良沢・杉田玄白・石川玄常・賀川元厚や今井松庵らと往来して談話の機を重ね、また、請われた侯家・町家に赴いて、その確かなる治術の程を示した。

江戸の街で、江戸と京都の医家が真剣に漢蘭医学を論じている同じ時に、江戸城の中では大事が起っていた。

この天明六年八月二十七日、田沼意次（おきつぐ）が老中職を免ぜられて雁間（かんのま）詰に移された。ついで九月七日、将軍家治の薨去が公表された。しかし、実際は八月二十日の薨去であったようである。「故に田沼を黜（しりぞ）くるは、公（家治）の意に非ず、三家及び諸老のする所也」（『徳川十五代史』）と伝えられている。

家治将軍の信頼を一身に集めていた意次にとって、この主君の薨去は、いい尽せぬ打撃であった。齢六十八の老骨を支える唯一絶体の鎹（かすがい）が取り払われ、皺深い顔面から襟

江戸城、西丸奥医師岡甫庵の門人森田甫三が見た田沼意次失脚に伴う城中の騒動

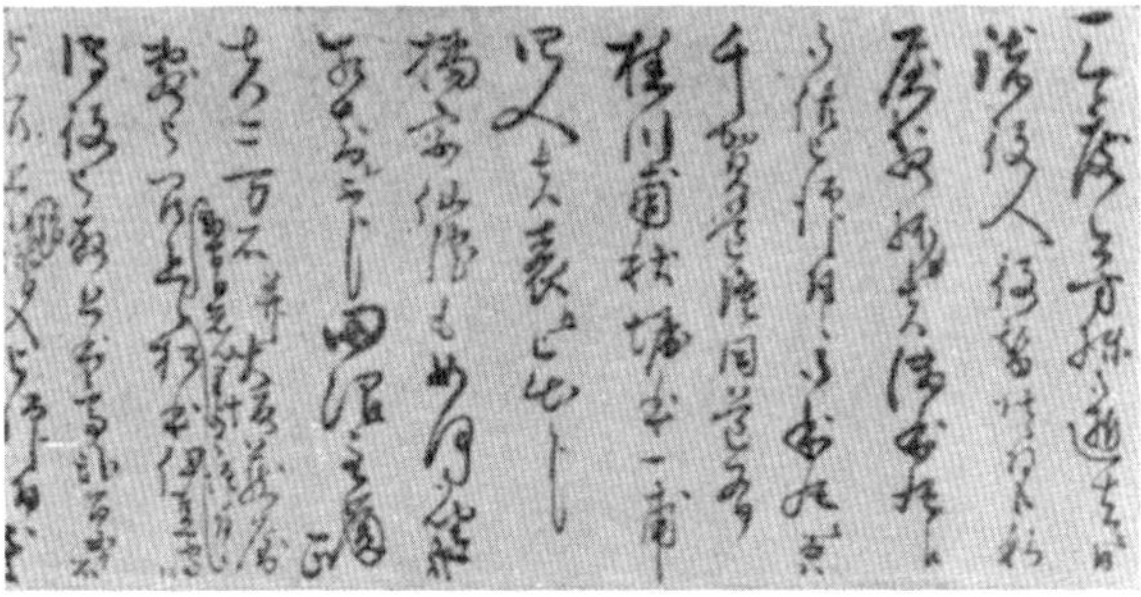

へ送った書翰（東京都，山吉卓爾氏蔵）

敷，江戸の役宅召し上げの宣告をうけた天明六年閏十月
江戸城西丸付の医師岡甫庵に師事・修行中であった。
いる。

足にかけて、冷たい風が吹き込み、痩身に残るわずかな体温をも奪い去るがごとき思いであった。

意次は同年閏十月五日、加増の二万石を削り、大坂の蔵屋敷、江戸の役宅召し上げの宣告を受けた。しかも、役宅立退きが翌々日までという日限付きの急事で、この慌(あわただ)しさは彼の側近・縁類にも波及して大騒ぎとなった。

その頃、江戸城西丸の奥医師にして法眼の岡甫庵に入門修業中の越後の森田甫三が、この事件の一週間もたたない同月十二日に郷里へ書き送った近況報告の書翰の一節で、この騒動をいきいきと報じている。

（前略）

西丸奥医師の岡甫庵は本丸勤務

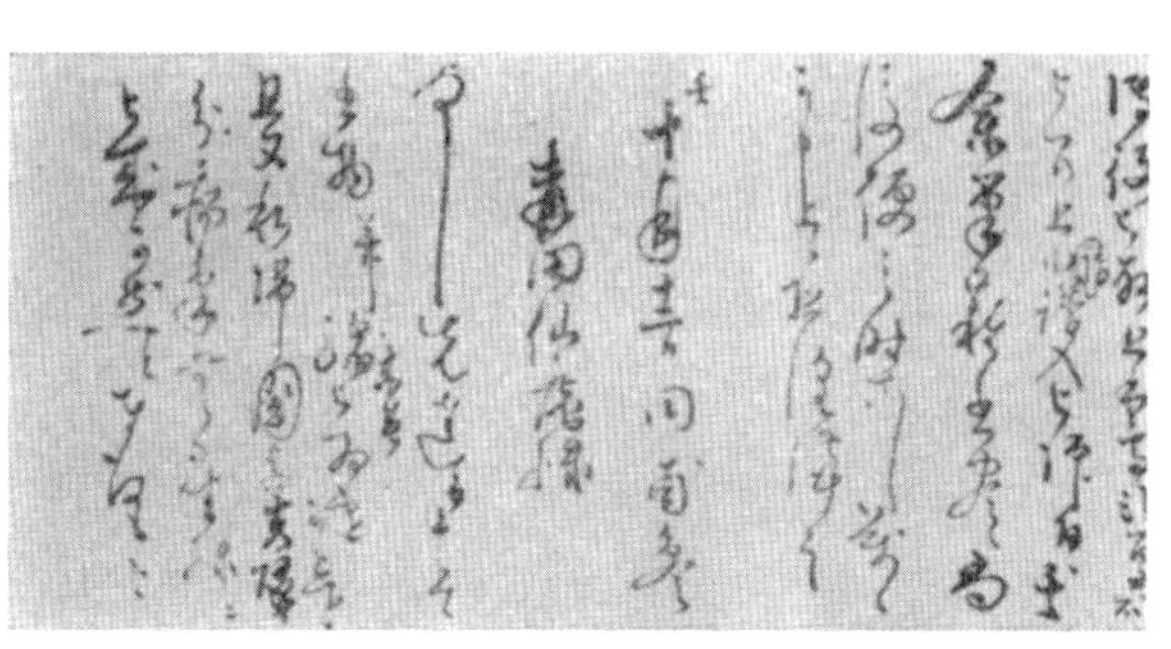

森田甫三が越後加茂の留守宅

田沼意次が失脚について，二万石を削り，大坂の蔵屋
五日から一週間目の同月十二日付の書翰．森田甫三は
城中における権力交替の騒動がいきいきと速報されて

一、今度公方様御逝去ニ而、諸役人役替仕候得共、私屋敷抔者、御本丸ニ御供被ニ仰付一候。（マヽ）御本丸ニ而ハ、千賀道隆・同道有・桂川甫秋・堀本一甫四人者表江被レ出申候。橘宗仙院も如何御座候哉、相知レ不レ申候。田沼主殿正（とのものかみ）者、二万石并大坂蔵屋敷被ニ召上一、弐百日ゑんりよ被ニ仰付一候。松本伊豆守ハ御役被ニ取上一、本高弐百五十石被ニ召上一小（普）譜請入被ニ仰付一候。其余筆難ニ書尽一候。尚後便之時こまぐ可ニ申上一候。恐惶謹言。

閏十月十二日　　同　　甫参

森田仙庵様

とある。右にいうところは、森田甫三の師岡甫庵は西丸から本丸へ勤務替となり、供を命ぜら

本丸詰の千賀道隆・道有父子、桂川甫周・堀本一甫は寄合医

橘宗仙院は不安定

田沼意次は二万石と大坂蔵屋敷召上げ、二百日の遠慮

松本伊豆守秀持御役御免、二百五十石召上げ小普請入

堀本一甫の妻は桂川甫筑の女で、一甫と甫周は義兄弟

田沼意次に、工藤平助の『赤蝦夷風説考』により蝦夷地開発を答申した松本秀持は

れてうまくいったが、それまで本丸詰であった千賀道隆・道有父子と桂川甫周・堀本一甫の四医師は寄合医に出されてしまったこと。橘宗仙院もどうなることか予想もできず、田沼意次は二万石と大坂蔵屋敷召し上げに加えて二百日の遠慮を命ぜられ、松本伊豆守秀持は御役取り上げ、本高の二百五十石も召し上げられ、小普請入となったことを記し、其の余は筆に書き尽し難いと申し送っている。

いうところの千賀道隆・道有父子は、すでにみてきたように、平賀源内を田沼意次に接近せしめるに一役買った人物であり、意次の妾神田橋御部屋様の仮親でもあった医師であった。意次とも関係の深い医師であったということができよう。桂川甫秋は桂川家第四代甫周国瑞のことで、蘭学者の間では月池の号でも通っていた。明和五年十四歳で将軍家治に初めて御目見を賜って以来、安永六年将軍家の奥医師となり、以来大奥との関係が深かった。かつ江戸の蘭学社中の一員でもあった。堀本一甫彝珍は明和五年家治将軍に御目見の後遺跡を継いで、天明四年からは奥医に列していた。彼の妻は桂川家第三代甫筑国訓の女であり、したがって彼は桂川甫周と義兄弟の間柄であった。松本伊豆守秀持は意次老中時代の勘定奉行であった。田沼意次が工藤平助より献じられた『赤蝦夷風

説考』をみて、蝦夷地開発のことを諮問した相手はこの松本秀持である。この伊豆守秀持は天明五年と六年に蝦夷地開発のための調査団を派遣し、蝦夷本土・千島・樺太の通路や金銀等諸産物の踏査をさせているのである。意次のまさに腹心であったわけである。田沼意次を頂点とする巨大な勢力が音たてて崩れ去ったのである。

小石元俊帰京

さて、元俊と玄白との面談も回を重ね、翌天明七年の正月十二日と三月八日などは、元俊が玄白宅に泊って話し込んでいる（『鶴斎日録』）。三月十五日に帰京の挨拶に寄り、翌十六日には西帰の途についた。

二　伯元の京都遊学と柴野栗山

小石元俊、杉田伯元を伴って西帰す

小石元俊は西帰するに杉田伯元を伴ってその途についた。

玄白は、伯元が途中小田原で出した書翰を三月二十三日に、島田で発信した状は四月五日に受けとった。元俊の京都着は四月六日である。

杉田伯元、柴野栗山に師事

京都で伯元は元俊宅に僑居（きょうきょ）して、元俊の実技を学び、また元俊の斡旋を得て柴野栗山の塾にも学んだ。栗山の室が小浜藩士藤田義知の二女阿順であった便宜によるものであったかと考えられる。

玄白が伯元を養嗣子に迎えてから、家学の蘭方医学を伝授するとともに、さらに加えて高名なる京都の古方家小石元俊につけて漢説を聞かしめ、実技を修得せしめようと骨折った。その間をぬって柴野栗山の塾に通わせて漢学の素養をも身に付けさせたのである。いかに玄白が伯元の教育のために腐心していたかを察することができるのである。と同時にこの教育方法を通じて、われわれは玄白の学問的な態度と方向をも知ることができるのである。

杉田伯元の修業内容から玄白の学問方向を知る

伯元は京都に着いてから早速一報を養父玄白のもとに送ったと思われる。また時日をおかず、近況を報告した模様である。玄白もまた伯元に宛て、あるいはその師元俊に宛てて筆まめに書を送った様子である。天明七年五月五日付で玄白が元俊に贈った書翰が今も小石家に遺っている。

すなわち、帰路の元俊らは大井川の川留で八日程逗留し（但し『鶉斎日録』四月五日の条には伯元が島田から寄せた状に十四日から二十四日まで大井川留であったと報じている）、着後早々、伯元を栗山へ入門のことを世話してくれたことを謝し、玄白自身も閑暇を得ず多忙ながら、叔父（従弟吉村辰碩か）に依頼された本も近く卒業（天明七年稿の『後見草』か）、近日内科の研究に着手することなどの近況を述べ、忰伯元への心添えを頼み、癩に関し新知見あらば伝授願いたいとの旨を申し送っている。

小石元俊宅は大坂道修町御霊前筋□入北側

元俊帰京後の住居が、しばらく確定しなかったようにみえるが、玄白は『鷧斎日録』の同年七月二十四日の条に「小石元俊居宅大坂道修町御霊前筋(欠)□入北側」と記している。道修町は現在も大阪の医薬商の集中している道修町のことである。

柴野栗山宅は京東堀川上長者丁

その後、玄白の日記を検すると、

六月廿四日　京状来。
八月十四日　京都状来。
十月廿三日　七条左京頼京都状遣。
十一月十五日　伯元状来。

などとみえる。これより先、正月二十四日の条下で柴野栗山の住居に関し「栗山先生住所京東堀川上長者丁」と明記していたから、伯元は元俊の大坂居住後は、元俊や真狩元策らの周旋を得て栗山の塾中にあったものかと思われる。伯元が京都の遊学先から養父に随時近況を報じ、玄白また筆まめに状を送って勉学を励ましたものと思えるのである。

三　寛政改革と柴野栗山

家斉、将軍就職

災害、物価暴騰

打ちこわし

さて、この天明七年は幕府においても昨年の政変以来、新体制確立への努力・工作が続けられて、目まぐるしい動きをみせた年である。

四月十五日、家斉の第十一代将軍宣下の式が終わってまもなく、あいつぐ災害と物価暴騰の荒波に翻弄された庶民は、ついに貧苦のどん底から蜂起して米屋を襲撃するの暴挙に出た。ことに五月二十日の夜からはじまった江戸の打ちこわしは激しいものであった。玄白も『鷧斎日録』に病用往診記事についで、毎日これらの暴徒が荒しまわった箇所の町名と、日に日に暴騰していく米価を特記している。

五月二十日。晴。……○今晩□□□松ト云米屋ヲ破。

廿一日。同。本庄（所）・深川病用。不快ニて中途より帰。今晩処々米屋ヲ破。○米価（蠹損）斗百石三両御借金払。

廿二日。同。近所・船丁・下谷病用。夜召。今日処々徒党人乱取。○大坂表（以下蠹損難読）日雑人徒党米屋破事□□家ト云。

廿三日。同、□□牛込・今日町々小路〳〵木戸シメ往来三ケ一計党人召取之為御先手十組被二仰付一、今日より御施米被レ下。

廿四日。同。朝六時地震。〇京都も同じ騒敷、米石ニて百六十五両ト云。〇今日より御救米幷御金諸々ニて被レ下、江戸中御金弐万両・米七千俵と云ふ。〇此節徒党人為レ防丁人共竹鑓用意す。右無法□□□は殺候共不レ苦旨被レ触□下ニ兵権を借事不レ宜政と云ふ。

廿五日。晴。浦賀辺、党人ありて人家を破と云ふ。〇□扶持□□七人分ニて八両三分余。〇伊丹池田□□紀州和歌山雑人党と云ふ。

『後見草』の記述

連日の無法振りは、眼に余る状態で、玄白はさらに『後見草』の中で、

同月二日夜赤坂といふ処にして雑人原徒党をなし、同じ所に住居する雑穀商ふ家々を打破り打こぼちて、是を騒ぎの初として、南ハ品川北ハ千住、凡御府内四里四方の内誰頭取といふ事さらになく、此所に三百、彼所に四百、思ひ〳〵に集りて、鉦をならし、大鼓をならし、更に昼夜の分なく、穀物商ふ家々を、片端より打潰し、いちむしやに乱れ入、在合限りの穀物を大道へ引おろし、切破り奪ひ取、八方へ持

退（さり）たり、初の程ハ穀物計奪ひしが、後ハ盗人加りて金銀・衣服の類ひまで同じ様に奪ひ取りぬ。

とも、その惨状を特筆している。毀（こわ）された商家ほぼ八千軒、うち米屋が九百八十軒という。惨胆たる数日間、江戸市中はまさに無政府状態と化した。

無法者は殺しても苦しからず

町内は竹槍等で自衛するより他に方法もなく、幕府も無法者は殺しても「不レ苦」と触を出すのが精一杯といった具合であった。

しかし、幕府がいつまでも茫然自失の態でいられるわけもなく、暴徒の鎮圧と庶民の救済に全力をあげた。

松平定信、老中首座につく

『鶴斎日録』は二十七日の条におよんで「今日頃より世間静謐」と書き記している。この大打ちこわしの余塵まだ去りやらぬ翌六月十九日に、松平定信の老中首座が決まって、幕府もようやく一つの針路を掲げて活動を開始することとなったのである。

京都町奉行丸毛政良罷免、田沼意次、閉門、相良城・所領召上げ

まず田沼派に対する粛正人事が一層苛烈さを増して推し進められ、天明七年九月京都町奉行丸毛（まるも）政良（まさかた）の罷免、意次にはさらに追罰として十月二日に閉門を仰せつけられ、相良城もろとも所領ことごとく召し上げられることとなった。ただし格別の思召により意

意次嫡孫龍助に一万石下賜

次の嫡孫龍助に一万石を賜うこととなったが、その地は越後や陸奥の痩地で実収四－五千石に過ぎないものであった。このことを玄白も同日のうちに『鷧斎日録』に、

十月二日。雨。直（ちょく）。田沼主殿頭相良城地并二万七千石被二召上一下屋敷へ蟄居、嫡孫龍介□地一万石被レ下。

杉田玄白の『鷧斎日録』（東京都，杉田秀男氏蔵）
現存九冊，下段は前野良沢の死歿記事

と正確に認めている。十二月には京都所司代戸田忠寛も職を追われた。幕閣内部においても同様で、大老井伊直幸、老中阿部正倫・松平康福・水野忠友らが相前後してその職から去った。

老中交替

かわって老中には松平信明・松平乗完・本多忠籌・戸田氏教・太田資愛らが次々と任命されて、松平定信を中心とする新陣容が整っていった。

松平定信の執政

定信は風紀を取り締り、七年七月には両替商の役金を免じ、十一月に人参座を廃止、十二月には市内火除地の建築を禁止、さらに八年一月には広東人参の売買の禁を解き、五月には二朱判の鋳造を停止した。田沼政治における経済・外交・文化政策のほとんどが否定され、改革政治が強力に推し進められることとなったのである。

柴野栗山の登用

この度の改革は文化・学問の面においても推進された。幕府は京に住む柴野栗山に目をつけた。玄白は、はやくも十一月二日の条に、

○栗山先生関東へ被ㇾ召由初聞。

と書き留めている。その十五日、大雪の中をおして伯元の書状が玄白の許に届けられた。伯元の師、栗山の身辺のことも詳しく報じられてあったに相違ない。ついで同じ十一月

の二十六日にも伯元から来状があった。栗山が出仕を心に決めたことも告げられたことかも知れない。

玄白の日記は、十二月に入って、

五日。……○土山一件今日御仕置済、松本伊豆守□□被召上、赤井越前守半地御役御免小（普）免（請）入。

八日。○相良城取潰、本田・井上・西尾被仰付。

と記している。翌九日の条の後に、このような変転を眼のあたりに見て、玄白はその感慨を一詩に託して書き留めている。

偶作

天子不レ得レ臣　天子は臣を得ず

諸侯不レ得レ友　諸侯は友を得ず

人生可ニ□然一　人生□□然るべし

何必論ニ身後一　何ぞ必ずしも身後を論ぜんや

そして、大晦日の大雪の夜に、

慾しらぬ　人馬鹿らしき　　師走哉

とも筆を走らせている。

越えて天明八年正月七日、

玄白・玄沢、柴野栗山の東下を迎える相談

夜栗山着之由ニて玄沢宅集。

とある。子伯元の師にして、新体制の幕府に懇望されて東下し来たる柴野栗山を迎える

の相談であったに違いない。

八日。同(晴)。栗山先生着。

九日。大雪。朝栗山宅へ参ル。

十二日。同(曇)。……夜栗山先生宅集。被ニ仰付一。

十五日。……夜栗山先生へ参。

十六日。……日本橋病用。栗山先生二百俵被レ下表御儒者……

など、頻々と栗山に関する記事を書き留めている。翌二月に入っても、

十日。曇冷。直。夕栗山先生参。

伯元、京より帰る

などとみえる。二十三日には伯元が京都から帰って来た。京都の風光、医の師小石元俊

の実地の妙技、この度の柴野栗山召し出されの一件など、一夜話は尽きなかったものと思われる。三月に入って十一日の条に「栗山へ夜話」とみえる。ことによったら、伯元を同道して京都遊学中の御礼と、引き続き教授方を願いに赴いたものかとも考えられる。

杉田玄白・伯元、柴野栗山を訪問

杉田父子の希望は容れられたのであった。その後も玄白の日記にはしきりに柴野栗山に関する記事がみえる。

四月三日。晴。……夜栗山へ。
同廿二日。晴。……夜栗山先生方病用、深更帰。
五月十二日。雨且晴。……夜栗山へ。
六月廿七日。晴。……夜栗山先生へ。

などとみえ、玄白はその日の往診を終えて、夜に栗山の宿所を訪れている。ついでをもって脈を診、談時を移して深更に及ぶことさえあった様子である。

栗山開講

七月十七日、玄白は「今日栗山先生御講釈被仰付」と、記している。栗山が幕府よりいよいよ講義を命ぜられたことなのである。玄白は早速翌十八日、蔵前と近所の病用を早々に済ませると栗山邸へ祝意を表しに赴いている。

十八日。曇。蔵前・近所。栗山先生へ祝参。夜雨。

と簡潔に記している。それから数日後、

廿四日。同。丸内・神田病用。朝相良公不幸。夜疎雨。

とも記している。相良公、『解体新書』出版当時に、あの権勢を振(ふる)っていた田沼意次である。ありし日のおもかげうたかたのごとく、折からの疎雨が想い出の一つ一つを暗雨の彼方へ押し流す。

田沼意次死去

栗山の講義は八月二十一日から始まった。その日、玄白は「栗山初御講書」とのみ書き留めた。

伯元、栗山塾を辞去

その後も折にふれ栗山宅を訪れており、のち寛政元年二月二十六日の条に、「伯元婚儀相整、先生より帰宅」とわざわざ書き記しているところをみると、単なる挨拶というよりは、むしろ、玄白の娘扇(せん)との婚儀が整うた機会に、それまで在塾していたのを辞して帰ったものかとも受け取れる。いずれにしても、そのころまで伯元が栗山に就学していたことだけは明白である。さればこそ、玄白が親として折にふれ、夜分栗山邸を訪れることが多かったものと思われる。

四　『後見草』と玄白の使命観

玄白の日記『鷧斎日録』は簡潔というよりは、メモ風の記載でしかないため、柴野栗山と玄白との間にどんな話が交わされたかを知ることはできない。

しかし、養子伯元の漢学修業のための師として、玄白がはやくも京都営塾の頃の柴野栗山を選んだことは事実であり、折にふれ書簡をもって所信を通じた。田沼政権にかわって新政権松平定信がその体制を樹立するとともに聘せられて、栗山が江戸湯島の聖堂に迎えられるや、神田駿河台の栗山邸に引続き伯元を送って勉学せしめ、自らも頻々と出向いて歓談は時を移して親交を結んだことも確かなる事実である。

これより少し前、玄白は亀岡石見入道宗山なるものの孫伊予から宗山が書き記しおいた明暦大火の記事を借覧する機会があった。それは宗山が若い時に目のあたりに出合った事をありのままに書き記した私記であって、「今猶その時を見るがごとく人をして恐怖せしむる」ほどのものであった。そこで玄白はこれを借り写し、さらに宝暦十年から天明七年に至るまで見聞した天変地妖を私記した二巻を合わせて三巻となし、「後に今

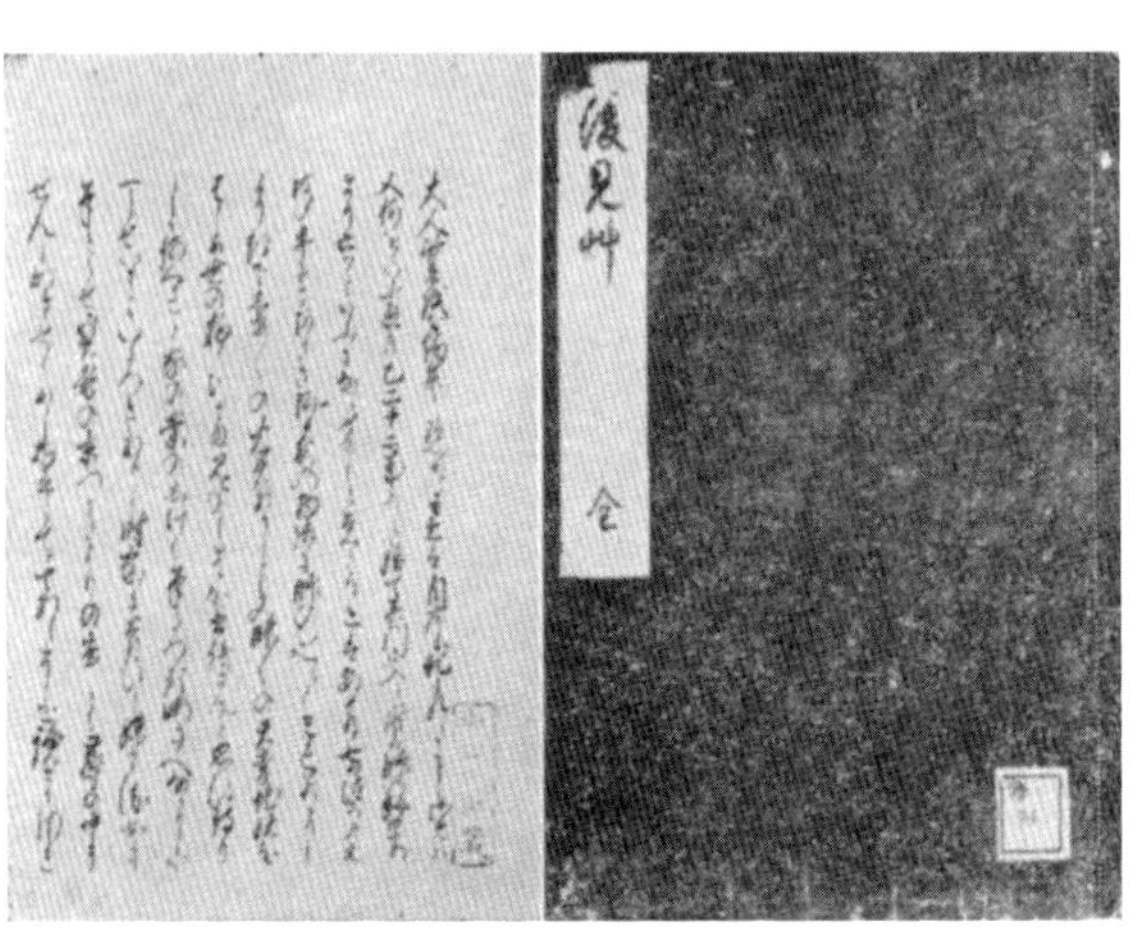

杉田玄白著『後見草』（東京都，酒井忠博氏蔵）

酒井家本の表紙と大槻玄沢の序文。玄白が妹さゑ女に口述筆記せしめたことが記されている。

『後見草』をまとむ

を見るは亦猶今古を見る」ために『後見草』と題して一本にまとめた。

すなわち、三巻中の中巻から、玄白はかの鴨長明が『方丈記』の筆法にならい、宝暦十年の頃から筆を継ぎ、その目その耳にしたところの天変地妖の諸事に加えて、移り行く世のさまざまを書きあらわし、世相の実態を記録した。

天変地妖の数々

宝暦十年の将軍代替り、江戸の大火から、明和元年の江戸の大火、同三年の真宗御蔵門徒の禁獄のこと、四年山県大弐・藤井右門の明和事件、箒星の出現して世人これを怪しみ、狂歌して、

君が代ハ　草木もなびく　箒星

天下泰平　武運長久

と読んでいたが、当年秋感冒大流行して「路を往来する人も絶」えるほどとなったこと。七年の夏、火星出現、旱魃はなはだしく諸国の惨状めにあまり、明和九年は世人が迷惑の年と呼んだように二月二十九日より西南の烈風でまたまたの大火、江戸の三分の一が焼土と化し、秋には風水害殊の外ひどく、諸国大凶作となり、この年の江戸は、いわば火攻め・水攻めの難に逢った。また明和八年春から九年にかけては「抜参り」おびただしく、これは宝永年間以来のことで、

抜参り

畿内近国を先として、物弁(わきま)へ知らぬ女童部(わらんべ)、八才・九才の小児まで、我一と談り合、主税の用を忍び、抜参りといふをなし、あるひハ乳呑子を抱き、御乳めのとに至るまで、其身ばかりか、飼馴し犬猫をもひきつれて、おとらじ負じと詣でしなり。後は七道の国々残る方なく雲霞の如く打群て、日毎日毎に参りし程に……五月五日・六日の比は、別而夥敷、其数一同に廿四-五万、

に及ぶという狂気状態となった。

玄白は「如何なる事の御利生にや覚束なし、唯好事もなきにハしかじと申侍れバ無為

にこそあらまほしけれ」と結んでいる。

下巻は、明和九年改めて安永元年から筆を運んで、天明七年に至る。

年号ハ　安く永しと　替れども

諸色高直　いまに明和九

との巷間流布の狂歌を紹介、諸国の凶作に続いて疫病流行の惨状を、

疫癘天下に行はれ、就中東海道ハ甚しく死しける人も多し。……棺屋の限り呼出し、時の奉行の問せ給ふハ、凡十九万計りと答申奉りしよし。

と報じている。四年、飛驒国の土民の強訴。五年の春、麻疹流行。七年伊豆大島、八年薩摩の桜島噴火、天地鳴動。九年関東の大洪水の窮状。天明元年武蔵・上野両国に糸綿貫目改所設置、絹一疋毎に銀二分五厘目の運上を課したことから上州に一揆勃発、狼藉至極、ために産を破り財を失う者数知れず、「惣て近年のならはしにて、上に訴訟ある時ハ土民必ず党を結び、狼藉を振舞ふ故、領主・地頭の勢ひハ何となく衰へて下に権をとらるゝに似たり。実に季世のありさま」のうちに、改所廃止。三年、浅間山の噴火、連年の気候不順に四民困窮、米価騰貴し、飢民の倒死続出の惨状全国に蔓延。加えて四

年新番士佐野善左衛門政言が相良侯田沼意次の嫡男で若年寄の田沼山城守意知を江戸城中において刃傷におよんだ事件。老中田沼意次の専横の酷状。諸国の飢饉流民続出、巷間奇怪の頻出、疫病流行の惨状。五年、藤枝外記の狂死。六年は正月早々江戸湯島台より出火、大火と化した。箱根山鳴動、夏には関東・陸奥が未曾有の大洪水にみまわれ、江戸も大被害を蒙った。上下の困窮は極に達し、奸商・酷吏跋扈して讒諂面諛よきことと思いなし、世情の風紀紊乱し、まさに天変に加えて地妖跋扈の状と化した。こんな中で老中田沼意次は失脚した。この一大事を玄白は、ただ「扨も相良殿・舘山殿二人の殿達、御役御免仰蒙らせ給ひ」とのみしか筆にしていない。下総国の印旛・手賀沼の新田開発が中止となり、鉱山事業も止められ、出されたばかりの諸国の寺社・農商への御用金下命が廃止と決まった。

続いて将軍家治が薨去した。田沼意次の失脚は、最大唯一の庇護者であった将軍家治の病がその重さを加えて、生命の灯が消えた直後に断行されたことであったのである。まさに「此君の御在世の内是ぞ御不徳と聞へさせ給ふ事もあらざりしに、将軍宣下ありし日より今年に至り二十七年の其間、外にしてハ天変地妖止事なし」といった時代であった。この翌七年には書院番頭水上美濃守宅での狂態狼藉事件などあり、なお、江戸・大坂など各地の打ちこわしの激状を述べながらも、

> 穀分ち給ふ場所芝・麹町・深川・浅草四ケ所に定らる。爰(ここ)に集る窮民ハ偏に霞の如く雲の如く、何程と云数を知らず、皆大旱に雨を得たりしよりいさましく、目出度君の御国恩と悦びのいろ巷にみつ。蓋し天運循還(環)して往て帰らずといふ事なし。三十年前頽敗せし風俗の改りぬる時至り、奥州白川大守定信朝臣を老職第一の坐に撰み、同国泉の領主本多殿を少老職となし給ひ、別て石河土佐守殿ハ御寄合より撰ミ挙げ、其外当時賢才のある方々を逐々(おいおい)朝に挙げ用ひ、奸猾(かんかつ)の徒ハ不レ残外様へ追退、賄賂の路を絶給ひぬ。此分に侍バ、程なく寛永・享保の化に至るべしと皆目を掛て待奉る。

と、松平定信を中心とする新体制の政治姿勢を歓迎し、期待するの大なることを述べ、さらに、

> 予若かりし時より風化次第に乱れけり。此末いかなる世とや成なむと、又如何なる事や出来(いでき)なんと、五十年に余る老の身にも応ぜぬ事のみを、日夜案じ居侍りしに、

白川の大守老職に挙られ給ひて後、纔に三月ばかりにして、

世に逢は　道楽者に　おごりもの
ころび芸者に　山師運上
世にあはぬ　武芸学問　御番衆
唯慇懃に　律儀なる人

と謂る悪風忽ち改り、又逢ひ難きとおもう世に再び逢ひ奉る事の嬉しさよ、つたなき筆を爰に止ぬ。

玄白、松平定信の新体制を歓迎し、その執政に期待を表明す

と、老中松平定信に期待することのできる喜びを述べつつ筆を擱いている。

「きのふはけふのあだし夢」、『後見草』全三巻の編述を通じて玄白は、田沼意次とその施策・政治の否定、松平定信の政治姿勢を歓迎することを表明しているのである。この姿勢は、新規に幕府の招聘を受けた柴野栗山と親交を結んだ玄白の心情と矛盾するものではなく、むしろ一直線上にある、と判断されるところである。

玄白の政治性

そこに、かつては古学を学び、そのうえに蘭学・蘭方医術の樹立を求め続けてきた学者玄白の政治性をみることができようかと私は思う。換言すれば、『後見草』は、蘭学

者玄白が新しい政治体制の社会の到来に際して、対処の姿勢を表明した作品としての意義があるのである。

杉田玄白が天明七年に右にみたような、世相変転の観察記録と政治性を含んだ著述『後見草』をまとめえたのはそれなりの事情と理由があったからである。

玄白は都下の流行医

その第一は、玄白が以前からの観察・記録をもとにして編述したとはいえ、このころこの大部な『後見草』を纏め得たのは心にそれだけのゆとりがあったということである。すなわち大槻玄沢が訳著『六物新志』の「題言七則」として天明六－七年の交にかいた文によって玄白のそのころの様子をみればおよそ次のようである。玄白が『解体新書』翻訳後もヘーステルの外科書を訳し続けていたが、いまだに脱稿していない。手術部などはまだ全部訳されていない。これというのも、この書物が大部なこともあるが、玄白がすでに知命(五十歳)を過ぎており、また都下において外科医の一大家として大いに流行しているために余暇がないためでもある。にもかかわらず、生来の病身と老境を推して筆硯を廃そうとしない。玄沢は、これではとても師玄白の身体が保たないと判断して、玄白に世用を少なくして長生を心がけ、我が道の鼻目(びもく)となって欲しいことを申し出た。玄白は玄沢の言を感動をもって受け容れ、筆をおき、今後は自分にかわって「吾が事」(翻訳の事)の支柱となって伯元を援け、自分の志を継いで欲しいといった。そこで玄沢は感激して「纂修集成之業」を成さんがために努力することを決心したのである。その一端がまずこの『六物新志』であるというわけなのである。

玄白、業を大槻玄沢と伯元に託す

事実、玄白はヘーステルの外科書の翻訳は二編のみで、あとは玄沢・伯元に託したのであるし、『解体新書』の増訳も玄沢に託したのである。玄沢は師の志をついで、『解体新書』の増訂に最も意を注ぎ、寛政十年(一七九八)に『重訂解体新書』の稿を成し、文政九年(一八二六)にようやく十三冊本の板行が実現するのである。玄沢の言葉は正しく事実を伝えているのである。

すなわち、注目したいのは、玄白が長崎帰りの大槻玄沢と、修行をつんだ養嗣伯元を膝下において、彼ら二人の実績を見極めることができたときに、翻訳事業の第一線から安心して身をひくことを心に決めたことである。

家には養嗣子伯元の成人振りをみ、門下には翻訳事業を継いでくれる大槻玄沢という人を得て、玄白はひとまず安堵の胸をなでおろしたのである。

玄白に診察を乞う患者、日増に多く、塾生も年々増加の一途をたどっていく。

玄白は胸に安堵の思いを懐きながらも、その身はますます多忙をきわめ、塾の経営、斯学の大成・維持など、心を配らねばならぬ点が多く、かつそれが大きさを増すにつれ、ますます頭の休まる暇もなかった。

翻訳推進の頃は、どちらかといえば世情の雑事を離脱して、同志と盟約の事業大成のために、兎にも角にも一致協力、励むことであった。

しかし、いまはちがう。江戸において我ら同志の間から首唱したこの蘭学が、医術の世界で有効にその真価を発揮し得るためには、この学が世の中に生きて発展し続けねばならないのである。門を閉ざして沈思訳読に励む行為だけでは、変転・流動する社会に、より大きな成果をあげえない。

玄白、自己の使命を自覚す

社中の面々の技能がそれぞれ発揮されうるうえにも、また塾内の有能な門弟の才がのばされていくためにも、玄白は自分に課された使命の大きさを痛感せずにはいられない。玄沢が「我が道の鼻目となって欲しい」と期待していっていることもこのことなのである。ここに玄白の『後見草』編述の第二の意味がひそんでいる。

玄白は玄沢や伯元をはじめとする塾生・社中の人々の活動の進路を切り開いていかなければならないのである。

玄白の関心の変化

はたせるかな、玄白はヘーステルの外科書の翻訳を玄沢・伯元に託した頃から、その目を急に社会世相の観察や幕府政治の方向把握などの分野に向けていくのである。もっとも、玄白のこれらの方面に対する観察眼が、急に開眼したというのではない。はやくは宝暦から明和・安永期に続いて天明期の世相や天変地妖の数々を観察しつづけていた。その眼はまことにリアルなものであって、ちょうどそれは刑屍体の腑分けを観察記録する行為にも一脈通ずるところがあるとさえいえるものである。

それらの観察の集積が、玄白の心の中で積極性をもって、実を結んだのが、前述した通り、天災の打ち続く中に田沼意次の政治から松平定信の政治へと移り変る頃なのである。天明七年の『後見草』の脱稿は、玄白が日頃みてきた社会観察をふまえて、なし得た政治性の表明であったのだ。

玄白、幕府政治に関心を高める

したがって、この頃から、とみに玄白の幕府政治に対する関心が高くなっていくのである。幕府内部における実権の帰趨（きすう）、老職の交替などの伝聞はいち早く耳にしたところ

玄白の記録は、迅速にして正確

を書き留め、老中松平定信が順次実行した寛政改革の幕命や、その実施の様子を記録して関心の程を示している。

『鷧斎日録』には幕府主脳部の移動をほぼ漏れなく書き留めている。しかも、そのことをいずれも当日のうちに聞きとって簡潔にメモしているところをみると、往診の機会なども含めて、玄白の行動範囲の中に機密のニュースをスピーディに把握せしめるルートがあったとみなさなければならないところである。

幕府政治における人事移動の把握とともに、臨機に布達される諸法令もいち早く聞きとっている。

松平定信が執政となるにおよんで、まず、天明七年七月五日の条には、同月朔日に幕府が諸制度を享保の制に復し、諸士を戒しめる令を出したことを書き留め、具体的に町寄騎(カカ)吉田忠蔵、同組吟味方谷村源二郎や嶋左次郎・加藤又左衛門ら与力・同心らを戒しめた吟味方四人連署の文書を書き留めている。

田沼意次の相良の本城ならびに領地没収の記事に続いて、その相良城受取が岡部上総守に命ぜられた記事を記し、つづいて十月五日の条には田沼意次に下された仰渡しの文をも書き留めている。

その十一月二十日の条には当時公儀より布達された検約の令を書き留め、天明八年四月二十七日の条には「弐朱判吹変差止、丁銀吹方被ニ仰付一」と二朱銀鋳造停止、丁銀鋳造のことの「公儀御触」を書き留めている。

三月十八日の条には奢侈を厳禁した「御触」をそのまま筆写し、翌四月十九日の条には瀬川菊之丞と市川団十郎が「美服」を着していることに対する取り締りの記事をのせ、その三十日の条には瀬川菊之丞の衣類が取り上げられ母へ科料が仰せ付けられたとも記している。

医師に対しても同様で、五月二日の条には御番医坂某と御外科医の岡田養仙両人に対する安藤対馬守からの訓戒の一文を書き留め、それより先二月二十二日の条下には「白川殿被ニ仰渡一候御書付写」なる医師に対する戒をのせてもいる。

六月から九月にかけては「蝦夷地一件」を記し、九月二十八日の条下には「今度惣蔵宿共被ニ仰渡一写」を書きとめている。

こえて寛政二年五月朔日・六日の条下には幕府が下した倹約と石川島に設置した人足

寄場のことが詳記されており、七月二十九日の条には対外貿易に関し、「和蘭陀一艘、唐船七艘に定り」と記し、「阿蘭陀拝領五年に一度と極りしよし。」とオランダ商館長の江戸参府が五年に一度の制に改められたことを明記している。

このように、いわゆる寛政改革の諸令達とその模様をよく記録しているのであるが、殊に五月二十七日の条には「去ル廿二日松平越中殿御達之由、京極備前守御書付」と題して定信が下した異学の禁令を全文正確に記録している。これらは玄白が蘭学の進路について遠謀深慮するの資としたものである。

第十　老境の玄白

一　百鶴図と賀宴

寛政四年（一七九二）、六十初度の日を迎えようとしていた玄白は、病用・会合の余暇、せっせと絵筆を運ばせていた。

玄白、宋紫石との交際

多才な玄白は寸暇を得ては絵の手習いもしていたのである。去る天明七年三月二十七日の日記に「雪溪へ画頼」とみえるように、居所から近くにいた楠本雪溪（宋紫石）との交誼もあって、絵の手ほどきをうけていたらしいのである。玄白が書斎の真中に絹地を広げて絵筆を運んでいる、その構図は、なにやら深山幽谷に群れ飛び、遊び交う丹頂鶴のようであった。

時には小さな絵をかきもしたが、長さ三尺五寸余、幅一尺八寸余にもおよぶ、こんな大幅は、はじめてである。習い覚えた絵ごころのすべてをふりしぼって構想しだした画題と構図である。丹念に描きつづけて、ようやくその年の秋にできあがった。

極彩色の画面には、群なす丹頂鶴が描かれて、そのあるものは渓谷の流れに降り立って、中には小魚を漁(あさ)ろうとしているものもある。岸辺の岩に羽を休めて流れを覗(のぞ)き込み、はるか彼方をふし仰ぐ数羽、飛沫を浴びつつ滝をよぎって対岸へとび渡ろうと羽を広げた二―三羽、松の梢(こずえ)や岩角に降り立とうとまさにしつつあるもの、谷間から湧き立つ霞にけぶりつつ、はるかなる空の彼方へ列をなしゆく一群など、鳴き交う声さえ深山幽谷の静けさを破って聞えるかのように、遠近・動静織り交ぜてできあがっている。

玄白は九月十三日、これに賛を加えた。

寛政壬子六十初度日

製二百鶴図一与二児孫一

鷧斎 印 印 (口絵参照)

百鶴の図

玄白六十初度

六十初度の日を迎え百鶴図を製して児孫に与える、というものである。翻訳と診療、門弟の教導一筋に進んできた我が身を振りかえり、ものした大作である。

病弱な身体で、六十初度の日を迎え得たことを自ら喜ぶ心が現われていると思われる。

伯元
扇・八曽
後妻いよ
立卿・藤・そめ

とともに家庭には、ようやく奥向きの病用を勤めるようになり得た養嗣子の伯元が二十八歳。長女扇が十九歳、二女八曽が十二歳、後妻いよとの間に生まれた実子の立卿が七歳、藤が四歳、そめが二歳、といずれも年若く、家学を受け継ぎ発展させてくれるには、まだまだ海のものとも山のものともつかない者たちばかりである。まだまだ眼を離すことはできない。この子供たちをみるにつけ痩身（そうしん）、生き続けねばならぬと、つくづく思われたに違いない。百羽の丹頂鶴が思い思いに羽ばたくこの構図を選ばせた玄白の心には、自分自身も含めて、家族・門下生が共に生きて成長して欲しいと願う気持が込められているともみられよう。

杉田玄白・前野良沢の合同賀宴

そして、この年の十一月二日、杉田玄白と前野良沢の合同賀宴が催された。

杉田玄白が六十歳、前野良沢が七十歳、両師の長寿を寿ぐ合同の寿宴である。

玄白の令嗣伯元が寿筵を開き、金蘭の交りである大槻玄沢がこれを手伝って、門弟一堂に会して両師の長寿を祝い、蘭学の肇基（ちょうき）まさになるを賀した。

「鶴斎杉田先生六十寿序」

二師の門に学んだ大槻玄沢は、特に「鶴斎杉田先生六十寿序」を作って二師の業を称（たた）えた。元禄・宝永以来のわが医学界の動向から、蘭化師が蘭書解読の努力、鶴斎師が蘭化師に学び、かつ斯業を首唱したる努力を述べ、「奉教継志」の者として、二師の成業の名を失墜させることのなきよう年々に勉励これつとめているが、緒業についたばかりで、いまだに金声を得ていない。ただ伯元とともに戮力竭心して終身業の集成を願うのみであると誓のほどをのべ、かつ後進を鼓舞し、自覚を新たにした。

思うに、天真楼塾にならんで、ようやく芝蘭堂塾も隆盛をみつつあるとき、会した社中の諸士が歓談、また時を移して盛況そのものであったに違いない。

十二月六日にいたり、伯元がいよいよ外科に加えて内科を兼任し、七人扶持を給せられ、主君酒井侯の「御屋敷扣其外御用向相勤」を致すこととなった。翌寛政五年に、伯元は侯駕に陪従して小浜で金弐百疋の賞賜をうけた。

伯元、内科兼任、七人扶持を給せらる

玄白の重荷の一つが軽くなった。玄白自身も六月十五日、それまでの三十五人扶持を召し上げられ、かわって二百二十石を支給されることとなった。栄進したのである。

玄白、二百二十石を給せらる

翌寛政六年、伯元・扇の若夫婦に長男が生まれた。のちの恭卿である。玄白は六十二歳にして初孫を得たのである。

玄白の初孫、杉田恭卿

塾で『解体新書』を講じ、京坂地方に蘭学が広まる原動力となった小石元俊と玄白との交渉はその後も頻りに続いており、小石家にはこのころの玄白の書翰が現存している。

二　安岡玄真

玄白、伯元と安岡玄真の勉強振りに感心す

小石元俊から寛政六年の十一月十五日付の書状をもらった返書を玄白は十二月十二日に認(したた)めた。その一節に伯元と門人安岡玄真の近況を伝えている。「乍レ去、豚児(伯元)并ニ女(八曽)と一ツニ仕候積ニて引取候玄真ニ者、甚出精、逐々和蘭之医事相分申候、病因・薬能等意外之事共多、于レ今始ぬ事ながら、毎事感心仕候」とあって、伯元と安岡玄真の勉強ぶりに感心している箇所が注意をひく。内・外科兼帯、七人扶持の士となり、一児の親ともなった伯元が、殊の外精出している様子である。

安岡玄真、玄白の次女八曽の婿に嘱目される

安岡玄真は右の玄白の言にもあるごとく、玄白の養子となるが、素行問題から、やがて離縁され、のち寛政九年末に死去する宇田川玄随の跡を継ぐのである。しかし、ここでは、玄白の許で勉強振りがみとめられ、玄白から次女八曽の婿にと嘱目されている様子が報じられている。玄白が家塾における若い二人の研鑽振りに目を細めている姿が髣(ほう)

髴（ふつ）としている。

いうところの安岡玄真について、玄白は『蘭学事始』の中でその変転に富む人生を詳伝している。

安岡玄真

玄真、嶺春泰に託される

次いで、玄真、桂川甫周に託される

玄真は初め伊勢の安岡氏で、京都生まれの人であった。江戸へ出て岡田氏を冒したがまた本姓に復した。宇田川玄随の漢学の弟子であった。玄随がその才を認めて、蘭学に引導せんため、大槻玄沢に周旋した。玄沢の許に寄食したい望みであったが、事情あって社中の嶺春泰の許に託された。ところが春泰の病歿にあい、玄沢のはからいで桂川甫周の許に託された。しかし同家は官務と治業繁多なるため玄真の蘭学修業の素志を達することができない。この玄真の訴えをうけた大槻玄沢は玄白にこのことを相談した。

玄白のこの頃は、療術寸隙なき多忙な状態であったが、蘭学大成の本志はやみがたく、「数年の間見あたりし蘭書の分は大部の物といへども、力の及べる程は費えを厭はず購（つの）り求め」「自ら読むには暇あらずとも、ゆくゆく子弟らはもとより志ある人に借し与へてもこの道開くるための稗益たるべしと思ひ、数十巻を蔵」するようになった（『蘭学事始』）。年若く志篤き人を見い出して、「別に一女を妻（めあ）はし、養子となし、この業を遂げさせ、

玄白、玄真と父子の契を結ぶ

わが医道の未だ開けずして未まだ足らざるところを開きてこれを補綴（ほてつ）し、諸民の疾苦を広済なしたきものと朝暮心にかけし折」（『蘭学事始』）であったから、玄真を家に迎え「父子の契を結」んだのである。玄真は杉田玄白の蔵書を自在に披見して、日夜怠らず、時には夜を徹しての勉強ぶりであった。玄白の喜びも一入（ひとしお）であったのだ。

玄白、類焼

蘭書は一冊も焼かず

また、玄白が小石元俊に宛てた「二月廿二日」の日付を有する一翰には、「先以去冬近火ニて、致二類焼一候段御聞及之由、預二御尋一、忝奉レ存候、至て急火ニハ御座候得共、幸ニ老少無二怪我一退出、致二大慶一候、乍レ去雑具ハ不レ残焼失仕候、併蘭書分ハ一冊も焼不レ申、是ハ天幸ニ御座候」とみえる。

右の近火は寛政五年十月二十五日の大火を指すと考えられるから、翌六年の書翰である。

玄白は、自分自身はオランダ語に習熟してはいなかったが、後進のために可能な限り蘭書を購入し、架蔵していたのである。急の近火で家財道具を焼失したが、この蘭書の安全についてだけは手を尽していたとみえて、「蘭書分は一冊も焼き申さず」と誇っている。玄白の執念が滲みでている一句である。

三 『和蘭医事問答』出版

寛政五年の秋か六年の年頭頃からでもあろうか、杉田塾の門弟たちの間に一つの相談が持ち上った。建部清庵・杉田玄白の二老師が蘭学創始の頃に、労苦をねぎらいつつ蘭学・新医術についての問答をなし、その壮挙を喜びあった往復の書牘(しょとく)を上木(じょうぼく)しようというのである。

この相談は、伯元を中心に、大槻玄沢らが協力してまとまった。江戸の杉田家にある建部清庵の書牘と、一ノ関の建部家にある杉田玄白の書牘をあわせて編輯することから作業は進められた。伯元は一ノ関の兄由水(清庵の号を襲名)にもこのことを謀って快諾を得た。

建部清庵肖像
(早稲田大学図書館蔵)

「和蘭医事問答」出版

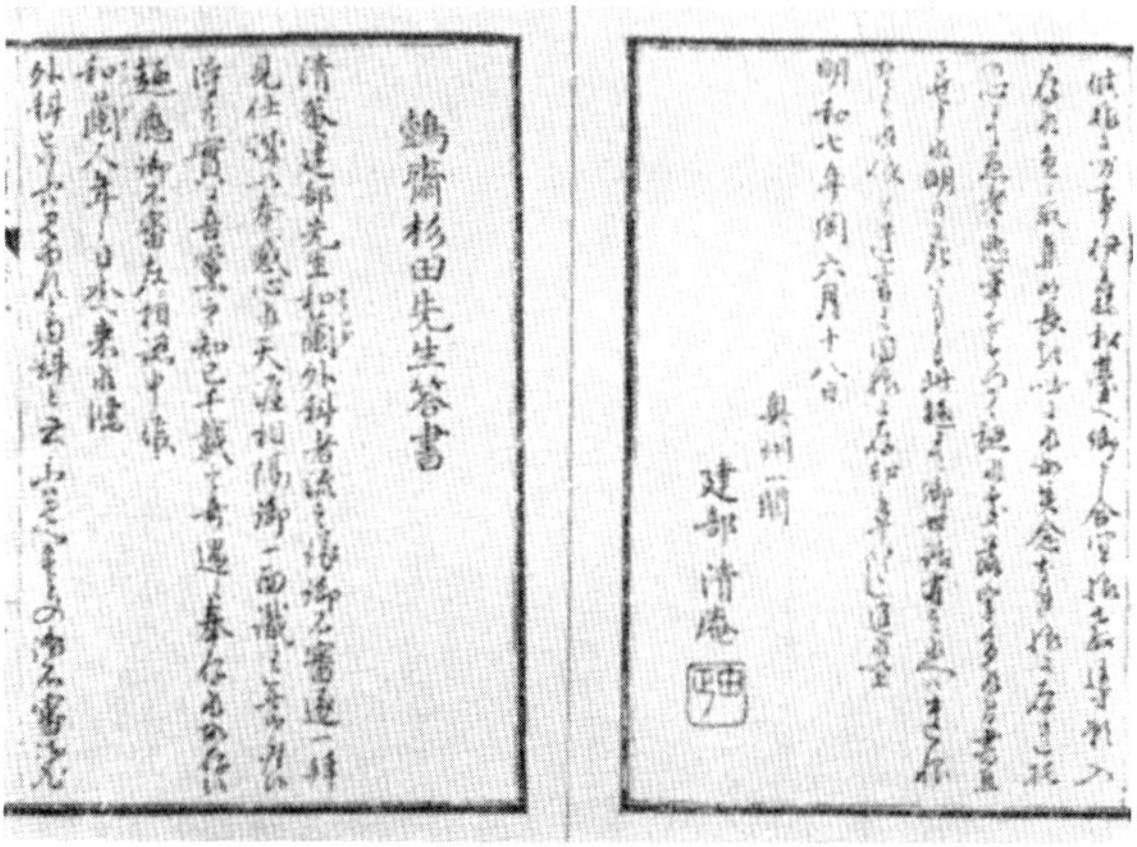
鷧齋杉田先生答書

明和七年閏六月十八日

奥州一關

建部清菴

杉田玄白と建部清庵との往復書翰である『和蘭医事問答』
清庵の第一問書の末尾と玄白の第一答書の冒頭

まず、清庵・玄白二師の尺牘のうち、最初の二往復分を上下二巻に仕立て『和蘭医事問答』なる書名を冠して上木することに一決した。寛政六年三月には、はやくも伯元の「跋」ができ、その秋には社中の宇田川玄随（槐園）から「序」を寄稿してもらい、翌七年いよいよ出版の目途もたって、春三月八日には大槻玄沢が「序」を認め、次いで六月には伯元がこの出版の経緯・凡例事項をまとめた「附言」を書いて完成に至った。奥付は次の通り。

陸奥一関侍医清庵建部先生
若狭小浜侍医鷧斎杉田先生 問答
男　若狭小浜医官　杉田勤士業校正

陸奥一関医官　衣関敬鱗伯龍

門人　伊豫松山医官　安東其馨子蘭輯録

陸奥仙台医官　大槻茂質子煥

『和蘭医事問答』出版の目的は新入の門人に対するオリエンテーション

伯元の「附言」が最もよく出版事情を解説している。すなわち、杉田玄白は翻訳事業を伯元や大槻玄沢に託してもなおかつ「近時先生之業、世に隆行」することとなり、塾中には「従游之徒」あるいは「社盟ニ与（くみす）ル者」日増しに多きを数える盛況ぶりを呈した。したがって新入の多くの門弟に対して、塾長はまず、この二師の往復書簡を示して、蘭学創始の来由と家塾の心構えを教諭した。つまり、この往復書翰が新入生に対するオリエンテーションの内容となったのである。

オリエンテーションの資料として利用されることが度重なるにつれて、原本の破損・紛失と、転写の誤りが増して真意を損う恐れのあることを憂いて上木を企てたわけなのである。奥付にみえる杉田勤士業は伯元、大槻茂質子煥は玄沢。衣関敬鱗伯龍は建部清庵の問書を懐にして、具眼の医師を捜し求めて江戸に出てきた士であり、玄白にとって最も早い頃の門弟甫軒である。安東其馨子蘭もまた玄沢の序文にも「與ニ同社阪其馨等ことあるがごとく、まず相談相手にあげられる古い塾生の一人であって、かつて『解体約図』出版の時に深く決意してその版行に当たった有阪其馨その人である。難事業の当初から同志を約して事業推進の任に当たった縁からであろう。安東姓を襲う身となったことはすでに指摘しておいた通りである。序を寄せた槐園宇田川玄随は実力を備えた社中の重鎮であったのである。

このようにみてくると、この『和蘭医事問答』の出版は杉田玄白の天真楼塾がいよいよ盛況を来たし、蘭学創始の事情を知らない入門生が増加してくるにしたがって、塾中の長老格である玄白の心の通（かよ）った門弟が伯元を中心に、一致協力して本書の刊行事業に当たり、斯学（しがく）ならびに社・塾の発展を祈念して行なったことが理解できるのである。

四　病論会

天明七年正月、産論会始まる

さて、あらためて玄白の『鷧斎日録』を最初からみると、玄白が毎月一度「病論会」なる会合に出席していることがわかる。特に天明七年正月二十日の条には「産論会初」とあるから、この種の会合の初会であったものかもしれない。会の名称も当初は「産論

病論会の定日は毎月八日、のち十一日に変更

会場は会員の廻り持ち

病論会のメンバー

俳諧の会・物産会・道具会・和歌会・俳会・詩会・軍談会・源氏会・絵会・書画会

会」「医者会」「医会」などといって、特に定まっていなかったが、やがて寛政元年から「病論会」に定着した様子である。

医学上の集会であったようで、期日も初期の頃は毎月八日が原則であったようにみうけられるが、のち寛政九年の頃からは十一日に変更したようである。会場は会員の廻り持ちであったことが窺える。当然のことながら、わが玄白も何回か会場を自宅に引き受けて責任を果たしている。

会員の名は全部を明確にしえないが、(石川)玄常・斯波栄碩・石□安哲・目黒道琢・川村寿庵・新富某・神戸周悦・加川某・新山某・利光・新城某・藤坂道恕・南前某・原長川某・山本済川など十数名を数えている。いずれも医師であるが、必ずしも蘭方医ではない。専門流派を越えて、知識の交換が行なわれた模様である。特にこのうちでも川村寿庵や藤坂道恕・新城の各氏とは病論会とは別に俳諧の会を度々開催している間柄であって、殊のほかうちとけた会員であったようだ。

「物産会」や「道具会」のような医学にも関連の深い会合をはじめ、「和歌会」「俳会」「詩会」「軍談会」「源氏会」や「絵会」「書画会」のような趣味の会から、時には「風土

記の会」といったような風変りな会にまで玄白は顔を出している。このうちでも俳諧・和歌・詩などの会への出席は、素養があったせいもあってか、頻度が高い。

塾と社との区別

『ターヘル＝アナトミア』翻訳に集った同志は、塾における師弟の間柄といったような上下の関係ではなしに、それぞれ独立の役割をもった平等な資格のメンバーであった。したがって、玄白はこれらの同志の集りを「塾」とは明確に区別して「社」とか「社中」という文字をもって記録している。それぞれの異なった藩に仕える医師たちが、平等の資格をもって参加した団体であったために、あえてこの語を用いて会の特質を表現したのである。このような自由な性格の会であったればこそ、未知の冒険的翻訳事業の一つ一つの訳語決定に、自由な意見の披瀝ができ、議論をたたかわすことができたわけなのである。かつ、そのことが事業の推進力となっていったことは『蘭学事始』の翻訳の苦心の下りに如実に描写されている通りである。

多士済々の会のマネージャー格に玄白のような人が当たっていたということは、非常に幸いであったといえる。杉田玄白という人は「病論会」をはじめとする、いろいろな会に出席し、多方面の人々と接触して、それが長続きする、というような、広く・弾力性に富む性格の持ち主であったと思われる。

五　蘭学社中の雰囲気と盛況

『ターヘル＝アナトミア』の翻訳事業が輝しい成果を収め終えて、メンバーの一人一人はそれぞれ門弟をとって、新たに首唱した「蘭学」を教授するまでに成長した。前野塾・杉田塾・桂川塾などがそれらの塾である。これらの私塾に学んだ者の中から有能な蘭学者が輩出して、次々に開塾することとなる。

前野良沢の門下

前野良沢に師事した人については、大槻玄沢が『蘭学階梯』の「立成」の項において、

是レヨリ〆同好ノ二－三子、尾滕　鶚斎・淳庵・月池・龍橋・嶺・石川・桐山・東溪・東蘭・順卿・淡浦・槐園・江漢ノ諸子及ビ余茂質（しげかた）ガ輩其門（前野良沢）ニ従游シ、其ノ読書文ノ法ヲ習得、

と記している。右のうち鶚斎は杉田玄白、淳庵は中川淳庵、月池は桂川甫周、龍橋は朽木昌綱、嶺は嶺春泰、石川は石川玄常か石川七左衛門大浪のどちらかであろう。桐山は桐山正哲、東溪は有阪其馨（子蘭）、東蘭は建部由水（亮策・清庵）、槐園は宇田川玄随、江

漢は司馬江漢、茂質は大槻玄沢その人。いずれも江戸における初期の蘭学者たちである。

杉田玄白の天真楼塾には、有阪其馨・衣関甫軒・建部亮策らに次いで、大槻玄沢や建部勤（伯元）・安岡玄真ら門弟が増え、なかんずく玄沢・伯元・玄真などは、さしずめ優等生の部類であろう。

社中

一方、蘭学の興隆・発展を期して、玄白らは私塾の枠を越えて同志の横の連携を保ちつづけた。これが『ターヘル＝アナトミア』訳述・刊行後における社中の発展である。この社中には公儀の奥医師をはじめ、各藩に仕える藩医に加えて、朽木昌綱のような藩主から、町医にいたるまで、各種の階層の人々が加わる傾向であった。社中をマネージする玄白の性格が、弾力性に富む博交の性格を備えていたから、一層人的色彩は、華やかさを加えていく傾向がみられた。

新元会

右のような蘭学者の社中の様子を、先には前野良沢・杉田玄白両師の合同賀宴の模様から窺い知ったが、なお、大槻玄沢が学塾芝蘭堂を会場として開催した「新元会」において、より象徴的に観察することができる。

蘭学界の長老、前野良沢の古稀と杉田玄白の還暦を祝う合同賀宴が伯元によって開催

おらんだ正月

市川岳山「芝蘭堂新元会図」

されてから二年目、寛政六年閏十一月十一日、大槻玄沢が社中の蘭学者を家塾に招いて、いわゆる「おらんだ正月」の賀宴を催した。この日が丁度西暦の一七九五年一月一日に当たっていたため、この新年を祝ったものである。この時の会集の模様を大槻玄沢の門人の市川岳山が描いている。この図は「芝蘭堂新元会図」と呼ばれ、永く大槻家に伝来したが現今早稲田大学図書館の所蔵に帰している。

元 会 図

早稲田大学図書館蔵）

図では二十九人の盟友が、三机連結の席に肩を接して円坐している。机上には酒肴の用意があり、各人の前には箸はなく、小皿と散蓮華（ちりれんげ）、それに添えてワイン＝グラスとフォークにナイフがみえる。

芝蘭堂新
（市川岳山画，諸家賛，

いかにも蘭学者の会合にふさわしい。床には一角ウニコールの掛軸を掛け、違棚には洋書が二冊あり、筆立の中には鵝ペンもみえる。中央の壁にはヒポクラテスかもしれない画像が掲げられている。この新元会の賀宴が、一つには漢方医が冬至に神農を祭るのに対して、蘭方医が西洋の名医の肖像を掲げて、斯業の発展を期する意味をももっていたのである。

二十九人の名は記録されていない。しかし余白には会集の諸士がこもごも賛文を寄せているので幾人かは推測できるのである。

蘭学会盟引
大黒屋光太夫
森島中良

主催者大槻玄沢が「蘭学会盟引」を作って、岡田甫説がその文を図中に書した。賦詩を掲げて署名を加えた人々は、万象森島中良・宇晉宇田川玄随・唐橋進・蘭斎江馬元恭・杉田勤伯元の諸士である。大槻如電氏の見解にしたがえば「正面に扇面ひらき文字かくは大黒屋光太夫（魯国漂流人）、其左なる法体の人は森島中良と覚ゆ」（『磐水存響』）とある。

享和元年の十一月二十八日の新元会の際には、前の寄書の床の間の上の余白に木邨貞公幹文が題言を加筆している。その文中に、

初受二荷蘭医学於蘭化・鷧斎両夫子一、盛唱二翻訳之業一、儼然執二牛耳盟壇一者十数年、於レ此毎年冬至之後十二日、会二諸賢於芝蘭堂一、堂即先生之堂、日蓋荷蘭元朔之日、而人則皆従二事於斯学一者也、……

とあるところをみると、前野良沢・杉田玄白も年々の新元会に招待されたらしい素振りであって、けだし当然のことと思われる。蘭学に従事する諸賢が、この日、芝蘭堂に会するのであって、「堂即先生之堂」といっているところに留意したい。初めの「堂」は新元会の開催される会堂（会場）という意で、これが即ち先生（玄沢）の堂（芝蘭堂）でもあ

るという意味に受けとれる。すなわち、初めにいう「堂」は単なる一箇の学塾ではなく、むしろ塾というような枠を越えた広い自由な会堂の意味が含まれているのであって、さしずめ蘭学者の自由でなごやかなサロンといったところである。ここで、仮に真剣な蘭学上の談話でもあれば、蘭学者の年次総会といった観を呈するであろうし、会食・歓談のひとときに移れば総会後の懇親パーティといった雰囲気になる。近・現代の学会風景に似通う光景といって差支えなかろう。

稲村三伯

『ハルマ和解』

さらに、この余白に署名を加えた人には、稲村箭と五瀬市川邕とがある。稲村箭は芝蘭堂門下の四天王の一人稲村三伯その人である。のち海上随鷗と称し、玄沢のすすめにより、石井庄助や宇田川玄真らの助力を得て、フランソア＝ハルマの蘭・仏語辞書を手懸りに、寛政八年、本邦初の蘭日辞書『ハルマ和解（わげ）』を作った出色の士である。市川邕は新元会図を描いた市川岳山である。

前述もした通り、この新元会は大槻玄沢によって年々催されたようで、会を重ねるにしたがい、当日の祝宴には各種の趣向が凝らされたようである。

早稲田大学図書館の収蔵に係る『芸海余波』と題せる貼込帖には、寛政八年の蘭学者芝居番附と、寛政十年十一月二十六日、すなわち一七九九年一月一日付の蘭学者相撲番附の二種が貼り込まれている。これらの番附は、記載内容から、それぞれ芝蘭堂の新元会賀宴の際の余興として作製されたものであることがわかる。

この二種の番附には、寛政八年・十年度に活動していた蘭学者達が勢揃いしてその名を連ねている感じがする。殊に相撲番附はその性質上、当時の蘭学界における彼らの地位までも表明していると思えるわけで、頗る興味深いものがある。また芝居番附の役名には彼らの性格や業績が暗示されているようで、これまた見逃すことはできない。

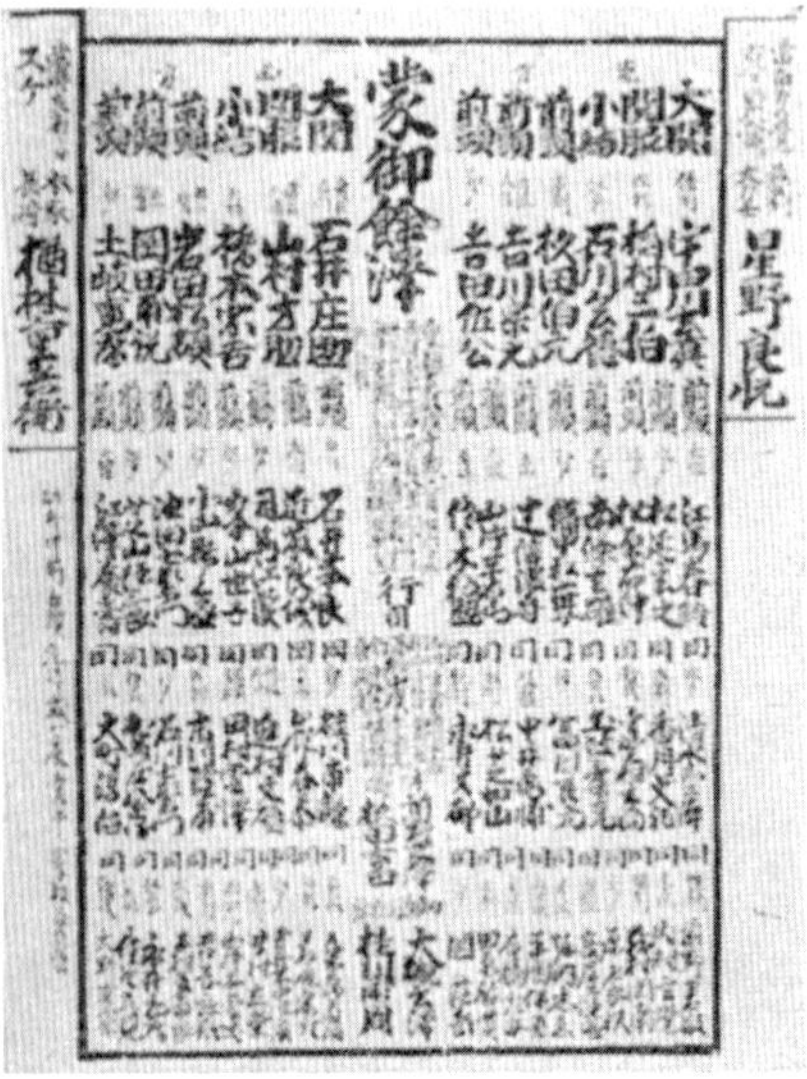

蘭学者相撲見立番附（早稲田大学図書館蔵）
寛政十年十一月廿六日すなわち西暦1799年1月1日。

相撲番附は、中央の上部に「蒙ニ御余沢ニ」と大書し、その下に、

皇朝寛政戊午歳十一月廿六日大
西洋壱千七百九十有八年「ニューウヱ
ヤールダク嘉ニ宴於槲蔭芝蘭堂ニ
社中會集、蘭学花相撲取合興
行仕候。

番附にみえる蘭学者達

とある（但し寛政十年十一月二十六日が一七九九年一月一日に当たるから、一七九八年とあるは一七九九年の誤記）。次に「行司」として立行司福知山侯（朽木昌綱）を中心に石川玄常・桐山正哲・今井松庵・桑名侯（松平忠和）・桂川甫斎（森島中良）・安井一庵・吉益要人・建部清庵・中川仙安の計十人が二段に連記されている。さらにその下に「年寄」として前野良沢と杉田玄白の二名が並記され、最下段には勘進元大槻玄沢と差添桂川甫周が並んで記してある。ここまでが、その顔触れからしても斯界における長老格とみて差支えなかろうかと思われる。

そして、東西両側に、各一名の張出力士があり、東方には「当角力の骨 古今の大当り 芸州大力士 星野良悦」とあり、西方には「当時在府ニ付スケ 本家長崎 楢林重兵衛」とある。星野良悦は玄白の『鷧斎日録』

星野良悦
「身幹儀(＝木骨)」

土岐柔克
中井厚沢

の寛政十年十一月二十五日の条に「星野良悦詮議持参」と記されているその人である。星野が自製の木骨を携えて訪れたことなのである。良悦は持参の木骨を「身幹儀」と命名していたから、玄白が記す意味不分明の「詮議持参」は「幹儀持参」と受け取れそうである。玄白はこの頃眼をわるくし「不快在宿」を続けていた折でもあったから、枯れた筆の穂先がなお一層不自由に走って、わかりにくくなってしまい、判続に困難を来たしているものかと判断されるところである。

星野良悦は広島の人で代々の医師。脱臼者の治療を動機に人体骨格を実地に究明する必要を決意し、刑屍二体を解剖してその骨を得て、その構造を知り得た。さらに『解体新書』とも比較して西洋医術の進歩に感服した。この骨を工人原田孝次に模刻せしめ、原寸大の木製骨骸模型いわゆる「木骨」を得ることができ、真骨を得ることの困難な当時において、木製により整骨術の基礎確立をはかることを目的としたのである。寛政十年秋、門人土岐柔克（のち星野の養子となる）・中井厚沢・富川良元を帯同して東遊のうえ、玄白・玄沢・甫周らに見せて西洋の説を問い質したのである。大槻玄沢は『解体新書』の重訂中であり、その「重訂スル所ノ骨骸諸篇ヲ取リ」これと木骨とを比較対照してみると、「幹肢・関節・開闔・交会・大小・長短・隆起・凹陥・尖円、其ノ細溝・小孔等ノ微ニ至一一吻合ス」という正確さをみて嘆賞した。

星野が玄白を訪れたのが二十五日で翌二十六日が新元会であったから、まさに江戸の蘭学会におけるトピックスであり、良悦らは当日嘉宴の花型であったのである。土岐・中井・富川はこれを機に芝蘭堂に入門した。星野は翌年一月帰路、小石元俊をたずね木骨を披露した。元俊は讃嘆して措かず、「賛ニ身幹儀一後贈ニ星野良悦一」なる五言詩を作って贈った。

星野良悦はまさに「当角力の骨、古今の大当り」であったわけである。

楢林重兵衛

楢林重兵衛は長崎の大通詞を務め、吉雄幸左衛門と交互・相前後して参府随行して来たこともしばしばであったヴェテラン通詞で江戸の蘭学者にも馴染み深く、当時たまたま在府していたため、新元会に招かれた遠来の珍客であったのだ。

番附の東西力士は大関には作州の宇田川玄真と奥州白河の石井庄助（阿蘭陀通詞出身で松平定信の臣となった）。関脇は因州の稲村三伯（『江戸ハルマ』作成）と常州土浦の山村才助（地理学の異才）。小結は江戸の石川玄徳と大坂の橋本宗吉（芝蘭堂に学んで帰坂し関西蘭学の中心となる）。前頭は以下東西交互にあげれば杉田伯元・羽州庄内の岩

田松碩・美濃大垣の吉川宗元（前野門下）・石州浜田岡田甫説・江戸吉田佐公・江戸土岐寛庵・大垣江馬春齢（前野門下）・石川石井文十郎・水戸松延玄之（芝蘭堂）・庄内近藤良儀・備中松原右仲（銅版製作）・江戸司馬江漢（天文窮理、銅版画）・大垣南条玄雄・江戸峯山世子・江戸備中松山世子・江戸北山県之亟（北山寒巌、洋風画）・京辻信濃守（蘭室）・江戸池田七左衛門・大坂山片平右衛門（升屋）・江戸芝山源三良（小普請組頭で『聚珍画帖』を出版。実父鈴木隣松ゆずりの西洋趣味、蒐蔵家）・長崎佐々木礼助・大垣江沢養寿・水戸清水雲礼・江戸桂川甫謙・芸州香月文礼・高崎嶺春泰・越後宇賀村玄簡・予州松山進村文碩・芸州土岐柔克・長州清末田村雲沢・芸州富川良元・相州市川隆甫・備後中井亀輔（厚沢）・江戸石川七左衛門（大浪、旗本、洋風画家）・因州松芝如山・勢州加富屋八兵衛・紀州永井文郁・京大町淳白・豊前中津前野君敬・米沢桑島貞伯・米沢内村玄覚・山形若尾宗順・勢州越村図南・江戸豊前中津侯（蘭癖大名奥平昌高、のち『蘭語訳撰』出版）・江戸原養沢・尾州野村立栄（名古屋に蘭方医学を普及）・津軽高屋棟助・因州岸本雲丈・米沢堀内忠意（林哲、玄白門下、上杉鷹山の侍医となる）・奥州吉岡良珉・丹後平岡伴吾・大坂木村多吉良（蒹葭堂、酒造家、博物学者）・美濃唐橋順安・仙台永井元庵・紀州田原祐賢・笠間佐野立見・江戸岡荘岳・越後大野甫察の多士済々。

西方欄外には「此外中前相撲老込ミ或ハ廃業之輩数多御座候」と断わっているが、蘭学創始の頃、『解体約図』『解体新書』訳読・出版の頃に、苦労を共にした同志でその名のみえない者もみうけられる。草創期からの同志はいずれも、年寄・勘進元・行司などの位置が似つかわしい老大家となっている。東西の陣容は、若々しい次代の俊秀にかわり、北は津軽や奥州から南は長崎・豊前中津にいたるまで、階層を越えて相会し、蘭学という一つの土俵の上で、各自が専門とする分野の技量をふるって斯学の発展のため四股を踏むといった様子を読みとることができる。このようにみてくると、この一枚の番附は、誠に蘭学社中の盛況と内容の進展を余すところなく表示しているものと思えるのである。

六　日記と書翰から

蘭学に関心を寄せ、手を染める者が各地・各層にわたって広がると、玄白の交際範囲も一層その広さを増していったようである。

簡潔な玄白の日記『鷧斎日録』は日常の諸事の多くを記録していない。また交わされた書翰の大方は失われてしまって、交友・門下生をすべて把握することはできない。しかし、その簡単な日記の行間に、あるいは、わずかに遺された書翰の端々に、老境の玄白がなお精一杯活動を続けた、その行動と思索の方向性を伝え、人間性をも伝えていると思われる。

玄白がみた夢

寛政九年夏、養子伯元が牛込屋敷に勤務した留守中の七月二十八日、玄白は夢をみた。

> 寺は何所ともしらず、別伝長老立セ給へり。其所より如何して移り行けん。先々長安精舎(しょうじゃ)の丈室に至り、監察大和尚に参禅し侍れバ、傍に姉君おはしましけり。吹風いと寒く衣ほしと思へバ、父上の命蒙りて旅の空ニ出立用意に心いそがしく、手足達者に振舞へバ夢は覚(さめ)たり。

と。

> 指折数れバ其人々ハ黄泉(よみ)に帰して三十・四十の年を経ぬ。健なるも夢の夢にて、百骸故(もと)のごとし。

それは、秋の夜の覚めてははかない夢物語である。所も人も実在の記憶が織りまざっている。長安精舎はあの間宮主水次郎長安にゆかりの蔵敷にある長安寺を想い浮かべそうであるが、矢来の小浜藩邸内に設けてあった酒井氏供養の寺。幼い日に父と過した所であり、長じてからも父に会いに通った想い出の場所である。

その想い出の場所を背景に四十年前の姉の姿が夢に現われた。系図上、宝暦三年六月十一日に歿した智光院夏月恵照信女であろう。二十歳そこそこで亡くなった若い姉を玄白は殊のほか慕っていたのであろう。母を知らない玄白にとって、父や自分を何くれとなく世話してくれた姉の在りし日の所作を夢にみたのである。覚めてはかない夢の語らいであった。玄白にとって幻（まぼろし）の母とも思い定めていた幼い日の心の復活であったかもしれない。

姉に母の面影をみる

寛政九年十一月二十二日、十月なかば以来雨らしい雨も降らず乾燥しきった江戸の街のこの日は、昨日来の北西の烈風が吹き荒れ、朝五ッ時（八時）ごろ佐久間町あたりから出火、薬研（やげん）堀へ飛火して、それより新大橋に向けて飛火、一帯を焼き尽して夜九ッ時（十二時）頃に至ってようやく木場のあたりで鎮火した。江戸の花とはいえ、まことに日を接して諸所に火事の声を聞く江戸の街ではあった。

大火

この烈風下の大火で玄白もまた罹災、二十四日ひとまず万年町の三左衛門の長屋の一隅を借りて引移り、後始末にとりかかった。二十六日には藩からも火事御借金が下し置かれ、伯元にも別に貸し出された。先年来父子別宅を持っていた故と思われる。

十一月末になっても雨降らず、所々で出火頻々。二十九日の条には、

　雨降の歌

此頃の　民のなげきを　あわれミて

　八大龍王　雨降りたまへ

と雨乞いの一首が書き付けてある。また越えて、十二月二日の条にも、

　災後漫成

灰塵遠接二海東雲一　街陌縦横路不レ分

天運人□春色近　携レ樽将問二野梅薫一

焼野原を酒樽かかえて梅薫を問う

の賦詩(ふし)がみえる。一面の焼野原、海は東雲に連なり、街路も不分明なる混乱状態が想像される。遠近に火の声を聞きながらも高齢の玄白は比較的元気そうで、酒樽を携えて焼野を通って梅薫を問うだけの心の余裕を持っている。今度もまた架蔵の蘭書を焼かず助けて機嫌がいいのかもしれない。十一日の原氏宅で催された病論会にも相変らず出席して議論に参加している。

玄白の年収

例年のことながら、大晦日に玄白は一ヵ年間の収入を記録している。当年は、思わぬ

杉田玄白の年間収入

年次	西暦	収納薬礼	拝料金	合計
安永8	1779	両 分 朱	両 分 朱	250両1分 朱
9	1780			273 3
天明3	1783			305 2
8	1788			380 1 2
寛政元	1789			445 3 2 (別に伯元分5両)
2	1790			460 1
3	1791			433 1
4	1792			475
7	1795	401 2 2	75 3 2	477 2
8	1796	476 2 2	67 3	544 1 2
10	1798	483 1	76 2	559 3
12	1800			621 1 2
享和元	1801	633 2 2	10	643 2 2
2	1802	514 1	10	524 1
3	1803	573	10	583
文化元	1804	428 1 2	10	438 1 2 (病客不財収納減 世上窮困可嘆)

火災にあたったために「当年災前不ニ相分一」といいながらも「歳暮分受納金百六十四両弐分」と記している。玄白の名は上下遠近に知れわたり、まさに未曾有（みぞう）の流行医であった。罹災による同情も手伝って、思いのほか掛け取りが順調にいったかもしれないが、下半期の短期間に百六十四両弐分の収入を得たことは大きい。江戸時代に一管の筆で生計を支え通したかの流行作家滝沢馬琴が、もっとも脂の乗った時期の天保二年六十五歳の年間収入でさえも、雑収入込みで四十両を越えなかった（麻生磯次『滝沢馬琴』）ことと比較するとき、玄白の収入の桁外れ（けたはずれ）に大きいことがわかり、その流行ぶりが想像される。

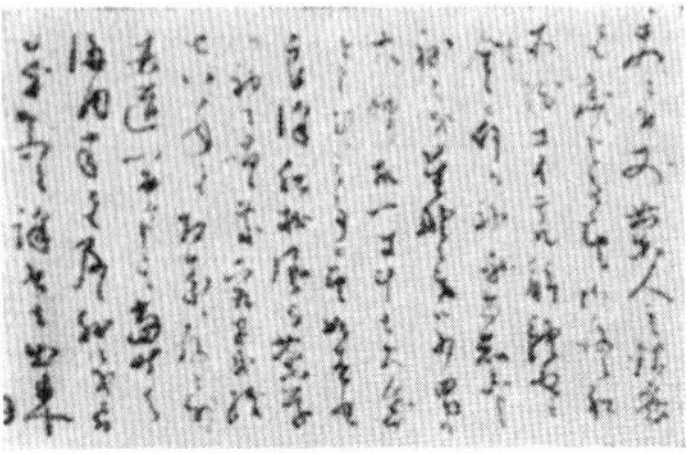

玄白の新宅は翌寛政十年秋に出来上り、九月二十二日に引越した。

その冬眼疾に苦しみ、「不快在宿」と日記に書き記す日が続いたが、星野良悦が携え来った木骨をみて驚嘆した。このことはすでに述べた通りである。なお、この星野の木骨の評もかねて小石元俊と書牘の往復があったことを玄白書翰によってみて

（京都市，小石秀夫博士蔵）

コイテルの解剖書

蘭学の初は明和八年

小石元俊宛の杉田玄白書翰（部分）

みよう。

寛政十一年三月二十八日付の小石元俊宛玄白書翰をみると、玄白が星野の木骨を「丹精成事」と感心していることと同時に、木骨と蘭書の挿図を比較して、改めて「蘭人之精密ニも感申候」といっている点も注目しなければならない。特に「私所持コイテル解体書ニ合せ候ニ」と述べているところをみると、玄白がコイテルの解剖書を架蔵しており、それと星野の木骨とを比較して、その精微さを確かめたことが判る。

この年、六十七歳に達した玄白は甚だ老衰におよんだと述懐しながらも、前野良沢らとふと蘭学を唱道して以来「最早二十七‐八年にも相成」といっている。二十八年前といえば明和八年の小塚原（骨ヶ原）で観臓と『ターヘル＝アナトミア』翻訳開始の年に当たる。玄白は明和八年の挙をもって「蘭学の初」と心に決めていたことがわかる。その時以来、蘭学がわずかの間

蘭学、海内半ばに普及

に思いのほか大きな進歩を遂げ、今では「海内半ばにも」普及して、訳書も色々出来てきたと、感慨深く回想している。蘭学の発達・普及の度合を描写した貴重な一句であるといわねばならない。

辻蘭室・大町淳伯

またこの書翰で玄白は伯元や玄沢の出精ぶりに期待して、この学も「人里ちかくなりにけり」との評を与えており、京都の辻信濃守（蘭室、久我家の臣）や大町淳伯らも蘭学出精の様子で、ともに文通によって玄沢から教えをうけていた模様を明らかにしている。また「其方ニてもハルヘイン御翻訳思召之由」といっているが、これは小石元俊が大坂滞在中に橋本宗吉をして訳させた元俊珍蔵のパルヘイン Johannes Palfijn 1650—1730（ベルギーの解剖学者）の解体書（原本、初版一七一九年、再版一七四三年）を指している。伯元・玄沢・辻・大町・橋本それぞれ「相撲番附」に名のみえる人たちであり、蘭学の時代は、草創期を過ぎ、次代に移行しつつあることが明確に示されている。

北辺の急に刺激されて蘭学重視さる

さらに「近来ヲロシヤ之事ゟ初り、折々官家ニても西洋学之事御用相立申候義出来、桂川氏抔訳被二仰付一候事御座候、此節ハ蝦夷御開キニ付、蘭学ニ志有レ之者共御用も被二仰付一、追々蝦夷地へ渡海ニて御座候。是天より所レ命かと奉レ存候。乍レ去又衰世之故ニ桂川甫周『魯西亜志』
前野良沢『魯西亜本紀同大統略記』
甫周『北槎聞略』
志筑忠雄『魯西亜志附録』
吉雄幸作『魯使北京紀行』
阿蘭陀通詞の蘭書和解掛
吉川宗元

哉と嘆息も仕候」ともいっている。蘭学が寛政四年のラクスマン来航いらい、北辺の急に刺激された幕府によって重視されだしたことを指摘している。桂川甫周に翻訳が下命されたこと、これは甫周の呈上した『魯西亜(ロシア)志』を指すと思われる。北辺問題に対応するこの期の訳述をあげれば、前野良沢も寛政五年に『魯西亜本紀同大統略記』をものし、翌六年には甫周の『北槎聞略(ほくさぶんりゃく)』ができている。七年には長崎の志筑(しつき)忠雄が『魯西亜志附録』を、同じく吉雄幸作が『魯使北京紀行』をものしているなどのことは、幕府いやわが国の直面している難事がいかに重大であったかを物語っているものとみなされよう。寛政九年には長崎の阿蘭陀通詞の吉雄幸作・楢林重兵衛・西吉兵衛らが蘭書和解(わげ)掛を命ぜられ、併せて少年訳司の試業を規定せらるるにいたっているのである。玄白の書翰の文面はこのような社会的情勢をふまえたものであって、前野良沢が寛政八年の末に大垣藩医吉川宗元に贈った書翰の中で「崎陽(きよう)訳家も上より御世話御座候故出精之由風聞仕候」と伝える文言と好一対をなしている。

親交を重ねている小石元俊が寛政十一年四月に丹後田辺侯牧野佐渡守宣成に召されて田辺に往診した。その後、同侯が江戸滞在中にも元俊を召されたので、寛政十一年八月と翌十二年四月の二回出府のうえ診察・加療した。寛政十一年の夏の際は、玄白は元俊を迎え旧交を温め、かつ臨床家元俊に世子（藩主酒井家の公子）の持病の診察をも頼み、元俊の都合問合わせに腐心している。格式ある藩邸への往診の複雑さに加えて、名医を頼み、他藩の医師を依頼するとなると、その間の都合を打合わせるだけでも一通りでない様子が玄白の書翰に表われている。それだけ玄白が元俊の臨床家としての実力を十分認識して、細心の配慮をもって迎えようとしている様子も窺える。

小石元俊、酒井家世子を加療す

元俊の酒井家世子の診察は九月の十九日に、灸による加療は同二十四日に叶ったようである。玄白の日記がこれを記している。そして翌二十五日に玄白は元俊へ礼状を贈ってその労を謝している。

玄白が夙（つと）にその実力を認めていた宇田川玄真の小石元俊宛書翰をみてみよう。三月十二日付であるが、文中「去歳は度々得二拝晤（はいご）一」とあるから寛政十二年三月十二日のものであると思われる。小石元俊は寛政十二年の四月に三度目の東遊をしているが、田辺侯の治療を行なっただけで閏四月には江戸を発っているから、「度々得二拝晤一」という余裕はなかったものと思われるからである。

『内科撰要』

玄真の書翰中には、

（前略）内科撰要之義御世話被レ下候之旨忝存候。此度先草稿三冊上申候間、御熟覧御校正之上御出板可レ被レ下候。先人（随玄）之時ゟ三冊づゝ出板仕候間、先三冊御刊行奉レ希候。尚亦追々写し出来次第差上可レ申候。尤二冊は板下之積りニ御座候。乍レ去是も再三御校覧可レ被レ下候。一冊ハ唯今出来不レ仕候故、先其儘上申候。御地ニ而板下被二仰付一可レ被レ下候。段々跡六冊も出板可レ被レ下と存候間、早々出来仕候様奉レ希候。

○去歳も一寸御咄申候、鄙稿内景図説、去年ゟ致々草稿出来仕候。是も何レ大庇ヲ以刊行仕度奉レ存候。大抵二十巻ほどニ相成可レ申候。此書は誠ニ内景之大成ニ御座候而、数部之解剖書ヲ訳定仕、至而精密ニ御座候。是は別而御斧正相願度奉レ存候間、出来次第入二御覧一可レ申候。此義ニ付何卒御面晤仕度、縷々御相談申度奉レ存候。（下略）

とあるが、これは『内科撰要』と『内景図説』の訳稿を報じているのである。『内科撰要』は養父宇田川玄随（槐園）がJohannes de Gorter: Gezuiverde Geneeskonst, of korte onderwijs der meeste inwendige ziekten, Amsterdam. 1744. を訳して、一度寛政五年に出版し、西洋内科書の権輿(けんよ)となっていた。彼はなお増訂版の筆をすすめつつあったが、寛政九年に惜しくも歿した。したがって玄真のいう『内科撰要』は一七七三年版によって校注し、門人藤井方亭の増訳を加えた『重訂内科撰要』のことである(文政五年刊)。『内景図説』とみえるのは『遠西医範』三十巻のことである。「此書は誠ニ内景之大成」で「数部之解剖書ヲ訳定」したと玄真自らが報じたごとく、実に精緻を極めたものであった。病弱な玄真は本書の出版を強く希望していたが、出版の運びには至らなかったらしく、原本はのちこれを要約して『医範提綱』三巻として文化二年に出版され、附図銅版図一帖は文化五年に刊行された。『遠西医範』はブランカール・パルヘイン・クルムスを参照し、『医範提綱』の一枚が『遠西医範』では四十一枚にも亘っている箇所さえある。本書翰により、出版には元俊が力を貸していること、そして元俊もまた玄真の実力を認めて門弟を入門させていることがわかる。その際、玄真が「其内にも漢学有レ之之人物御択御越被レ下度」と入門資格の条件を附している点は注目すべきである。当時の翻訳が現今のような口語訳ではなく、玄白らの『解体新書』以来、訳読して漢文に仕立あげるまでが、蘭学者の

藤井方亭

『医範提綱』

『遠西医範』

いう翻訳であり、漢学の素養なしではすまされなかったことが理解できるのである。

享和元年一月二十一日、この日玄白は蔵前と近所の病用をすませ、夜に祝宴を開いた。それは宝暦二年二十歳で藩の仕籍に加えられて以来、五十年間の勤務を果たしえた喜びの賀宴であった。生来病身の玄白が、よき主と理解ある老臣のもとで勤続できたことは喜びに堪えなかったことであろう。それに加えて新しい学問の世界を拓き得た安堵の心が昨今の玄白の生活を充実せしめて、これも喜びであったに違いない。『鷧斎日録』には、

五十年勤続の宴

夜五十年勤仕賀、上下大夫来宴。

と、例によって簡潔に書き留めているにすぎないが、門下生や社中をはじめ、玄白から診察を受けた「上下大夫」の多くが祝意を表しに訪れ、一昨年夏七月二十八日の条に「小詩仙堂柱立」と書き留めていた、その玄白愛用の小詩仙堂は参会者接肩(せっけん)して盛宴であったと思われる。

小詩仙堂

玄白は寛政六年に生まれた伯元の長子である玄白の初孫靖を殊のほか可愛がっていたとみえ、この夜改めて名を松鶴と与えたのである。その改名の心を一首に託して、

松鶴

嫡孫が名を松鶴と改けるとて読める

けふよりハ
　千年の松に　宿りして
　　行末長く　遊べ友鶴

と披露した。玄白は鶴を愛でた。「遊べ友鶴」の鶴は一昨年の寛政十年の暮に生まれた伯元の第二子にして孫娘の「鶴」にもかけて、松鶴と鶴の兄妹が共に末永く遊び育てよ、との願いを込めたものかと解せられる。あの「百鶴図」の絵心にも相通じる、玄白が家庭における好々爺振りの一景ではある。

杉田玄白著『養生七不可』享和元年施印
（静嘉堂文庫蔵）

伯元の勤務も順調のようで、この年の夏、君侯の駕に従い、小浜でその労をねぎらわれ、金二百疋の下賜を受けた。

その同じ夏、江戸の玄白が、八月

五日に、古稀の前年、いよいよ有卦に入る日に当たるというので、一族や門人が祝宴をはり、不の字のついた七品を贈って玄白の健康を祈った。そこで玄白は、子孫のため養生の大要を七不に因んで書き記し『養生七不可』と題して旋印することにした。いうところの養生七不可とは、

『養生七不可』

一、昨日の非は恨悔すべからず。
一、明日の是は慮念すべからず。
一、飲と食とは度を過すべからず。
一、正物に非れば苟しくも食すべからず。
一、事なき時は薬を服すべからず。
一、壮実を頼んで房を過すべからず。
一、動作を勤めて安を好むべからず。

の七ヵ条である。各条下には和漢蘭の諸書や実例を引いて周到なる解説を試みている。

『病家三不治』

末に大槻玄沢が師に倣って作った「病家三不治」を附している。玄白は「是は医家たる人は能く知れる所なれど、其業にあらざるものは知らざる所もあるべしと、（中略）易か

らむことを要とし、俗談を以て著述せり」と、いい添えているが、今日も立派に通用する養生法ではあるまいか。

第十一　晩年のいとなみ

一　古稀の頃──「鶴亀之夢」──

子供や孫に囲まれて、いよいよ古稀（七十歳）を迎えようとする玄白が「鶴亀之夢」という戯文をものした。

「鶴亀之夢」

玄白愛用の文房具が自慢話

享和元年の十月晦日の夜半、玄白の書斎で愛用の文房具が酒宴を開いて身の上の自慢話をした話である。

原文は『鷧斎日録』の十二月五日の条にも記されている。翌春、古稀を迎えた玄白は、知人に請われるまま、友人の文人画をよくする後善斎主人に頼んで硯・筆・墨・鶴の筆架（ひっか）・亀の文鎮・蝶の筆洗・兎の水入などの絵を加えて一幅に仕立てて贈り、その写しは清書したまま手箱の中に入れて忘れてしまった。

のち天保三年に至り、伯元（紫石）が自分も古稀を迎えるに当たり、親族・知友から祝

柴野栗山、玄白の文才を賞讃

鶴亀の夢の内容

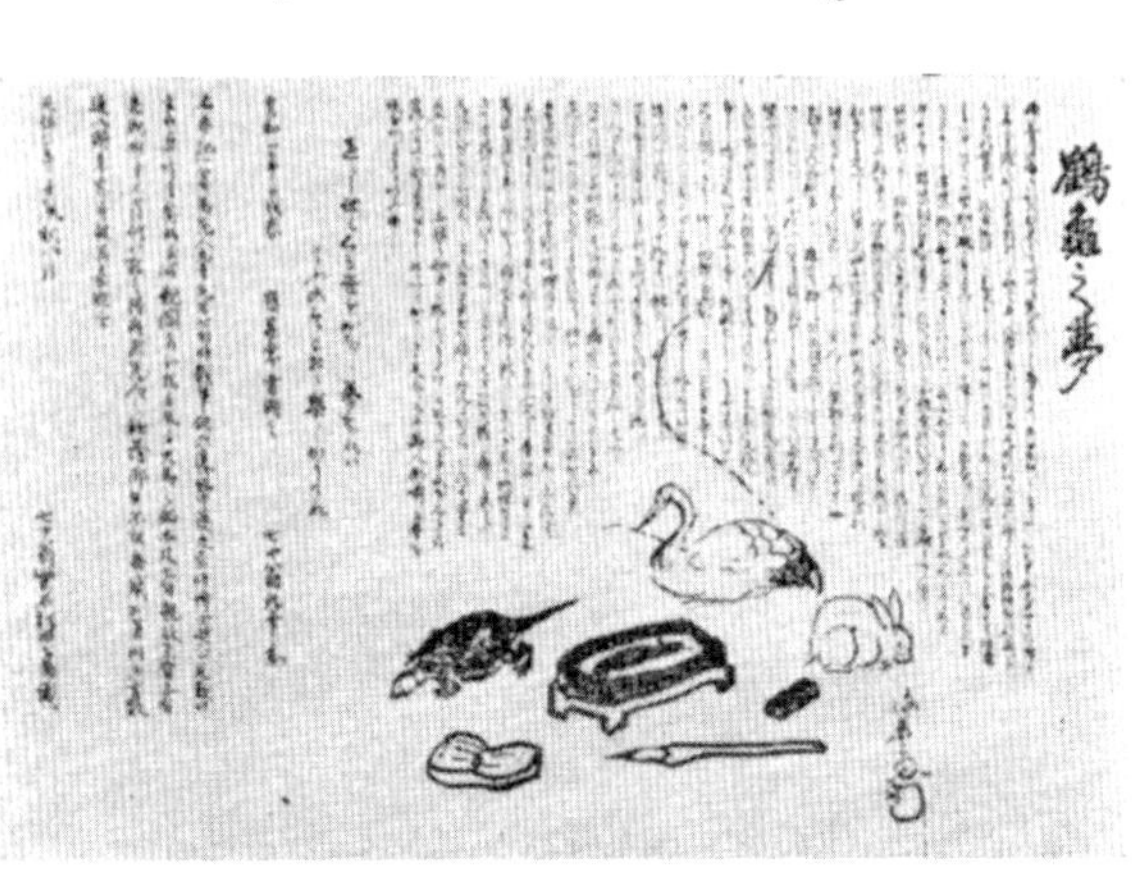

杉田玄白作「鶴亀之夢」
（享和元年作，翌年揮毫，天保三年，杉田伯元刊）

いをうけ、その返礼にあれこれ思案の末、ふと父玄白の古稀の遺墨「鶴亀之夢」を思い出し、これを上木して頒(わ)けた。

かって、玄白の親友で伯元の師、柴野栗山はこの文を一読、玄白が珍しい文才の持主であると賞讃したと伝えられている。

しばらくの間、読者も玄白と一緒に夢の世界に遊んでいただきたい。著者の拙ない現代語訳をもって案内いたしましょう。

鶴亀の夢

陰暦の十月はむかしから、あらゆる神々が出雲に集まり、在所を留守にすると伝えられるところから、神無月(かんなづき)の名がある。神々はそこで一ヵ月のあいだ、縁結びの

紫斑の硯

紫銅製の鶴の筆架

相談をするのだといわれ、良縁を願う男女は自分たちの氏神が出かける前に願をかける風習がある。晦日の夜半には神々が帰ってくるので、神迎えといって、風雨の激しいのが常である。ところが、今宵は小春日和のなごりを残して小雨がしとしとと降っている。その折しも、何か物音が聞こえる。さては、立帰った神々が話し会いでもしているのであろうか。わが孫・娘たちの縁はどんなふうに結び給うたのであろうか。と、夢うつつのうちにも、耳をそばだて、そっとのぞき込んだら、こわいかに、神々の話し声ではなくて、書斎で日頃わが愛用の文房具どもが酒盛りの真最中。

紫斑(しはん)の硯がその場の主人公らしく、真中に坐り、盃も大部廻ったらしく、大小の筆どもをはじめとして、唐焼の糊入だの墨は、すっかり酔っぱらって寝崩れたり、しどけなくもたれかかっているものもある。

その中でも、紫銅製の鶴の筆架が長い首をさしのべて、「自分は宋代に、西湖で姿を隠した林和靖(りんなせい)という先生に仕えていた鶴である。先生が仙人と化してのちは心のままに飛びめぐり、四百余州の名山の花々をはじめ、渓流にうつる紅葉の絶景などあちこちの名所を見尽したので、日本の富士の雪景色や湖水に写る月影をも見置かんものと、近頃来朝した。若々しき皆さん方よ、昔物語りをお聞きなされたくば、千年来の出来事ならば何なりとお話し申しましょう」と誇らしげにいえば、うたた寝していた一座のものは驚いて何とも言葉がない。

亀の文鎮

　そこへ、背も丸まって、いかにも年月を経たような一筋の尾を引きずって、這い出した亀の文鎮が、「わしは此の国に生れ、浦島の子が助けてくれた亀の文鎮である。もとより陸も水も住家としているから、わが国ばかりか異国までいって、見ぬ所とてない。ここでは地神五代、あそこでは三皇五帝の昔よりして、今の年にいたるまで見聞きしており、あなたの親たち十代までさかのぼって、よく知っておりますぞ。年は一万歳の年月を重ねておりますわい。わずか千年くらいのことを、なんで自慢げにいうことがありましょうか」と、声も荒げて、嘲りがましくねめつけた。

　鶴はこれを聞くよりも、心中大いに恥じて、眼のふちを打ち赤らめてしまった。

筆洗の蝶

この口争いを、もどかしげに思った筆洗（ひっせん）の蝶が五色の羽をひらめかして舞い出でて、

水入の兎

「方々は、なんとつまらない争いごとをしておいでなさるか。千代万代年を重ねたとて、過ぎ去ったことはどうしようもないではないか。ただ昨日みた夢のようなものではないか。さらにこれから幾年月を重ねたからとて、どう変ろうというものですか。」と荘周（そうしゅう）の故事まで引き合いに出して、利口ぶって理屈をいったので、鶴も亀も、なるほどもっともなことだと、互いに笑みを浮かべて和解した。

そばにうづくまっていた水入の兎が、長い耳を打ち振って、何事か独り言をいうのを聞けば、「どれもこれもつまらないことばかりいうものだ」と、洒落口（しゃれぐち）をたたいたのも一興である。

これこそ、おろかものが目の前で夢を説明しているというものであろう。

過し世も
くる世もおなじ　夢なれば
けふの今こそ　楽しかりけれ

玄白の諷刺

夢記短篇、一読、全くの戯文ではあるが、玄白の真意は、夢物語に託して表明した、当時の学者仲間・世人に対する鋭い諷刺である。われこそはわれこそはと、自己宣伝に余念のない世の儒者や医者連を、玄白は苦々しく思っていたものであろう。そんな玄白の心が紙背に見え隠れしている。世俗の心を超越して、自ら信ずる一筋の道を歩み続けることにのみ人生の楽しみを知ろうとした玄白の心が察せられる。柴野栗山はさすがにこの点を見抜いて「玄白真(の)奇才矣(なり)」と嘆じたのである。

末尾の一首も印象的である。親視実験を重んじる実学の徒たる科学者・蘭学者杉田玄白の現実主義・合理主義の面目躍如たるものがあろう。

「九幸」号

なお、玄白が需(もとめ)に応じて清書した一紙には「七十翁九幸」と署名してある。大槻如電氏の『新撰洋学年表』の文化八年の条をみると、玄白七十九歳の「閏三月杉田玄白病愈(びょうゆ)を祝て寿餅を頒つ」の記事をのせ、「九幸老人田翼拜」と署名した玄白の感謝の一文を引いている。そして、「九幸」の号の意味については、

一に泰平に生れたること。二に都下に長じたること。三に貴践に交りたること。四に長寿を保ちたること。五に有禄を食(は)んだること。六にいまだ貧を全くせざること。七に四海に名たること。八に子孫の多きこと。九に老いてますます壮なること。

の九つであると玄白が告げていることがみえる。あたかも七十九歳の時から「九幸」の

号を用いはじめたかのような感じを与えるが、前記のように七十歳のころからすでに使用しており、晩年には好んで使用したものである。

玄白発熱―流感

翌享和二年、玄白は元気に古稀の年を迎えた。三月に入って十二日、朝、蔵前辺の病用をすませて、雨模様のその夜は病論会。蕎麦を御馳走になって帰宅した。ところが夜半より発熱、焫けつくような熱。どうも上方筋より大流行の感冒におかされたらしい。世間ではこれを薩摩風といって、百人が百人とも遁れられない質の悪い風邪であったらしい。三月の日記は十三日で跡切れている。

日録中断

人事不省

吃逆を発し、嘔気はげしく、病勢悪化して二十一日に至ってついに人事不省におちいった。二十三日、ようやく病魔も峠を越して、少しずつ持ち直し、二十七日頃からようやく吃逆も止んだ。全くとんだ災難であった。

日録再続

四月に入って日記再続。五日になってやっと床をあげ、近所を散歩、足ならしという状態。翌六日は庭師を雇って、その仕事振りを、ひねもす、つくねんとながめいるのみ。七日にようやく、山形侯の園庭を観せてもらいに出かけ、いくらか気も晴れた。十日の条に、

わづらひける時に春も過ぬれバ

ながらへて
　又来ん春と　契り置バ
　　散にし花を　何か恨ん

待わびし
　花ハ何所に　かへりけん
　　青葉色こく　世はなりにけり

十一日の条には、

余病危篤、不ㇾ省二人事一、三日覚後戯(れに)賦(す)

地上頑仙謫久哉　　地上の頑仙謫(たく)せらるること久しきかな
懐今三日向蓬萊　　懐(おも)う今の三日蓬萊に向う
世人勿道登天去　　世人いうなかれ天に登りて去ると
為是風流換骨来　　是の風流のために換骨し来る

ともある。世人はもう助からないかと思った。しかし、強靭な精神は弱い肉体の炎を消し去らず、よく持ちこたえた。

九死に一生を得る

九死に一生を得て、六月六日、この日の条に、

中川淳庵追善年忌

故中川淳庵追善年忌ニ

水無月(みなづき)ニ　のこる氷の　手向かな

娘扇が二男安産
孫に梅松と命名

同じ月の十四日、娘扇が伯元の二男を安産した。お七夜の二十日は終日在宅、やや不快気味で養生をするかたわら、孫に梅松と命名した。

伯元二男七夜名ニ梅松ト発句

土用芽の
ことに繁れや
梅と松

玄白・良沢
合同寿筵

この年、秋九月には玄白の七十歳、良沢の八十歳の長寿を祝して合同の寿筵(じゅえん)が催された。大槻玄沢は十年前の賀宴の時と同じように「鷧斎先生七十寿贅言(ぜいげん)」を撰んで「二先生之寿と斯学の長久とを祝」した。

玄白の日録の享和二年九月十三日の条にはただ「墓参、近所病用」とのみしかみえな

いが、翌十四日の条には、

為二年賀一御羽織頂戴。

とみえる。主君酒井侯からの下賜と思われる。さらに翌十五日の条には、

祝二年賀一。従二若殿様一為二年賀一御小袖頂戴。

とみえるから、藩内の祝につづいて若殿様からも祝の小袖が贈られたことがわかる。小浜藩における表向きの祝いがすんで、二十六日の条に、

役人衆来宴。

とみえるところをみると、藩邸内の重臣を招いて、日頃の世話を謝したものかと思われる。さらに一日おいて二十八日の条に、

近所・本庄病用、朋友医来飲。

とみえる。この日こそ近所・本所辺の病用を早めにすませ、気心の合った医者仲間をはじめ、社中の人々や、各種の会を通じて昵懇の友を招いて、心おきなく祝盃を傾けたものと察せられる。

門人小林令助

二　『形影夜話』をめぐって

美作(みまさか)の小林令助なる者に玄白が宛てた長文の返翰（口絵参照）がみつかった。宛先の小林令助については未詳であるが、日記の寛政二年二月十七日の条に「送ㇾ(帰)ニ令助之作州一」なる賦詩がみえ、次いで三月四日の条にも「業成才子作州帰、云々」との詩が記録されている。美作の小林令助は少なくとも寛政の初年に天真楼塾で蘭方医学を修業した玄白の門弟の一人であることがわかる。修業を終えて帰国するに際し、玄白が親しく送別の詩を賦して贈ったところをみると、心にのこる門弟の一人であったに相違ない。

その小林令助から、時折医事に関する問い合わせがあったらしく、玄白が小林に返した書翰が数通遺っている。

「臘(ろう)十一日」付の一翰は、末尾に「来年ハ七十二ニ相成候」とあるから享和三年、玄白七十一歳の手になるものとわかる。

本文は、この年の夏、全国的に流行した麻疹の惨状を述べ、小林がわずらって問い合わせた痔疾の治療方について、蛭(ひる)を用い、ヘーステルの医法で行なえばよいと図解入り

蘭学を廃し、長生を心がける

玄白、伯元・玄沢・玄真に期待す

内科は伯元に、外科は玄沢に、解剖は玄真に

門下より蘭学の大家の出るは老後の楽しみ

で報らせている。また、一昨年著わした『養生七不可』の一本を、小林にも贈ったらしく、それに対する小林の見解も、すでに書翰で玄白に寄せられていたらしい。

また「最早及二老境一蘭学ハ久廃、只長生を心懸計ニ御座候」と述べるあたり、昨年の流感でいたく体力の衰えを感じたものかもしれない。そして「本科之事ハ伯元専一ニ心懸、外治之事ハ門人大槻玄沢訳申候、解体之事ハ宇田川今之玄慎(ママ)致二吟味一格別委事ニ相成候、宇田川養子ハ拙者門ゟ出候者、如レ子ニ御座候、是ハ甚才子ニて大業出来申候」と筆を続けている。本科(内科)のことは伯元が専一に心懸けており、外治(外科)のことは門人の大槻玄沢が翻訳を続けている。解体の事(解剖学を中心とする医学)は宇田川玄真が吟味(検討)している、と報じ、「皆門下より蘭学之大家出来、老後之楽如レ此と悦申候、右三人ニ託置候て、老拙ハ右申候通ニ致二消日一」と述懐し、若い三人に期待をかけているあたり、そこには老師が門弟を慈(いつくし)む温顔が認められる。同時に、当時、江戸の蘭学界においてはこの杉田伯元・大槻玄沢・宇田川玄真の三人が実力のうえで主軸となっていた様子が窺えるのであって、蘭学発達史上、貴重な記録一句ではある。

なお、宇田川玄真について、「宇田川養子ハ拙者門ゟ出候者、如レ子ニ御座候、是甚才

子ニて大業出来申候」とあるのも注目すべきことである。宇田川玄真は杉田玄白のもとに一時養子として迎えられ、架蔵の蘭書を自由に閲覧した安岡玄真のこと。勉学の実あがって、ゆくゆくは娘婿にもと期待されていたが、素行問題より離縁となった。稲村三伯や大槻玄沢・伯元らの援助のもとに改心して、出精を続け、やがて宇田川玄随の後を継ぎ、伯元・玄沢らの取り成しで杉田家に出入が許された。

宇田川玄真のこと

玄白は玄真の実力を十分認めており、旧に倍してその人と才を愛している様子がわかって、『蘭学事始』の記述をよく裏付けている。

老境の感懐に浸っているかにみえる玄白は、筆を続けて「去りながら医事の事は色々工夫もこれあり、咄の様に仮名書に直宿物語と申し候もの書き申し候。」と医学に対する並々ならぬ熱意を捨てていない。それどころか、何やら仮名書の物語を意気込んで執筆した模様で、「来春ハ致ニ上木ニ可レ申候と存候、出来候ハヽ進上可レ申候」と、来春には出版の運びになるから、出来次第第一本贈呈すると申し送っている。

『直宿物語』

これは前年の享和二年の十一月、中屋敷で出産が二回も続き、玄白は当直を命ぜられ、長い夜ごとの待ち時間を利用して、障子に写るわが姿の影法師と問答した体裁になぞらえて、長い医学研鑽の半生を振り返り、この道に精進した動機や、医道発展のこと、はては世相の論評におよぶなど、こまごまと筆に託した。

やがて、この草稿は門弟の大槻玄沢に託されて校訂が加えられ、玄沢の跋文も付くのであるが、この書翰が玄白によって認められた翌享和三年の歳末のころには、まだ玄白がこの物語に付けた当初の仮の題『直宿物語』のままになっていたことが本書翰でわかる。『直宿物語』なる書名は従来全く知られていなかったことである。それは、この物語の初めの一節に「一人づゝは宿直し侍れと御おきてのおほせごとありしにより、御館の内にして直所給りて……」とあるところから採られたことはすぐわかる。

しかし、ここで注意したいのは『宿直物語』と書くべきところを玄白は『直宿物語』と書いていることである。玄白が心に思いこみ、一気に筆を走らせたために生じた筆の走りかとも思考される。しかし、同じく小林令助に宛てた文化二年の一翰にも『直宿物語』とみえ、また『鷧斎日録』にも「直宿」の文字を使用しているところから判断するに、この『直宿物語』は玄白が間違いなく、意識的に名付けた書名であることが理解される。

『形影夜話』出版

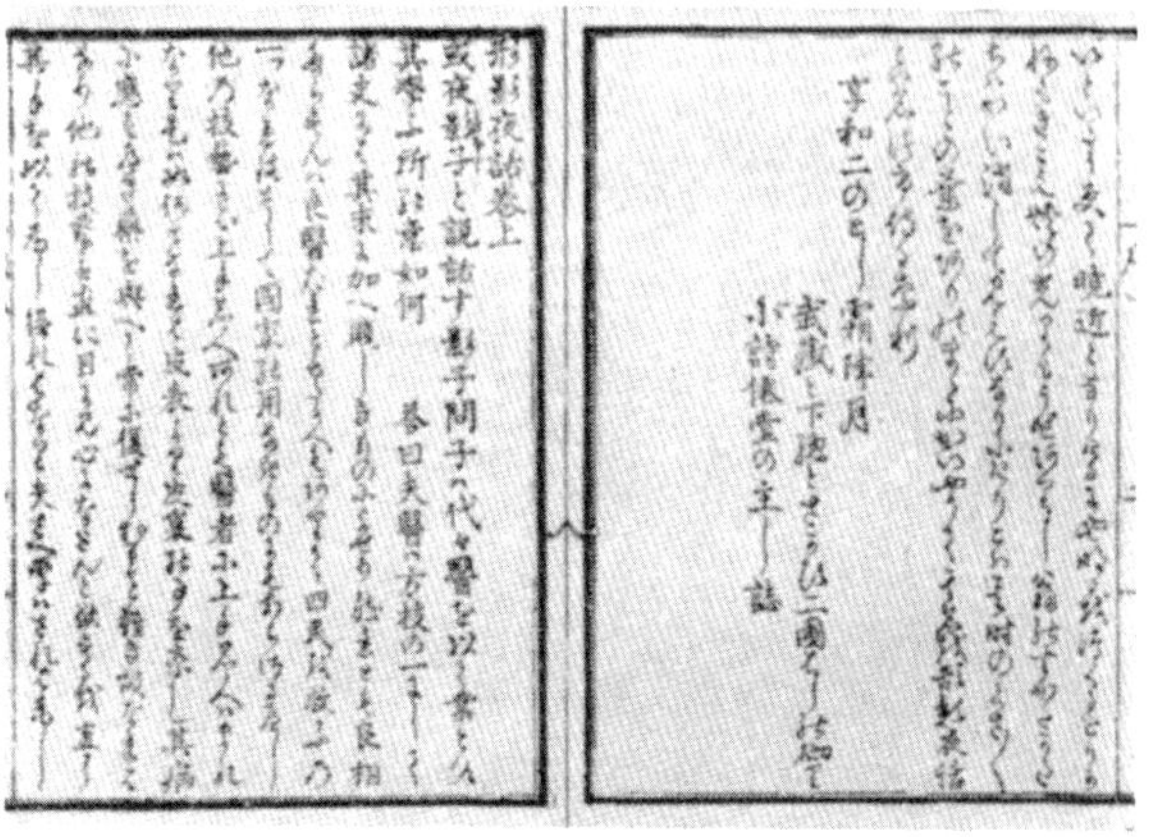

杉田玄白著『形影夜話』(享和二年作，文化七年刊)

玄白は文化二年の「霜月十四日」の小林令助宛の書翰においても「直宿物語未梓行不申付候、出来候はゞ遣可申候」と刊行延引のいい訳をし、再度贈呈を約している。このような言葉の陰に、隠れた玄白の心、すなわち、この仮名書きの物語に寄せる玄白の意気込みが汲み取られるのである。換言すれば、積極的な公表意欲がそこにみられることである。果たせるかな、この作品は玄白の主要作品の一つとなっている。ただし、この物語は結局文化七年の秋、伯元の手によって上梓され、『形影夜話』の書名に落ち着いて伝えられたのではある。もっとも『形影夜話』の名はすでに玄白が「享和二のとし霜降月」に認めた序文の末に「其名を形影夜話とは名づけ侍るなり」と明記している。しかし、玄白は出版に至るまで『直宿物語』の名を使用しやすく思っていたようである。

いずれにしても、玄白が享和二年の春、悪性の流行性感冒におかされて、人事不省三日間、その後古稀の賀宴をうけるまでに回復したが、老衰の徴を自覚するようになって、医学の研鑽一筋に過してきた半生を筆に託して、その心情を子孫・門弟に遺そうと寸暇をさいて筆を走らせたものと考えられることだけは確かである。

『形影夜話』は十三の問答より成る

『形影夜話』の内容構成は全部で十三問からなる影子(かげぼうし)の質問に答える形で語り明かされている。「鶴亀之夢」を一見した碩学柴野栗山をして「奇才」ありと嘆ぜしめた玄白の文才がここでもいかんなく発揮されている。

第一問答

第一問　子は代々医を以て業とす。其学ぶ所の意如何。

答　医術は妙所に至ること極めて困難にして、医に名人は稀なもの。ただひたすら刻苦努力すべきものである。努力次第で、ひとかどの処までは達し得られるものである。

第二問答

第二問　語る所頗る是(ぜ)なり。猶説有りや。

答　諸々の技芸においても好める人は名人にも至るものである。大才明達の人は当然そうであり、常人はなおさらのこと。片時も無益に消すべきではない。

第三問答

第三問　不才の者、殊に医道の妙所に至らんには何に本づきて学ぶべきや。

答　万事に気を付け、心に留めて活用を怠らざることこそ肝要である。特に医学は事実を重んじないわけにはいかない。古来の医説は人体の事実を究明していないから説者により区々である。後藤艮山(こんざん)・香川修徳・吉益東洞の諸氏は古医方を唱道したが、根拠薄弱で、採用すべきものは少ない。山脇東洋らが観臓を始めたのもここに気付いてのことである。かく内科方面では革新の旗は掲げられた。しかし、余は其後を追うをいさぎよしとせず、代々の家業・外科の革新を志し、人体の研究に精しい阿蘭陀医学によってその達成をはかったのである。

第四問答

第四問　脈に浮沈遅数(ふちんちさく)を見(あら)わすは如何なる故にや。

答　これも人体の内景を明らかにすれば自ら合点されるべき事である。

第五問答

第五問　近時専ら腹候(ふくこう)という事を主張し、是を以て病を察し治を施す輩あり、其理ある事にや。

答　人体の内景を明らかにしないで腹候のみを主張し、施治すれば、恐らく大いに誤ることであろう。

第六問答

第六問　古（いにしえ）よりの経絡（けいらく）というものの説如何。

答　一概に経絡なしとは言えないが、古人の言う通りのものでないことも疑いない。たとい経絡はないとしても、禁穴（きんけつ）のあることは否めない。

第七問答

第七問　先ず医理を知り、後治術に及ぶは如何して可なるや。

答　医を業とするには、先ず形態内景の平生を精究すれば、治療の道即ち医理は自ら知り得るものである。医理の法に従い、薬方の利否を弁えて薬を与えれば失敗は無いであろう。

第八問答

第八問　然れば、医理に詳らかならば療治はなるべき歟（か）。

答　医理を詳らかにしても療治は出来ない。経験・研究、熱心なる治療、この三つがあれば自然に心に徹する所がでてくるものである。宜しく読者は研究と治療とを平行されたい。

第九問答

第九問　患者を療治するに、別に意を用ゆべき事ありや。

答　医は治すべき病を難治にしないように心がけるべきもの。投薬を軽々しくしては

いけない。気候風土の相違を考えることも肝要。（その他諸種の場合に処する注意を挙げる）

第十問答

第十問　医を業とするものは、薬方多く知るを以てよしとすることなりや。

答　薬方の用は軍に兵器を要すると同じであるが、医力もないのに漫りに奇方を好むは無益である。方を貪り好かんよりはむしろ療治の塩梅を得ることをこそ第一とすべきものである。また単味多味・大剤小剤いずれにも偏するは不可。

第十一問答

第十一問　病名は如何。

答　病名は、実は無きも同然であるけれども、一通りは明らめておかなければ、患者の心を安んずることができない。但しこれは素人に対してのことである。良医になりたいと思うものは、名に拘らず、病因の善悪軽重を察し、悪きを除き、重きを軽くすることを専務とすべきものである。

第十二問答

第十二問　其他医の要猶有りや。

答　医は「羽二重摩れ」「木棉摩れ」ということに意を用いるべきである。つまり、男女老幼・貴賤強弱を量り、その程々に応ずるように取り扱うべきである。また飲食の注意が肝要である。医は飲食の製法・調理を知り究むべきである。近時新病が多く出現しているのは人情の変態・動作・食物の変によると思われる。かく医業は複雑・困難なものであるから、欲心を離れて親切・熱心に従事しなくてはならないものである。

第十三問答

第十三問　子が務むる所已に如レ斯ならば、漸々にして今其業成りたるや。

答　否、余が業決して成功とはいいがたい。さればこそ此の老年になっても相変らず進歩向上を志して努力しつつあるのである。余の過去は失敗の歴史に過ぎない。懺悔物語として余が黴毒治療苦心談をしようと思う。また医に上中下の三等がある。諸子よ、乞う、上等医たれ。とて、最後に翁は外科医としての心得・抱負を語って巻を閉じることにする。

児孫・弟子に語らんと思う事の記録

玄白は以上の十三の問答を通じて、彼の生い立ちから、広く見聞・接触した人物と医事を紹介しつつ、やがて医事の中でもオランダ流医学に開眼し、これが大成に努めた体験と信条を披露し、進んでは医家の心得と持つべき抱負とを、豊富な体験をまじえて具体的に著述したものである。「常に時あらば児孫及門弟子に語らむと思ふ事」を一気に筆に託しただけあって、その行間・紙背には一つの学問を生涯かけて追究し来った老医師が諄々と教え諭す心が滲み出て、平易な言葉の中に強靱なる信念が貫流している。父が子孫に与え、師が門弟に下した、心血の医論となっている。

三　前野良沢の死

享和三年新春の一句。充実した今日この頃ではあるが、寄る年波はいかんともしがたい。

新春の一句

一ッ年　増ともよしや　花の春

古希衰老加新年　　古稀衰老新年を加う
奉寿一家称万年　　寿を奉じて一家万年を称す
総是園林春似旧　　すべてこれ園林の春旧に似たり
児孫惟有増前年　　児孫ただあり前年に増すを

相変らず諸所へ病用。病論会・俳会・軍談会・道具会などに出席。時折は花を愛で、月を詠じて、悠々自適の生活を送っている。こんな記事の続いた『鶴斎日録』の十月十七日の条に来て、突然「前野良沢死」の五文字が眼に入る。玄白が記す人事関係の記事は、まるで医師がカルテを記入するかのようなメモで、何らの感情・評語も加えられていない。しかし、「前野良沢死」の五文字が日録に記入される一瞬、玄白の脳裡を如何

前野良沢死

なる感懐がよぎったであろうか。

「この学開くべき天助の一つ」として先ず良沢の名をあげる玄白であったから、良沢の名は玄白の心に大きな位置を占めていたはずである。したがって、玄白が美作の小林令助に贈った同年十二月十一日付の書簡の追て書で、

蘭学之先達前野良沢も当年致ニ歿故一候。年ハ八十一ニて御座候。

と、早速報らせたことであった。

良沢の晩年は淋しい

玄白から「蘭学之先達」と評され、「この学開くべき天助」と認識されていた良沢ではあるが、その晩年は殊の外淋しいもののようであった。沈思力行型の良沢は、博交の士玄白と程遠からぬところに居ながら、かの会読のころ程の往来もない状態であったようで、多くを語る資料は遺されていない。

四　将軍拝謁とその前後

立卿眼科をもって独立

文化元年十月六日、後妻いよの長子で十九歳に達した立卿が藩に願い出て、別に一家を立て眼科を専門とすることが許された。翌十一月の十九日には、玄白の知行二百二十

石のうち五十石が立卿に譲られ、さらに藩から稽古料として三人扶持が下し置かれることとなった。玄白にとっても嬉しいことであった。

立卿が眼科を専門とするようになったのは、江戸の蘭方医師の間にこの科を専門とする者が出ていないことから、玄白の勧めがあったからである。玄白が眼科関係の蘭書を立卿のために買い与えたく、以前からその機会を待っていたこと、のちプレンクの眼科書を入手のうえ立卿に翻訳させるべく腐心したことなどによっても容易に首肯できる。と同時に立卿が、実父玄白を眼病から救わんとした孝心も作用していたことも確かである。

立卿の腕が役立つ時が、思いのほか早くやってきた。

文化二年の正月二日の条、

翁享保十八年九月十三日出生、至今日七十二年六ヶ月十六日、此日数二万六千十六日。

二万六千十六日　　二万六千十六日

生来経過至今日　　生来経過今日に至る

多少是非無人知　　多少の是非人の知るなし
自知万事一難必　　自ら知る万事一難必ずあり

と長生を喜び、かつおもいを新たにした。と、同じ比、玄白の眼疾が悪化したらしく、立卿が加療に当たった。そのため四日まで年礼も勤め得ず在宿した。

玄白の眼疾悪化、立卿加療す

その翌二月三日、夜丑刻過に伯元の第四子を扇(せん)が安産した。九日のお七夜にお竹と命名した。

伯元の第四子安産、お竹と命名

文化二年六月二十二日の夕刻、玄白は藩邸より「御用之義御座候」との呼び出しがあって罷り出た。その用は、明二十三日「公儀御用之義」があるから「御城」へ罷り出るようにとの命であった。

そこで、翌二十三日、五ッ時（八時）藩の御留守居役池上太兵衛が同道して、江戸城に出頭すると、躑躅(つつじ)之御間に老中・若年寄方列座のところで、老中青山下野守忠裕より上意の御達しがあった。それは、

多年家業出精に付、御序を以御目見可レ被二仰付一。

ということであった。次いで七月二十七日、若年寄松平能登守乗保より「明日御城に可

レ被レ罷出ニ旨被ニ仰付一候」という奉書（ほうしょ）が下され、いよいよ御目見を賜うこととなった。

玄白、十一代将軍家斉に拝謁

明けて七月二十八日、快晴の夏空の下、同前の如く五ッ時に御留守居役梅田大八の同道を得て江戸城へ出頭し、第十一代将軍家斉に拝謁を許され、良薬を差上げることができた。陪臣の身にとって、無上の光栄を受けたわけである。次いで西丸へも罷り出、良薬を差上げた。御礼回勤等万事滞りなく終ることができた。生来病弱の身をもって、医事のことにのみ身を徹して来た玄白の心中いかばかりであったことか、察するに余りある。

御近習頭格、加増五十石、計二百二十石

翌二十九日には小浜藩の上屋敷に呼ばれ、

多年家業出精仕候段達ニ上様御聴一、御序を以御目見可レ被ニ仰付一旨、於ニ御国一被レ遊ニ御聴一、手柄之至、殿様ニも御満足思召候由ニて、御近習頭格被ニ仰付一、其上御加増五十石被ニ下置一、都合弐百弐拾石高ニ被ニ成下一候。

との達しをうけた。

公儀において玄白の成業が認められ、主君酒井侯からも御満足の思召をいただいたのである。

この名誉ある慶事は、各地の門人たちへも知れわたったらしい。あの作州勝間田の小林令助とは書翰の往復を要することもあって、近況を報じたらしい。そこで小林は早速十月四日付で祝意を表する一書を玄白の許に贈り、かつ例によって種々の質問や依頼事をもした。それに対する玄白の霜月（十一月）十四日付の返翰が知られている。

玄白に治を乞う者、ますます多し

それによると、御目見後は「知と不知」との区別なく治を乞われ、老境に及びながら一層紛冗（ふんじょう）の様子で「致二迷惑一候」といっている。古稀を過ぎ、去年の夏より「医者相止余命相楽可レ申」と心懸けて、会う人ごとに表明していたにもかかわらず、右のようなことから、止むを得ず勤め居ることとなっている状況を述べ、「御憐察可レ被レ下候」ともいっている。

『重訂内科撰要』の草稿は玄白の手許にあり

『内科撰要』に関しても申し送っているが、ここでは宇田川玄真が増訂を進めていた『重訂内科撰要』を指すものと思われる。その原稿がまだ未揃で開板になっていない。草稿は残らず玄白の手許にあるというところをみると、その開板について玄白が腐心していたものとも思われる。玄真が心を入れかえ業に励み、訳稿を玄白の許に持参してその開板について相談したものと推察されるところである。

天真楼塾の盛況

天真楼塾においては、玄白をはじめ、塾生一同極めて多忙で、とても写本などに時間をかける余裕もなさそうである。それよりも「其外も品多、訳出来候者も御座候」と報じているあたり、江戸の蘭学界の俊秀を集め得た杉田塾の盛況振りを十分見てとることができる。

宇田川玄真・大槻玄沢両人は江戸蘭学界の棟梁

また、

一、当時宇玄慎(ママ)事、是は只今当地にて御存の大槻玄沢と両人蘭学の棟梁にて御座候、

との一節は興味深い。当時大槻玄沢と宇田川玄真の両名が、前野良沢・杉田玄白ら草創期の長老に替って江戸の蘭学界で地歩を築いている様子が窺える。

海内に名が及ぶ。伯元は和蘭本科を専業とし、次男甫仙(立卿)は眼科を始む

さらに、用件数条に続く文中、

老拙若年之頃、京師にて東洋・東洞抔初めて古方家と申事唱被レ申候故、夫(それ)が羨く、同様に古方を唱レば驥尾(きび)に付の道理にて其下に立申候が残念さに、人々は構不レ申蘭学唱申候て、只今漸海内に外治の名及申候。夫故忰共にも申付、伯元は和蘭本科之所専に致し、次男甫仙方和蘭眼科を初めさせ申候。

といっているところは、前述の『形影夜話』などで玄白が述べた言葉と一致し、かつ敷(ふ)

衍（えん）していて見逃しがたい。

五　『玉味噌』——玄白の門人数——

文化二年に玄白は『玉味噌』なる風変りな作品をものしている。

内容は、功成り名遂げて老境に入った玄白が『解体新書』公刊後、次第に世に認められ、上下貴賤の別なく治を請われ、学徒また笈（きゅう）を負うてその門に集った盛況を回想し、医事を廃して隠居ののちは、かねてから私淑していた石川丈山の詩仙堂になぞらえて、自ら小詩仙翁と号し、小詩仙堂なる小庵を構えて悠々自適、風流三昧をしたいと考え、その小庵の結構・道具立てを述べた和文の随筆で、小庵の平面図に携帯用道具箱の図まで添えてある。

『玉味噌』

小詩仙翁

小詩仙堂

書名は蘭学首唱のことを自ら述べたので手前味噌であり、その文は雅俗相混じているから、まさに田舎の味・臭で、ともに悪い「玉味噌」同然である、というところから名付けたと自序で断わっている。

したがって、蘭学を首唱し、盛況に至る過程が述べられていて興味をひくが、その中でも玄白の塾に笈を負って集った各地の門人の数が整理されているので次に掲げる。杉田玄白の天真楼塾入門帳といったようなものがないので、せめてその数だけでも参考になろうかと思う次第である。

天真楼塾の門人数

○東海道にては伊勢・尾張・三河・遠江・甲斐・相模・上総・常陸・武蔵・安房十ヵ国の間にも名をしたひ門に入もの二十六人有り。
○東山道にては美濃・信濃・上野・下野・陸奥・出羽六ヵ国の内にて二十五人あり。
○北陸道にては若狭・越前・越後・加賀・佐渡六ヵ国の内にて十八人あり。
○山陰道にては丹波・丹後・石見三ヵ国にて六人有り。
○山陽道にては美作・備前・備後三ヵ国の内にて六人あり。
○南海道にては紀伊・阿波・讃岐・伊予四ヵ国の内にて十人あり。
○西海道にては豊前・豊後・肥前・肥後・日向五ヵ国にて十二人まであり。
○さすが貴内(畿)の土地は名医多きゆへなるにや、山城国平安城より山中又玄といえる男只一人入門せり。

畿内七道三十八ヵ国に一〇四人の門人

というものである。仮にこれを集計してみれば、畿内・七道三十八ヵ国に百四人を数える。しかし、この数の中には「此外に不幸にして早く死し、行あしく其名を除棄たるもの此かずにハ入ず」と断っているから、実数はもっと多いことと思われるのである。

六　『野叟独語』と『犬解嘲』

近年格別衰老

文化三年三月四日、江戸に大火があったが、玄白宅は火災を免れ得た。この模様を三月二十日付小石元俊宛の書翰で申し送っている。

書翰の用件は石川玄常の門人で吉田玄庵なる者を紹介することにあったが、文中興味をひく文言として、「近年格別及二衰老一、択筆（たくひつ）も嬾（ものうく）、久々御無音申上、赤面仕候。云々」「江戸も近来珍敷火災ニて、末世上茂騒々敷、拙家抔幸ニ遁候得共、同様事繁、心中不㆑静、云々」と述べる箇所である。

衰老の徴候いよいよ顕著にして旧知を懐かしむ玄白の心情が行間に窺える。それにしても度重なる江戸の大火から遁れ得たことは誠に幸いであった。

灰燼（かいじん）と化した江戸の街故に、世上殊の外騒々しいかのように伝えられ、それ故に「心中不㆑静」る思いがしているようにも聞こえるが、玄白の心がただこんなことで「不㆑静」

ることはあり得ないのである。深く気に懸ることがあり、このところ、そのことで頭が一杯なのである。そのこととは何か。

玄白の心中を波立たせていたことがあったのだ。『鷧斎日録』のしばらく以前から、そのことに関連する記事が現われている。それは、どうも近年打ち続く、色々の天変地妖にあったらしい。

心中静かならざる事柄

玄白の眼に映じたところは、京都大火禁裏炎上の事、大仏・天王寺雷火の事、愛宕・住吉焼失の事、象潟陥る事、天草山崩の事、鑓突の事、子供争ひ合戦に似たる事、猫多く死して鼠夥敷事、荒拵の事、黒気天にわたる事、天狗松折るゝ事、大坂に白気たつ事、御白書院大木折るゝ事、蛙合戦の事、松応寺の松折るゝ事、氷川明神棟落る事、永代橋落る事、蝶多く死する事、蜂集る事、蜻蛉群る事、一石橋柱蘗を生ずる事、箒星の事、九月十七日東西諸国大風雨大木并人家等倒るゝ事、日光御祭礼大荒の事、といった具合に、枚挙に暇がない。これらは単に玄白が住む江戸の町内のことではなく、諸国の凶事から、人力ではいかんともしがたい自然界の変事に至るまで、あることは醜くも腹立たしく、あることは肝をも潰さんがごとき怖ろしいことである。まさに天変地妖が陸続と現われた感じなのである。そこで玄白が思うには、これは『中庸』にもいっているように「国家将レ興、必有二禎祥一、国家将レ亡、必有二妖孽一」というところであるにちがいないと。もしも、そうだとするならば、実に魂も消え、心も潰れそうである。

孫子の行衛を案ずる

わが身は、はや老衰の徴候をきたし、明日をもしらぬ身となっているから、命の惜しいことは露ばかりもなく、またこれまで全盛至極の世の有様をも見尽したから残り惜しいこともない。しかし、人も羨むほどのわが孫子どもの行衛を案ずることだけが心にのこる。願わくば、「何卒幾久敷御上の限りなき御恩徳、彼等が行衛も安楽に暮させ度思ふ」ばかりである。

そこで、玄白は夜、例によって燈の下に閑座して、我が影法師にこの難問題を問いかけ、燈影先生より明答・良策を聞くのである。

魯西亜国の外患

燈影先生が指摘する「此時節将レ乱の萌」とは「近来諸人聞候処の魯西亜国の外患」であるという。魯国は「三十年以来我奥蝦夷の諸島を呑食し、又頻りに隣誼交易を取結ぶの事を願ひ、是迄段々次第して、甲子(文化元年)の秋長崎表へ使節を送候処、御諭文を被レ下、無二御取上一差戻されし故に、彼其宿意に背き候事なれば、不快に思ひしと見へ、長

『野叟独語』

玄白、寛政九年の『阿蘭陀風説書』を聴取抄録す

崎の御取扱厳酷に過ぎ、前約違変なりと憤り、夫を名とし去秋当夏、蝦夷西北諸島へ乱入せんと申なり」という状態になった。

特に「当夏帰帆の魯西亜船より交易の儀御ゆるし無レ之ば、来春に至り数艘の船をむけ可レ申と申越せし由」で、「其実不実はしらず、人々申唱ふる所」であったから、正に人心不穏なる状態なのである。これに対し「御上よりは来船何の廉立事にあらず、交易一通の願望にては、船は疾に帰帆せり」との「御触」が下されはしたが、これは「只浮説を退け人気をなだめ給ふ一時の御謀」にしかすぎないと思われるところであって、とても穏やかにすませられるようなことではない。

こんなことから、衰老の徴、目にみえてきた玄白が、また筆執って国家的心痛事の打開策を思索するのである。文体は、かなまじりの玄白が得意とする自分の影法師との問答体で、題して『野叟独語』という。その意は「田舎爺の独り言」といったような謙遜した意であるが、どうしてなかなかそんな軽いものではない。

玄白がこのように魯国とのこと、北方蝦夷地におけることに関心の深かったことは、すでに寛政九年の『阿蘭陀風説書』を聴取抄録していることをはじめ、各地の漂流帰

魯国の事により、西洋学の御用相立つ

還・異国船来港のニュースを日記に書き留めていたことによっても窺い知ることができ、すすんでは同十一年の交において「近来ヲロシヤ之事より初り、折々官家にても西洋学之事御用相立申候義出来」「蝦夷御開キニ付、蘭学ニ志有レ之者共御用も被二仰付一」（寛政十一年三月二十八日付小石元俊宛玄白書翰）とはっきり自覚して書き記していることによってもわかるのである。

そんな玄白であったから、文化元年の『鷧斎日録』九月末日の条下には、早速、

当月七日魯西亜人十六人乗船長崎着、内四人ハ仙台人と云。

と露使レザノフ来航のニュースを記し、翌十月末日の条下においても、

当月魯西亜船未二決定一長崎に在留。

とみえ、十二月七日の条には、

当時蝦夷地ニ住す亜（ママ）魯西亜人名ケネトブシ。

とも、また同十四日の条に、

三井宇衛門急死。遠山金四郎殿長崎御用被二仰付一。

ともみえて、関心を持ち続けているのである。

刻苦して首唱した蘭学がようやく世に認められ、公儀においても「ヲロシヤの事」「蝦

玄白の心中静かならざる事は蝦夷地をめぐる国家的憂事であった

夷地」の問題が直接の契機になって、段々蘭学者が下命を受けるようになった。蘭学が天下有用の学として認められ、自分もこの程、家業出精が認められて御目見を賜った。寛政改革の異学の取り締りや、林子平の『海国兵談』が発禁処分となったことが斯学の発展にも禍したかにみえ、林子平判決の様子を注意深く書きとめたこと（『鷧斎日録』）もあったが、その懸念もいまはなくなった。

蘭学を認めた、その公儀が「ヲロシヤの事」「蝦夷地」のことで苦慮しているという。玄白が関心を持たないでいられるわけがない。上下に交際範囲が広く、高貴の家々にも出入する機会の多い玄白にとって、この難問題に関するニュースを入手することは比較的容易なことだったと思われるのである。玄白が「心中不レ静」る原因はここにあったのである。『野叟独語』において、玄白が燈影先生に問い、その回答を得ている主題は実にこの蝦夷地対魯関係の事であった。

『野叟独語』は六問六答より成る第一問答—問題提起

『野叟独語』は六問六答より成っている。

第一問答は問題提起ともいうべく、右にみてきたように、魯西亜国による外患が「世将レ乱の萠」だというのである。

第二問答―玄白の論策
スパンベルグの探検船
ラックスマン
レザノフ
魯船乱妨

第二問答から玄白の論策が展開する。

まず魯西亜が元文四年（一七三九）の交（スパンベルグの指揮せる探検船が陸奥・安房・伊豆沿岸に出没したことを指している）からわが国へ通じたき事を心懸けていると指摘し、寛政五年ラクスマンに与えた信牌を持して去る文化元年秋に長崎に来たレザノフに対して、すげなく拒絶したことにより、去秋より当夏（文化三・四年）にかけて魯西亜船が来たって乱妨を働いている。究極のところ「交易御免あるか、船を引うけ合戦して打潰すかの二道より外はなき事」である。しかし、貿易許可は先年長崎表で「此国にては先年より定める事にて、猥りに他国へ通信はなし難く」、かつ「其国と易ふべきものなし」と返答した手前、「今更唐太・エトロフを乱妨されしとて、夫が怖しさに無二何事一御免あらんは本意なく、外国へ対して御外聞不レ宜」、かつ「我国内の諸人の思はん処も腑甲斐なき様にて、上の御威光の薄きに似たれば、為し難き事」である。さればとて二百年来の太平の化に馴染み、奢に長じた旗本・御家人をはじめとする弱兵を数ばかりの何万騎をもって、清朝の英主康熙帝さえ手を焼いた魯国の精兵に当たろうとしても、それは無謀である。したがって「能々彼と是とを考合せ事を計ふ事、第一の時節ならずや」と説く。

第三問答―国家の恥辱について

第三問答　とはいいえ、御代々相続きたる御武威を引くということはいかにも口惜しき事である。国運を天命にかけ、精兵を選んで当たるべきではないか。

しかし、それは彼の老人の元気立というものであって、今度のエトロフの噂の通りであるならば、大抵手際は知れたことである。建国以来外国に侵されしは弘安の元兵の時だけで、それとても神風により勝利を得たが、いつもそうとは限らず、事ある時は力を尽して挑み戦うより外に手段はないが、万一大敗せば、上の恥辱、諸民を塗炭（とたん）の苦に陥れることになる。

第四・五問答―交易許可案

第四・五問答　上の御恥辱にもならず、穏便に事済むという手段はといえば、この度は衰弱の時勢を察し、世を救う気持で、まげて一と先ず交易を許したいものである。そして、この度の蝦夷地乱妨の一件の際のような不備・油断のないよう心がけねばならない。かつ交易の実意を万民に通じるよう知らしめる必要があろう。

第六問答―財政建直し案

第六問答　交易許可後の兵気立て直しの方法はといえば、まず第一は国用を抑えて財政を建て直すことにある。そのためには幕政の評議・事務を改革して能率的に促進すべきこと。御台所・大奥の費用をはじめ衣食住万般の冗費（じょうひ）を節約すべきである。また大名と三千石以上の奥方は古例に従って江戸住居せしめるとしても、それ以下および家中陪臣の妻子はみな領分へ引き取ることにすれば柔弱至極の風俗も改まり、武備の点からもよろしかろう。

天下の名医が見立てた判断と論策ではあるが、自信をもって即座に実行に移せるほどの迫力はない。もっとも財政窮乏の度がすすみ、柔弱と化した江戸の気風を一朝一夕に改めんとすることは、どだい無理のことで、何人をもってしてもおそらくは不可能な事であったと思われる。せめても、貿易を許して積極外交を主眼とした論断を評価しなければならないかと思う。

玄白隠居

伯元、奥医師となる

この文化四年の年頭に玄白の隠居が認められたようで、四十五歳の春を迎えた伯元が正月十一日に酒井家の奥医師を仰せつかり、薬種料銀七枚の下付を受けることとなった。家督の相続も受け、奥医師となった伯元がいよいよ自立することとなったのである。

五節句・軽き吉凶の礼用捨

玄白はその十二月十六日、老年により五節句のほか軽き吉凶につき御屋敷へ罷出る儀は用捨となり、勝手次第を許され、御断りにも及ばず、ということになった。

玄白が北辺の対魯西亜問題を重大視して、それに対する現幕府制度の繁冗(はんじょう)・非現実性を批判し、武家一統の柔弱化を嘆き、確立せねばならない幕府の財政と、改革を要する実用的諸制度、および天下万民の気風刷新を強調した。その策論『野叟独語』はできあがった。しかし、その文中にはあまりにも現幕府政治を批判する痛烈なる言葉が多くならざるを得なくなってしまった。わが学（蘭学）を認識した公儀に対する奉仕・協力の念から発した、いわば建設的意味における策論ではあったが、その文の性質上ひとまず筺底深く秘しておくことにしたのである。

論策を筺底に秘す

玄白がこのように、天下が直面している危機を救済すべき方途を見い出すために腐心していた矢先、こんどは南から、またまた心を痛めるニュースが届いた。

フェートン号事件のニュース

それは翌文化五年八月十五日、突然長崎に来航したイギリスの軍艦フェートン号によって惹起された不法侵入・不穏行為事件、いわゆるフェートン号事件のことである。

蘭領植民地に侵略の手を延ばしたイギリスが、バタビアに次いで出島のオランダ商館をもその手中に収めんとの目的の下にオランダ商船を捕獲せんとして起きた事件である。

玄白が『野叟独語』の中で、

近来アメリカ船・ベンガラ船とて交易を望に来りしとも聞ゆ、又所々に異国船漂着と云もの多くは伊祇利須(イギリス)国と見ゆ、又阿蘭陀は格別に御誓約申上候事有て、百年余も来船御免の国なれ共、人情の変態、国力の盛衰は何国も同じ事なれば、惣て百年前に申上し通りにや、数千里隔てし国の事、其上片便の事なれば、今に不レ変必ず当てにもなるべからず、殊に近年持渡る処の荷口替り、又船の様子も替ると聞けば、国勢衰へイギリス等に屈服し、彼も是も替り、其国の人もまゝ交り来り抔(など)いふ事にもなきや、疑しき事なきにもあらず。

日蘭交渉関係を動的に把握

と、日蘭交渉関係を動的にとらえて、オランダの国力の変化・衰退化の様子を、来航商船と積荷の変化から察知し、イギリス等に屈服したのではないか、との疑問の言を投げたのも束の間、その口の閉じないうちにフェートン号事件の報が入ったのである。玄白の憂慮したことが適中したのである。

ますますもって、玄白は心中深く幕政の確立、武家一統の自覚を促さざるを得ないのである。

『犬解嘲』

このような玄白の心の昂り(たかぶり)は『野叟独語』の文中にもみられたが、ちょうどこの頃の著作と推定できる『犬解嘲』なる玄白の作品にも読みとることができる。『犬解嘲』は

河口信順

業の拙なりといはれんことを恥ず

『野叟独語』は天下の大事を論評し、『犬解嘲』は世間の風潮を衝く

玄白の最晩年の門弟の一人で古河藩医河口信順の筆録にかかる新発見の作品である。

『犬解嘲』の主内容は、玄白が御目見後、他の御目見医が普通にする五節句ならびに朔望(一日・十五日)の登城を願うことをしないこと、および常々召連れる供人の数少ないことを世間の人達が嘲り噂したことに対する反駁の文となっている。文の運びは玄白得意の論法をもって所信を披瀝しているのであるが、文中には制度を知らない諸大名や旗本連をはじめ、見せかけだけの御目見医者連の行動や服装について痛烈な批判を下している。玄白に向けられた批判・嘲笑は、玄白が兎角世間並の行動をしないということにあったが、玄白の気持は「老拙医者の家に生れし身なれば、人を救ふを目当にするより外に志す所はなし、世の外見の拙きは恥と思はず、業の拙なりといはれんことをば恥と思ひて深く心を労することとなり」といい、別に我儘をいっているのではないといい切っている。虚儀・虚飾を廃して条理・実質を説くに、思いのほか痛烈な言葉を連ねていい切ったもので、余程目にあまる言動に接したものと思われる。言葉の端々には『野叟独語』と共通したところも見受けられる。『野叟独語』が天下の大事を論評したものに対して、『犬解嘲』は身辺些事に例をとりつつ、世間の風潮を手厳しく衝いた文ということができよう。

七　『形影夜話』の出版と玄白肖像

文化六年、玄白は喜寿（七十七歳）の年を迎える。その四月、玄白は西洋医術の特質を一幅にまとめて記念とした。

『和蘭医事問答』が玄白壮年期の医学観とすれば、『形影夜話』は老境に入った彼の医学思想ということができ、さらにこの年ものした「西洋医術之要」一幅は漢文をもって、簡潔のうちにもその要を集約している。

殊に玄白は、喜寿を迎え得た感懐として「生来二万七千二百十五日之翁鷧斎」と書き記したのである。その文字には、病身を推して斯学（しがく）大成の一事に生涯をかけて生き続けた老学徒の姿勢を見る思いがする。

内容また医の要を衝いて、殊に当時欧州を風靡していた生気論の影響が反映している点は見逃すことができない。玄白が財を惜しまず舶載の蘭書を入手・架蔵し、商館医や阿蘭陀通詞を介して新来の医術や海外情報の入手に心を配っていたことの現われの一つがここにも如実に表現されているわけである。

玄白、喜寿

「西洋医術之要」

生来二万七千二百十五日

伯元、架蔵の世界地理の蘭書二冊を公儀へ献上す

この六年の秋九月二十三日、杉田伯元が林大学頭の達しにより、所蔵の世界地理に関する蘭書二冊を公儀御用のために献上した。当時の幕府にとって、世界地理の調査と世界地図の作成は急務であったのだ。幕府は北辺における露国船の出現に対する策として、さらに加えて欧州諸国の東進に備える必要性を認識して、対外策を考究する資料の蒐集作成を開始した。文化四年に「蛮書ヲ以テ地図等仕立可レ申」旨の指令を堀田正敦をして幕儒大学頭林述斎に命じ、これが天文方高橋景保（かげやす）に嘱せられた。高橋景保は天文台中

馬場佐十郎

の地誌御用の局に長崎の有能な青年阿蘭陀通詞馬場佐十郎を文化五年の夏に出仕せしめ

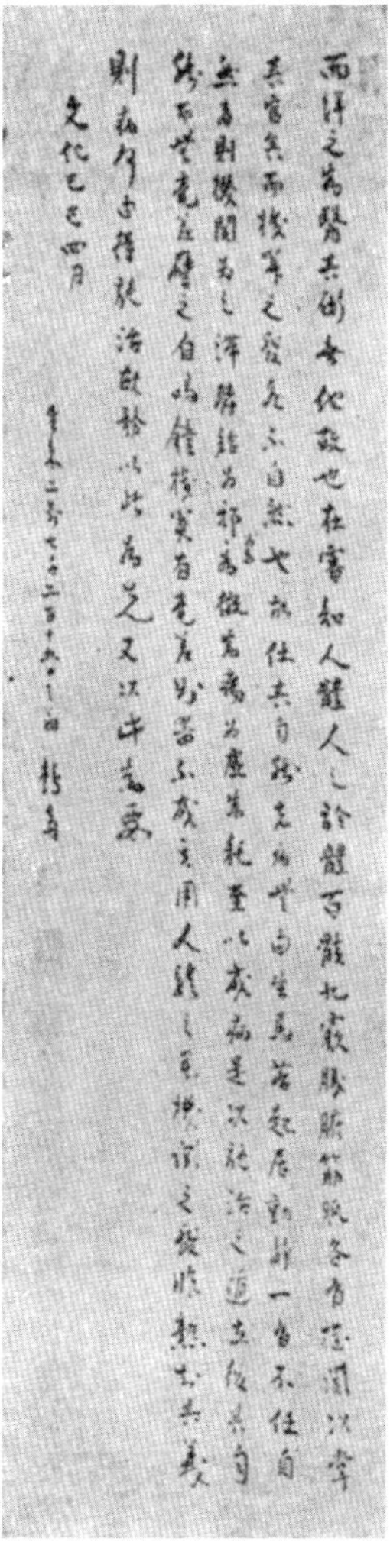

杉田玄白筆「西洋医術之要」
（横浜市，石原明博士蔵）
文化六年四月喜寿に際して揮毫「生来二万七千二百十五日之翁」と日数を算しているのも一興。

公儀より白銀二十枚の賞賜

賞賜金を出版費に充てる

ることに成功した。ここにおいて、企画中の世界地図の翻訳刊行事業がいよいよ本格化することとなった。伯元が献上した蘭書は幕府が時局柄必要重要視した蘭書であったわけであるが、その書名は遺憾ながら記録されていない。兎に角これに対し公儀より白銀二十枚の賞賜があった。

伯元はこの賞賜金の有効な利用法を考えたすえ、父玄白が先年来執心の著述『形影夜話』の出版資金に充てることに決めた。

玄白がこの書に殊の外力を注ぎ、脱稿する以前から門弟・知友に、これが完成出版の際には一本贈呈すると意気込んでいたことはすでにみた通りである。一つの道を開拓し得た自信と、豊富な診療経験からくる自信とが縦横に織りなされて、家学としての蘭方医術を語りあかし、進んでは医家の任務と抱負を説き得た心血注がれた書としてできあがったから、入門の子弟が、求めて本書の転写を行なったのも、けだし当然のことと思われる。

伯元はこの度の出版に際し序を認(したた)めて「悉く皆、先生胸中の薀蓄(うんちく)、目前の経験に係る」文であることを強調して「門人、これを読んで吾が家医術の源委(げんい)を知るべき」ものと薦(すす)

伯元、玄白の肖像制作に石川大浪を依嘱す

「花鳥図」

めた。と同時に、「後来の子孫、末流の弟子」に「吾家医術之源委」を伝えるために、玄白先生の真影を巻頭に掲げて効果あらしめようと考えた。

伯元は玄白の真影を写しとってくれる画家に石川大浪を選んだ。大浪が伯元の心に叶う画家であったのだ。大浪は江戸の蘭学界の主流の面々に交情を厚くし、玄沢の『蔫録(えんろく)』の挿図に絵筆を執ったことをはじめとし、諸家所蔵の珍籍・奇品を模写し、その間に交流を深めていたのである。杉田玄白・伯元父子の気心をも熟知の間柄であったに相違ない。朽ちた原画の心に迫って、生きかえらせたかのごとく仕上げた「花鳥図」にみえる力量、末端・細部まで模写の手をゆるめなかった大浪を伯元は選んだのである。

杉田玄白肖像

石川大浪筆，『形影夜話』所掲。頭部にみえる縦の筋は画面の蟲損の跡で，玄白の頭にキズがあったわけではない。

肖像ができるにおよび、伯元

はその由来・出来栄えを一言認めて、記念の『形影夜話』の巻頭を飾ることとした。

伯元の玄白肖像識語

先生今茲(ことし)七十八齢矣。請ニ大浪石川君一、為(に)写(す)ニ其真(を)一。後来子孫(の)、末流(の)弟子。拝(し)ニ此像(を)一、読(まば)ニ此書(を)一、庶幾(ねがわくは)有(らん)ニ親炙(しんしゃの)意志一。

庚午七月　男勤謹識

其の真を写す

肖像の出来栄えは「其の真を写」し得たものだったのであろう。刊本『形影夜話』に掲載されている「鷧斎杉田先生肖像」をみると、その右下に「大浪写」と謹厳に署し、「大浪」の一顆(か)をそえている。「大浪画」などと書かず「写」と明記したところに留意する必要があろう。石川大浪が伯元の依頼の趣旨を理解して玄白先生の真像を絵筆で写しとったものに相違なく、涼しい眼許、そぼめかげんな口許、深く刻み込まれた皺の一筋一筋の間に玄白の心に迫って表現を試み得たものかと思われる。玄白がしばしば「衰老の徴」をもらした、その七十八歳の年輪がそこにみられるのである。それ故にこそ伯元は満足の意を込めて「写ニ其真一」と識語を寄せたのである。『形影夜話』の内容にいかにも相応した作となっていることを喜ばなければならない。

『形影夜話』の上木(じょうぼく)は、先に認められていた大槻玄沢の跋文も付して、文化七年十一

月に刻成り、完成した。大尾には、

杉田伯元校正

文化七年庚午十一月刻成

墻東居蔵版㊞

とある。伯元が厳正な校正を施して、賞賜金を充てて出版したので、版木は伯元の所蔵ということになったのである。「墻東(しょうとう)居蔵版」の明記がそれを示している。墻東は伯元の別号であった。

（伯元の号、墻東）

玄白の喜び一入(ひとしお)で、早速、かの小林令助へも一本贈って年来の約を果たし得たことかと推測される。

ところで、『形影夜話』に掲げられた玄白の肖像は石川大浪の原画をもとに、改めて版下に彫られたものである。すなわち一工程多くかかっている。それだけ玄白の真影から遠ざかっているともいえる。しかし、幸いなことにこの原画の出来を伝えるとも思われる逸品が現存しているのである。早稲田大学図書館が珍蔵する杉田玄白像がそれである。

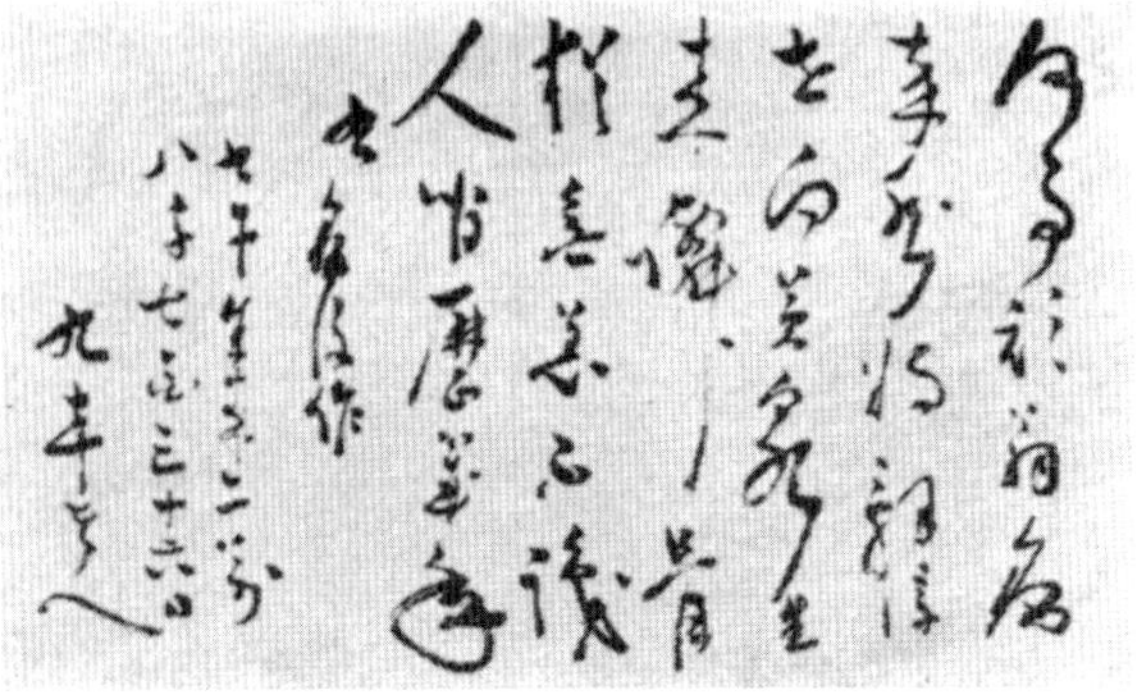

杉田玄白筆蹟（病後の作，神奈川県，太田幸之助氏蔵）
「生来二万八千七百三十六日九幸老人」と記している。

もっとも、刊行『形影夜話』の巻頭を飾った肖像は文化七年の夏までのうちにできたものであるが、早稲田大学図書館本が何年に描かれたものかは明記されていない。

ところで、この喜びも束の間、玄白は翌文化八年閏三月、ふとしたことからまたまた重病に陥った。しかし、奇蹟的にも全快して、重病回復の祝餅を親しい間に配って病中の見舞を謝した。その時のことを玄白は一詩に託し健筆のほどをふるって示した。

何事頑翁病卒然　何事ぞ頑翁、病卒然として
将辞浮世向黄泉　将に浮世を辞し黄泉に向わんとす
生来僊骨猶無恙　生来の僊骨、猶恙なし
不識人間歴歳年　識らず、人間、歳年を歴るを

右病後作

書レ于ニ生来二萬

八千七百三十六日一

九幸老人

（九死に一生を得、生来二万八千七百三十六日の生命を保ち得る）

老いの身にとって、まったくの命拾いであった。生来病弱の玄白は、この高齢の身を襲った重病を無事乗り切ることができ、「生来二万八千七百三十六日」を数え来たった日は正に貴重な一日の連続であったことを想い、なおいくばくかの日かずを加えうるまでに立ち直り得たことを静かにかみしめているのである。

杉田玄白自画像
（戯画，自賛，早稲田大学図書館蔵）

八十に手の届こうとしている玄白は養生にこれつとめ、一日午睡のあと、つれづれに絵筆を執り、かつ画に賛を加えてみた。

絹本に淡彩を施し、その長さは二尺五寸六分、幅八寸九分五厘。病後七十九歳の玄白自身が、午睡の夢うつつの中ででもあろうか、俗謡を歌いながら、両の手をあげ、足を踏みならして踊っているのである。賛文また面白く、

玄白、自画自賛の一幅

偽の世にかりの契りとしりながら
ほんじやと云ふにだまされた
ここは狐の宿かひな　コンく
文化八のとし　此今様(いまよう)をうたひ躍り
たりてゆめミし姿のうつし絵

明年八十翁

九幸老人㊞

と洒落(しゃれ)ている。

戯画風の自画と、軽妙洒脱(しゃだつ)、滑稽味溢れる賛文とをもって「明年八十」を迎えるぞ、と全く元気を取り戻したところを門弟・知友に示したのである。

自画自賛の筆致は必ずしも名作とはいい難いかもしれない。しかし、睡後、サッと一筆、こんな一幅をものして画と賛の配置の調和を崩していないあたり、決して単なる素人の余技とは思われないものがある。先の「百鶴図」とともに、玄白が若い時から折に触れ絵筆を執って習っていたことがわかる。彼のまわりには、長崎から沈南蘋（しんなんぴん）の画風を学んで帰った楠本雪溪（宋紫石）が隣家にいたことがあり、平賀源内とは親友であったし、『解体新書』の附図を描いた秋田蘭画の代表小田野直武もいた。近頃はまた江戸の洋風画家石川大浪が肖像を描いてくれるために通って来てもいるのである。玄白を中心に、これらはいずれも風雅の同臭であったわけなのである。玄白はこんな人間関係をもちうる人間性の持ち主でもあったのである。

玄白の周囲に風雅の同臭寄り集う

病後の全快を祝し、併せて玄白が八十歳の新春を迎えんとする賀を寿（こと）ほぐ記念に、請われるままに石川大浪は『形影夜話』掲載の肖像版下絵を発展させて、改めてその絵筆を執って玄白の坐像を描きあげたものかと思われる。

杉田玄白の坐像

玄白像（口絵参照）は半折画仙紙大の絹地の中央部に頭部がくる構図をとっている。向って右向きに三分の二半身をみせて安坐する老玄白は心もち前かがみになって、立てぎみの左の膝頭を軽く左手でおさえ、右の手先は休めた右足に垂れている。

ゆったりとした身づくろいのうちでも、殊に濃紺の地に緑と青で組み合わせた小さな花模様が点在する被布は、老境の玄白の趣味を物語り、地味ならうちにもかすかな華やかさをふくんで気品をただよわせている。

玄白の左側には青い帙入りの和書数冊。ことによったら『解体新書』とその「附図」一組かもしれない。右手前には赤い背皮の堅牢なる大判の蘭書のうえに、扉絵を開いてみせたままの緑の縁の中判の蘭書が一冊のっている。いずれも苦心して入手した有用の珍籍に相違ない。背後には蒔絵の台に入れた白磁の壺から、寒椿が白い花と蕾をたくわえ、白梅一枝は玄白の背に沿うがごとく、上部空間へ伸びている。新春を寿ほぐ寿像にふさわしい香気をさえただよわせているようだ。

添えられている小道具類も調和をとって、くつろいで坐す老玄白の安らかな心境をもつかみえていると思われる。

大浪が描きだした老玄白の表情には、額・眼尻・頬から顎にかけて、深い皺が幾筋かみえて陰影をつくっている。大きな皺は無数の複雑な小皺によって連なり、長い首の筋もめだっている。玄白にはすでに頭髪はなく、でこぼこした頭、ことに後頭部のとがりぐあい、大きな耳は耳殻の特徴までとらえているようで、玄白がみずから描いた戯画風の自画像と一致している。眼・鼻・口許は、玄白みずから手鏡をとり、燈火をかかげてみつめて、『形影夜話』の中で独語した「しわみ多い顔、しよぼしよぼ目、歯のぬけたすぼみ口」そのものであって、大浪がいかに玄白の真を写しとろうと努めてくれたかがわかる。皺にかこまれ、くぼみかげんの眼許の奥に、やや上目づかいに遠くを見つめている細く小さな眼は、落ち着いた涼しさを保っている。とはいえ、やや身を乗り出した姿勢、その大きな耳で聞きとったことに対する返答を、いままさにしようと、動かしかけたかにみえる口許と、そのため顔面に神経が集中したためでもあろうか、手首は力をぬいて関節の一節一節がゆるやかに老いの疲れをみせている。

静かな調和を保った構図と克明な描写の中から、ことにその眼差しから、八十翁玄白が経てきた激しい情熱の時期が、いまや静かな安らぎの時を迎え、厳しい親試実験の集積の中から得られた叡智が充満している様子さえも窺えるようだ。

大浪、玄白の真を写しとる

石川大浪は杉田玄白の深く複雑な大小の皺の、陰影の間に位置を占める双眸の内にみえる安らかな眼差しに、この老学者が二万何千日に亘る内面生活の蓄積をみて、そこに熟成の美を感じた。そして修得した陰影強調による立体感の表現方法によって、その真像を描きあげることに成功したのである。

伯元が「其の真を写す」といったことは、単なる修辞ではなく、真実満足の一句であったとみなければなるまい。

玄白、八十の新春、賛を加える

文化九年、江戸の元旦はうららかに明けわたり、あたかも玄白の長寿を祝福しているかのようだ。玄白は石川大浪が丹精込めて描きあげてくれたわが肖像の上段余白に、長寿を得て迎え得た新春ののどけさを一詩に託し、筆とって賛を加えた。

荏苒太平世　　荏苒(じんぜん)たり太平の世
無事保天真　　無事天真(てんしん)を保つ
復是烟霞改　　復是(またここ)に烟霞(えんか)改まり
閑迎八十春　　閑(のど)かに迎う八十の春

文化九壬申正月元日

九幸老人書

八　河口信順

河口房頼
河口良庵
カスパル流外科
栗崎道意
『解屍篇』

杉田玄白の最晩年の門弟の一人として、古河藩土井侯に仕えた河口信順という藩医があった。

この河口家は代々医をもって土井侯に仕えた家柄である。初代房頼が長崎の河口良庵からカスパル流の外科を学び、土井侯が唐津時代の三代信任も長崎に遊学して栗崎道意について外科を修め、明和七年四月二十五日京都の西郊で屍体を自らの手で解剖する機会に恵まれ、『解屍編』（明和九年、一七七二出版）一冊を世に送ったことは、すでによく知られている。

五代目、河口信順

河口家の第五代目が信順である。幼名を熊之助、のち壮也といい、祐卿・陶斎と号した。寛政五年（一七九三）十二月二十一日古河に生まれ、明治二年三月二十二日同地において七十七歳で歿している。土井利厚に仕え、十五人扶持を給せられ、のち二人扶持加増となり、御側医格となったのであるが、天保九年九月十一日に、御側医格御側勤は御免となった。

四代、河口信且

信順の父第四代信且（道且ともいう）は文化九年十二月二十二日五十五歳で古河において

歿している。これよりさき、信且の病が快復の見込みなしと懸念されたためか、信順は同年二月十六日に土井利厚より御目見を許され、十二月十七日には表御医師となり、十五人扶持を給せられている。亡父の遺跡を継いだ信順は藩侯に仕える身となって、一層の出精を期し、かつ人命を預る責務のうえからもさらに良師について医術修業が必要と心に決めて、このことを藩に願い出た。すなわち、

信順の修業願い

奉願口上之覚

私儀不調法者御座候処、亡父跡式結構被ニ仰付一冥加至極難レ有仕合奉レ存候。然上者何分家業出精仕御家中病用等相勤申度奉レ存候。然処是迄家伝一通者亡父道宜ゟ受相伝候得共、未療治方未熟御座候得ば、預ニ人命一療治仕候儀不本意御座候而恐入奉レ存候ニ付、江戸表浜町ニ外宅仕罷在候酒井讃岐守様御医師杉田玄伯(ママ)老と申仁ゟ随身仕、当夏ゟ壱ケ〔年〕之間御同人方ゟ寄宿仕修行仕度奉レ存候、依レ之何卒以ニ御慈悲一往来之外壱ケ年之御暇被ニ下置一候者重畳難レ有仕合奉レ存候。并修行中無レ拠用事御座候節者、此表ゟ一両度罷越申度奉レ存候、尤模様次第両三年茂修行仕度奉レ存候。其節者追願等茂仕度奉レ存候。此段奉レ願候。右之趣御序之刻御家老中迄宜被ニ仰上一

信順、杉田玄白へ入門を希望す

可レ被レ下候。以上。

四月　　河口壮也

鷹見平右衛門殿

遠山　十兵衛殿

と、早速江戸日本橋浜町に住せる杉田玄白のもとでの修業方を願い出ている。河口信順がどうして杉田玄白を名指しで挙げて、その塾への入門方を藩に願い出たかというに、これは鷹見泉石との関係によることと察せられる。

鷹見泉石『泉石日記』

すなわち、のちに家老となった古河藩の逸才鷹見十郎左衛門泉石はその頃の行動をその『泉石日記』に克明に記しているが、それによれば、江戸邸における文化十年十月二十四日の条には、

一、杉田伯元来。

とみえ、翌十一月七日の条にも、

一、帰掛、杉田へ参候処、融通念仏縁起板本也、二巻物嵯峨釈伽之来候節写物之旨也。白川侯ニ而板ニ成候品見之。

などとみえて、鷹見泉石は杉田伯元と昵懇の間柄のようであった。かつ、閏十一月十一日の条をみると、

一、大槻玄沢方ニ而、例年之通、和蘭新元相当之会集有レ之候ニ付罷越、肴一籠持参。

とみえる。なんと、鷹見泉石は江戸の蘭学者の最大の集会大槻家で開催される新元会に出席できる人物であったのである。杉田玄白がいう「社中の人」であったわけである。かつ鷹見泉石はこの文化十年より古河藩の用人を仰せ付けられてもいるのである。

鷹見泉石、芝蘭堂の新元会に出席

このような関係から河口信順の願いは文化十二年に至って許可されることとなったようである。河口家の『年代記』が記すところによれば、文化十二年五月二十四日に古河を発って、二十五日に江戸に着き、二十六日に「杉田氏へ入門」と明記されている。

河口家の『年代記』

現に河口家旧蔵資料中に『吉田方函』と題する二十二丁の写本一冊があり、その大尾に「于レ時文化十二乙亥歳冬十月、余遊ニ学于東都一、於ニ天真楼塾中一深夜写レ之、河口信順」と記されており、早速修業の余暇に写本をも開始して精を出していた模様である。『年代記』の十三年の項には「三月六日信順江戸ヨリ中ヵ帰リスル」とあって、一時帰国したが、「同廿一日江戸へ出立、同廿二日江戸着」とあるから、半月程の里帰りで、

すぐ帰塾したものと思われる。この夏八月十六日には熱病を煩ったらしいが、間もなく平癒したともみえる。そして『春林軒膏薬方』（外題には「花岡氏膏薬方函　完」）と題する二十二丁一冊の写本裏表紙見返しには「于レ時文化十三丙子歳冬十月、写二于天真楼塾中一、河口順蔵書」とあるから、引き続き勉学に勤しんだ様子が窺える。

信順、『犬解嘲』を写本す

信順はこのように在塾中教授を受ける一方、夜間余暇を見い出してはせっせと写本にも励んでいたようで、先にみた『犬解嘲』をはじめ、貴重な記録を数多く遺している。越えて『年代記』の十四年の項に「七月廿五日信順帰国」とみえるから、この時まで二年三ヵ月程在塾したことがわかる。

九　『蘭学事始』成る

玄白、手記執筆

古河から出て来た河口信順が、天真楼塾に入った頃、当の杉田老先生玄白は次第に「老い」と「疲れ」を自覚するようになって、「世に在る絶筆」と覚悟して「わが孫子ら」に遺すべき著述の下書きをようやく仕上げたところであった。

それは、玄白自身の言によれば、

ことし文化十二年乙亥は、二荒の山の大御神、二百とせの御神忌にあたらせ給ふ。この大御神の天下太平に一統し給ひし御恩沢、数ならぬ翁が輩まで加はり被むり奉り、くまぐますみずみまで神徳の日の光照りそへ給ひしおん徳なりと、おそれかしこみ仰ぎても猶あまりある御事なり。

と思う心から、この世の最後と思う筆をとったのである。すなわち神君徳川家康をまつる日光山の二百年御神忌に当たり、家康の命日であるその卯月（四月）にちなんでこれを手録したのである。

というのも、「翁、幸ひに天寿を長うしてこの学の開けかゝりし初めより自ら知りて今の如くかく隆盛に至りしを見るは、これわが身に備はりし幸ひなりとのみいふべからず。伏して考ふるに、その実は忝く太平の余化より出でしところなり。世に篤好厚志の人ありとも、いづくんぞ戦乱干戈の間にしてこれを創建し、この盛挙に及ぶの暇あらんや」と思えばこそ、飽きやすい老いの心に鞭打って筆執ったのであった。

この手録は下書きのまま門人の大槻玄沢に手渡され、文の「あとさきなることは訂正し、繕写」することを託されたのである。

玄白の手録の内容は上下二巻からなっている。その上の巻は、日欧交渉の発端から筆を起し、鎖国後に至ってはオランダとの交渉が維持されて、長崎の地で阿蘭陀通詞の中から南蛮・阿蘭陀両流の外科に手を染める者がで、江戸でも八代将軍吉宗の頃からオランダ書籍の学習が下命されるようになったこと。やがて、田沼侯(意次)の頃からは「世人何となくかの国持渡りのものを奇珍とし、総べてその舶来の珍器の類を好」む風潮がひろまり、オランダ商館長が江戸参府の時の定宿長崎屋へ対談に赴く機会などが度重なり、やがてオランダの解剖書を入手し、かつは同志前野良沢・中川淳庵らを得て、明和八年の観臓を機に『ターヘル＝アナトミア』の翻訳を決意して打ち向ったこと、その翻訳事業の推進に同志が苦心・力行した実況を、玄白は言葉を尽して活写している。

下巻では、翻訳の会業が継続されるうちに、同臭の者も加わり、社中を形成し、やがて蘭学という新名を首唱するようになったこと。進んではその蘭学が各分野に展開し、わずか五十年くらいの間に海内におよぶ程になった興隆の状況を驚異の眼をもって観察しつつ述べ、ことに、天文台に出仕中の馬場佐十郎が江戸の蘭学者達に本格的な訳読の教授を行なって、「都下ノ旧法廃シテ新法正式ニ一変」すると驚嘆されるほどの成果を

馬場佐十郎

あげた状況を眼のあたりにみて、「わが子弟・孫子、その教へを受くることなれば、各々その真法を得て、正訳も成就すべし」と本格的後継者を得た喜びをかみしめて、「かへすがえすも翁は殊に喜ぶ。この道開けなば千百年の後々の医家真術を得て、生民救済の洪益(こうえき)あるべしと、手足舞踏雀躍(じゃくやく)に堪へざるところなり」と安堵の情を吐露(とろ)したのである。

先に玄白は北辺の急務に迫られながら世の武家が柔弱と化した現状をみて、心おだやかならず、いたく憤慨の情を洩らしたことがあった。その際の玄白の心情には老いの身にもかかわらず救われ難い、どこかしら憔悴(しょうすい)の影さえただよっていた。

しかし、北辺の急務が契機となって、はからずも蘭学が公儀採用の学となり、天文方には本格的蘭学の徒が集ってその成果をあげつつある実況を眼のあたりにして、玄白は安堵・満足の安らぎの時を迎えることができて、喜びつつも「今この業を主張する人、これまでのことを種々の聞き伝へ・語り伝へを誤り唱ふるも多しと見ゆれば、あとさきながら覚え居たりし昔語をかくは書き捨てぬ」とて、この学興隆の真実を手記したのである。すなわち、玄白は、望みを託し得る次代の人々にあるがままの真実を語り明かすことによって自己の責任を果たし終えようとしたのである。

玄白の真実の伝達

この玄白が語り明かした真実の伝達は、正しく尊いことであった、と筆者は思う。この手録が古典として人々の心の中に生きつづける秘密は、まさにここにあるといえよう。

手記の表題

玄白が玄沢に託した手録には確定的な表題がつけられていなかったかもしれない。玄沢はこれに加筆・訂正・推敲を加えてまとめあげた。伝存の写本には『蘭東事始』とも『和蘭事始』ともあるが、『蘭学事始』の名も、はやくより伝わっている。

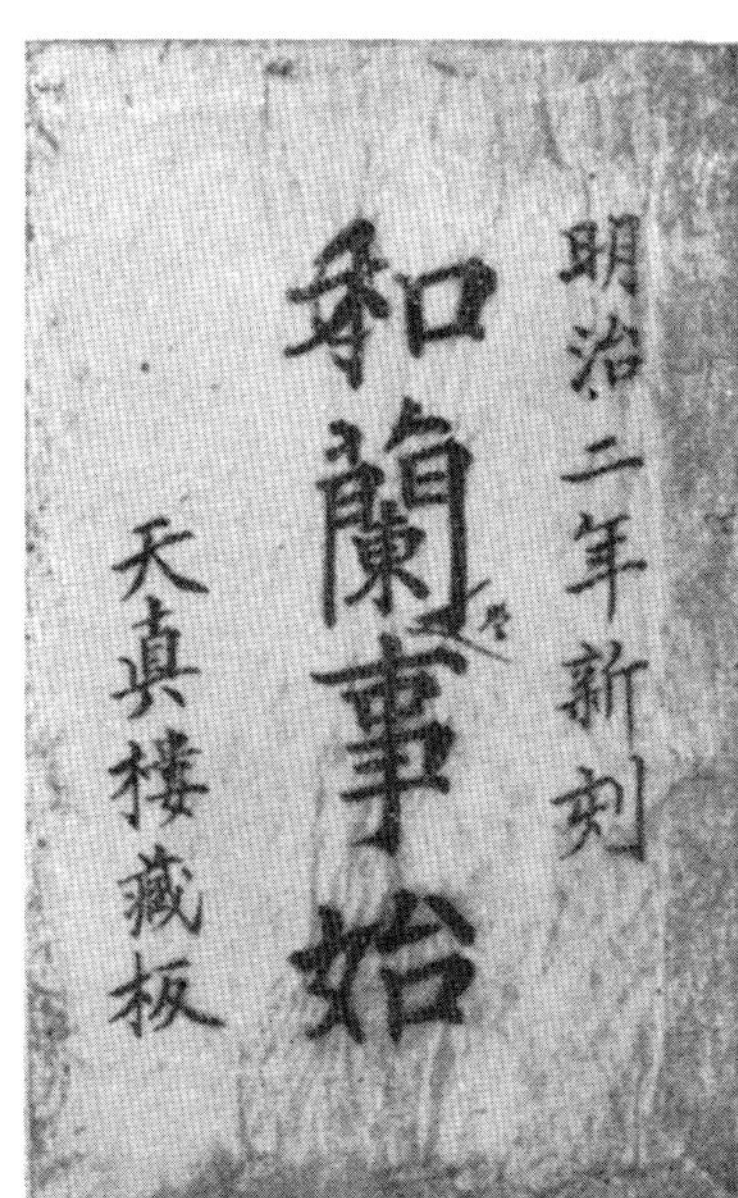

杉田玄白著『蘭学事始』(福沢諭吉が書名を改めた写本。慶応義塾大学塾史編纂室蔵)

『蘭学事始』は最初からそうよばれたのではなかった。まとめあげた大槻玄沢は『蘭東事始』と名付けた。古写本は『蘭東事始』と『和蘭事始』の両様の書名で数種のこっている。また別に,『蘭学事始』という名もすでに文書中にみえている。しかし,江戸時代にはひろく知られないで過ぎた。明治維新の直前に神田孝平が湯島の露店で古い写本を再発見したとき,福沢諭吉らは一読,いたく感動し,刊行を企てた。明治二年はじめて木版本として刊行されたが,その出版に際し,福沢諭吉は自筆で『和蘭事始』を『蘭学事始』と改めた。

十　老衰・絶筆、そして死

世にある絶筆と覚悟して『蘭学事始』を書きあげたあとも、玄白は思いのほか健康であった。世人は玄白の長寿を羨み、同様に寿を保ちたいと噂しあった。

『耄耋独語』

玄白はこの世評を耳にして、「老行く先きへの己が意の如くならざる味を知らず」ただ羨み希う世人をいましめて、捨て置いた筆をまたまた執りあげた。題して『耄耋(ぼうてつ)独語』——老いぼれの独り語り——といい、時に文化十三年の節分の正月九日をあまり過ぎない頃の作である。内容にも興味を惹かれるが、兎も角これによって玄白が老衰の不自由を訴えながらも元気に家人や門弟達と語らい、時には散歩して、一日一日を精一杯享受していた様子を知ることができる。

古河から出て来て入塾した河口信順は、夏ごろ一寸熱病を煩ったが、それも回復して相変らず勉学を続け、夜も写本に精を出している様子である。

玄白、門人玄沢の還暦に寿歌を贈る

この年の秋、玄白は門人大槻玄沢の還暦を祝って寿歌を作り、これに寿衣として鶴の毛衣と如意(にょい)を添え、三品揃えて書状を付して贈った。寿歌は、

大槻六十の賀に

きみがよはひ　蝦夷の手嶋の　白真砂（まさご）
つきせぬ数の　朝（あした）とぞ知る
八十四翁　九幸

とあり、添え状には、

先日者乍ㇾ早々ㇸ、得ㇾ貴意ㇾ候。爾後御安清と奉ㇾ賀候。然バ当月末ハ御年賀御祝之由、愛度（めでたく）奉ㇾ存候。仍て拙詠一首、千年までもと鶴の毛衣一ツ、万事如意と相添、三種致ㇾ進上ㇾ候。老人志計ニ御座候。余面上（はに）可ㇾ得ㇾ貴意ㇾ候。頓首。

九月十三日　杉田玄白

大槻玄沢様

とあって、三品の趣旨を説明して贈ったのである。九月十三日は玄白自身の誕生日、その月末に玄沢の祝いがあるという。心和（なご）やいだ玄白の情が寿歌を認（したた）めた筆の穂先の延びにも現われている。

一方、河口信順は天真楼塾中で若先生の伯元や同塾の先輩達から便宜を得て勉学や写

老玄白、枝珊瑚の根付を愛用

世の婦女子、玄白を真似て「さんごかんざし」流行。玄白、大いにもてる

本に励んでいた様子で、玄白もこの青年を殊のほか好ましく思っていたらしい。

信順は老先生玄白の身近かな日常茶飯事にいたることまでも、そば近くで見聞きしていたようである。たとえば、文化十三年の春の一日、勢州のある人が玄白先生に、同国で百歳になる婦人が織った布を一反贈った様子をみていたり、あるいは夏の一日、玄白が今年百三歳になる加藤遠州侯の家人である菊地貞翁の宅へ赴き、種々雑談のすえ、日頃の様子などを聞いた話をまた聞きしているなど。そうかと思うと玄白がつれづれに三囲(みめぐり)やどこそこの庭を散歩した途次、心に浮かんだ詩や俳句を、帰宅後に披露してもらっている。かと思うと、老先生所持の扇どめには珊瑚で造った髑髏(どくろ)のきざみがしてあるとか、枝珊瑚の根付を用いている玄白を世上の婦女子らが真似をして「さんごかんざし」などを用い出し、それをみた玄白が一首詠んで、

世の中を　思へバ同じ　しやれかうべ
うきもあしきも　三五十八

と、そっと雑記帳に書き付けたのを、またまた信順がみせてもらったり。なかなか信順の眼は玄白老先生から離れない。

清曠楼

こんな気安さからでもあろうか、玄白は信順の頼みを聞いて、嘗てものした詩句の中から好きなものを選んで健筆をふるって与えたりした。その記念の大幅が今も河口家に遺っている。画仙紙全幅一杯に書き収めた新築の清曠楼を詠じた書幅がそれである。後段は墨がきれたのであろう、かたわらの水かお茶でも少々注ぎ足して書きあげたらしく、墨が薄く滲んでいる。「八十五翁九幸」と署名しているから、文化十四年、玄白最後の正月か、あるいは春先の一日、筆執って書き与えたものであろう。枯れた筆の穂先が妙。さりとて乱れてもいず、ゆったりとまとまっている。玄白は元気だったのである。

河口家に遺る玄白の絶筆

河口家はさらに二種の筆蹟と二種の書幅を蔵している。筆蹟の一つは半切紙（はんせつ）に「神農氏」と大書し、他は同じく半切紙に「いろはにほへと」と書いて「百たらず、八十（やそ）ぢに余る五とせの、いつも替ぬ春に逢にけり、八十五春試筆」と認（したた）めているから、この年の新春試筆である。書軸二点はいずれも同文ながら、一つは画仙紙半切に一行書きにし、他は茶掛け風に横おどり書きにしている。一行書の方が引き締まって立派である。いわく、

医事不如自然

八十五翁九幸老人書（口絵参照）

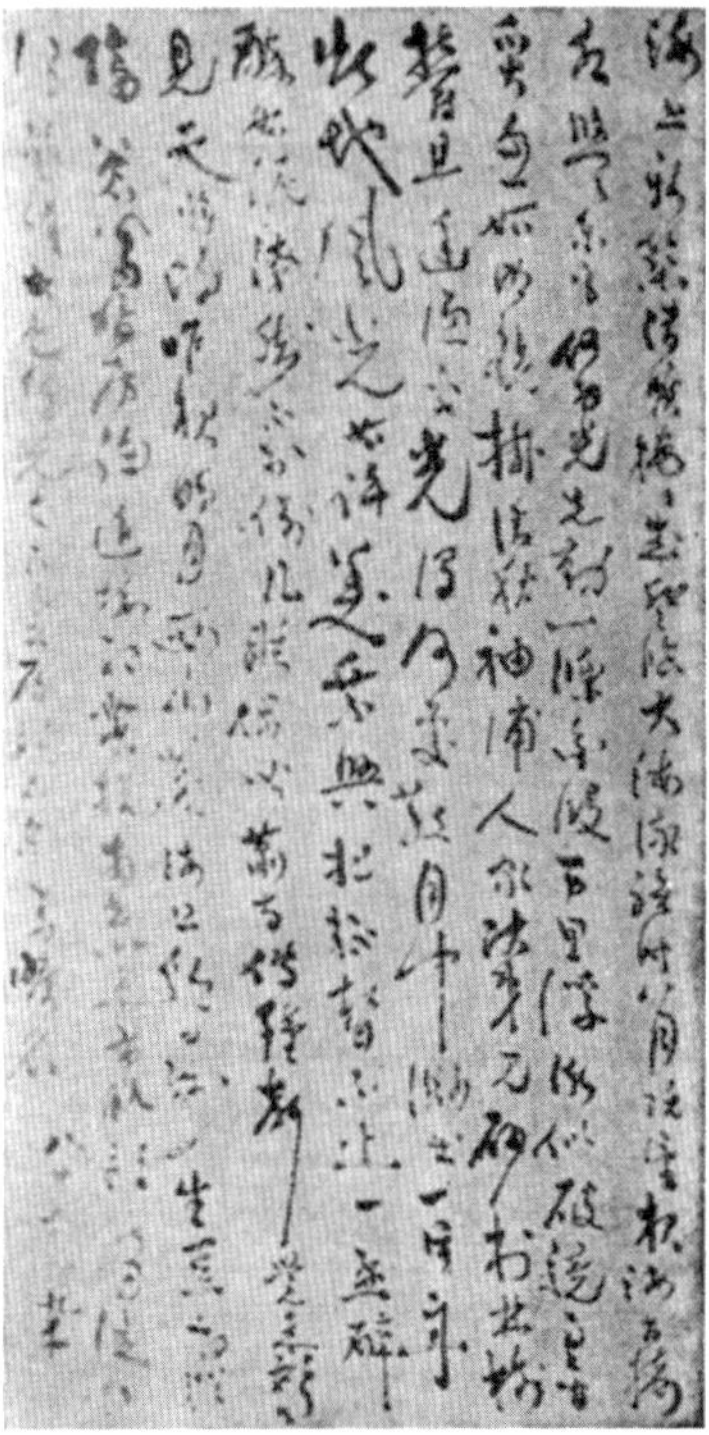

杉田玄白筆蹟（古河市，河口信広氏蔵）
文化十四年，玄白八十五歳の筆。この年の四月十七日に逝去する玄白は，画仙紙の全紙一杯に力をこめて書きあげている。いうところの清曠楼で，玄白は諸士としばしば賀宴を催した。

と。「医事は自然にしかず」。玄白が一つの学を求め続けて到達し得た帰結の一言であると思う。八十五翁が人世に対する達観の名言である。玄白の筆また素晴らしく、飽かず眺め入るばかりである。

この玄白の言は、かの偉大な臨床家にして哲学・教育者でもあり、医学の近代化に尽したヘルマン＝ブールハーベ Hermann Boerhaave（一六六八―一七三八）が晩年に行なった講演の中で、「自然の命令を観察し、自然の実例にならう、自然への真の服従こそ、医師たるものの、自分の職業上、最高の栄誉に値するものだとする事、そのことこそ唯一つの不変の基盤である。それ故に、疾病を治療する技術は、ただひたすら自然の忠実な下僕(しもべ)となって、自然によって導かれたときこそ、最上の上首尾をおさめる」と述べ、彼の座右銘 Simplex veri Sigillum「単純は真理のしるしなり」にも相通ずるものを含んでいる。

この比較は突飛なものでは決してない。ブールハーベの影響の大きいローレンス＝ヘーステルの外科書を杉田玄白は徹宵(てっしょう)してその附図を写し、のちには翻訳に取り組んでいたのであるからである。

光輝ある生涯を閉ず

こんな境地に達し得て、こんなにも意気軒昂(けんこう)なる玄白ではあったが、その後まもなくふとしたことから健康を害したものでもあろうか、子弟・知友に見守られつつ、よく晴れた四月十七日に、その光輝ある八十五歳の生涯を閉じたのである。

芝、天徳寺の塔頭(たっちゅう)、栄閑院(通称猿寺)に葬られ、その名も九幸院仁誉義眞玄白居士と、はるかなるくににすむひとの名に変った。

杉田氏略系図

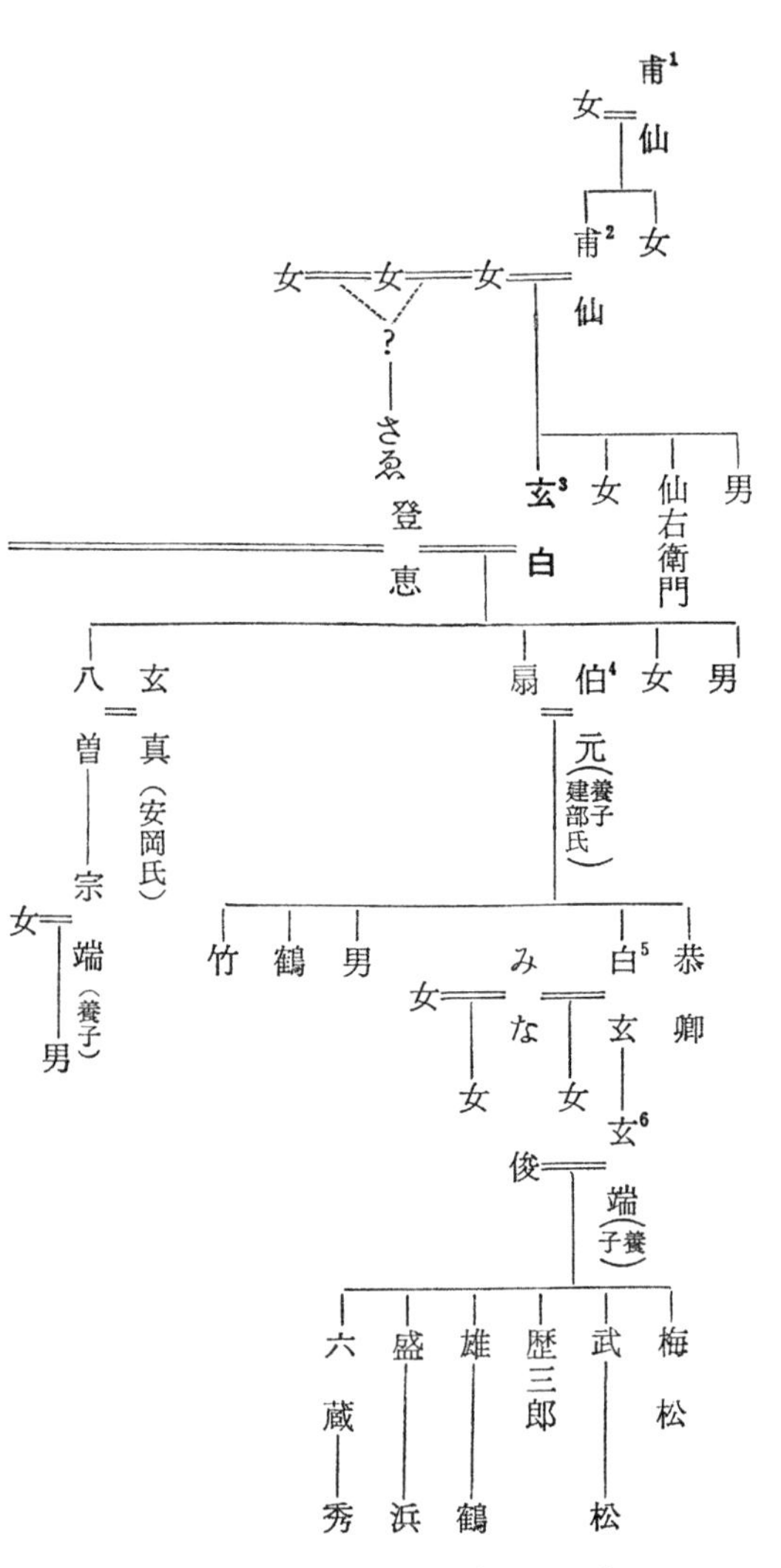

甫1
女
仙
甫2
女
女
女
女
仙
?
さゑ
玄3
女
仙右衛門
男
登恵
白
八曽
玄真
（安岡氏）
扇
伯4
女
男
元
（養子建部氏）
宗
女
端
（養子）
男
竹
鶴
男
みな
白5
恭卿
女
女
女
玄
玄6
俊
端
（養子）
六蔵
盛
雄
歴三郎
武
梅松
秀男
浜男
鶴子
松夫

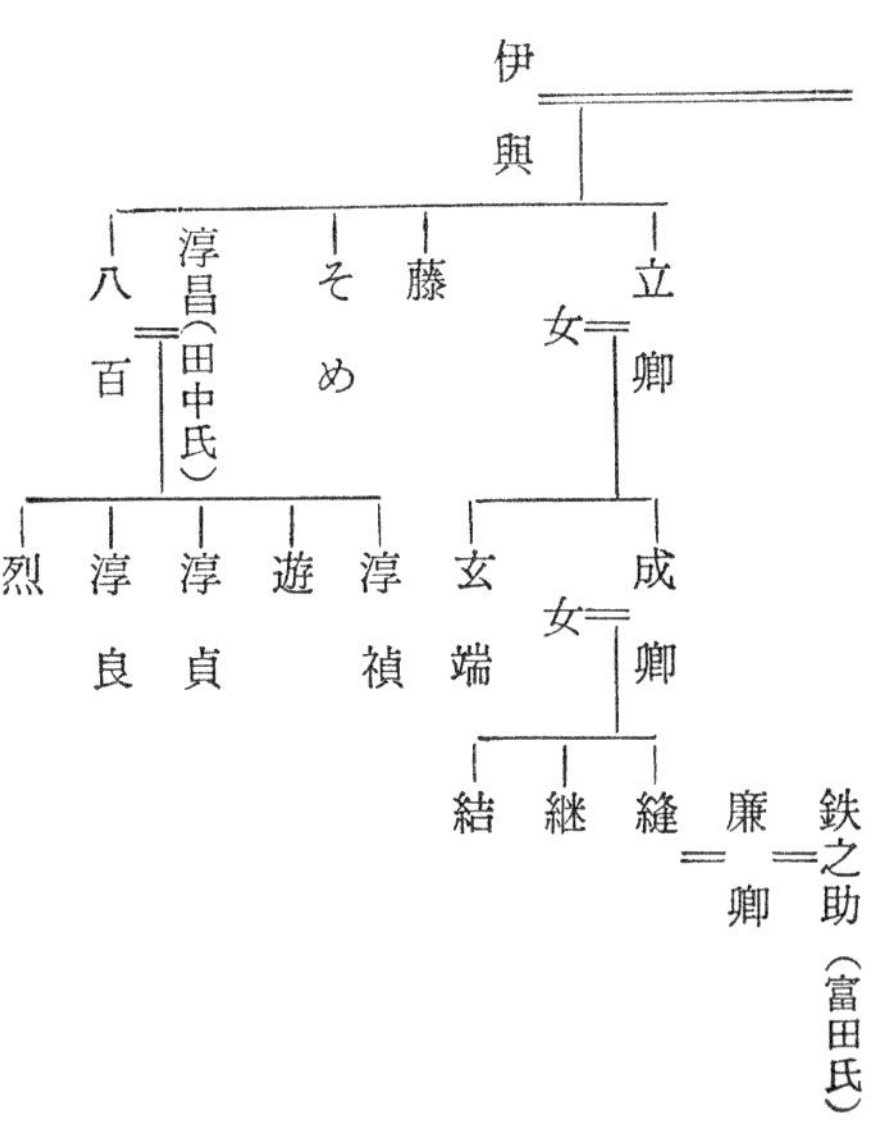
伊与
立卿
女
藤
そめ
淳昌(田中氏)
八百
成卿
女
玄端
淳禎
遊
淳貞
淳良
烈
縫
継
結
廉卿
鉄之助(富田氏)

略年譜

（関係事項欄の洋数字の月日は太陽暦を示す）

年次	西暦	年齢	事蹟	関係事項
享保一八	一七三三	一	九月一三日、江戸牛込矢来の小浜藩邸にて誕生。父は小浜藩医杉田甫仙。母は蓬田玄好の女、難産でこのとき死去	古方医後藤艮山歿（七五歳）○九月一八日、沈南蘋帰国
一九	一七三四	二		クルムス著、デイクテン蘭訳『解剖学表』（ターヘル＝アナトミア）アムステルダムで刊行
二〇	一七三五	三	一二月二九日、父三人扶持加増、計二三人扶持	西玄哲編『金瘡跌撲療治之書』（一説には一八年の編）○青木昆陽『蕃薯考』
元文元	一七三六	四		河口信任生まる
二	一七三七	五	二月一六日、父、酒井家の奥医師となる	
四	一七三九	七	一一月一五日、父七人扶持加増、計三〇人扶持	中川淳庵生まる○ヘルマン＝ブールハーベ歿○六月、安房・陸奥沖に露船出没
五	一七四〇	八	九月四日、父甫仙、奥医を免ぜられ、小浜詰を命ぜら	青木文蔵（昆陽）・野呂元丈、将軍吉

			る。玄白、父に従って小浜へゆく	宗より蘭学学習の内旨
寛保元（二月二七日改元）	一七四一	九	元文六年二月一〇日、長兄夭す。覚林了幻童子	
二	一七四二	一〇		野呂元丈、参府のオランダ商館長・蘭医・通詞らについて、ドドネウスの本草書を訳して『阿蘭陀本草和解』をまとめはじめる（寛延三年まで）
三	一七四三	一一	六月二七日、父の後配歿。戒光為禅大姉	青木文蔵『和蘭和訳』
延享元	一七四四	一二		二月二八日、石川玄常生まる○青木文蔵『和蘭文字略考』（延享三年まで）○天文台設置○青木文蔵『和蘭和訳後集』
二	一七四五	一三	五月二三日、父甫仙江戸詰を命ぜらる。玄白も父に従い江戸に帰る○安東登恵生まる（のちの玄白夫人）	5月29日、クルムス、ダンチッヒで歿、五六歳○九月、将軍吉宗退職○一一月、家重将軍就職
三	一七四六	一四		一一月一日、西玄哲、家重将軍に御目見○嶺春泰生まる
四	一七四七	一五		正月一九日、西玄哲、寄合医となり、廩米二百俵○四月六日、奥医師とな

年号	西暦	年齢	事蹟	参考事項
				る
寛延元	一七四八	一六		三月二八日、桂川甫三、家重将軍に御目見
二	一七四九	一七	今明年頃、父に立志のほどを願い出る○漢学を宮瀬龍門に、オランダ流外科を西玄哲に学ぶ	
宝暦元	一七五一	一九		六月、徳川吉宗歿(六八歳)○七月、田沼意次、将軍家重の側衆となる○一二月、大岡忠相歿(七五歳)
二	一七五二	二〇	一二月二一日、上屋敷詰	八月一二日、桂川甫三、江戸城本丸の御広敷女中病用を勤む。○平賀源内、長崎遊学
三	一七五三	二一	正月二八日、酒井忠用に召出され、五人扶持を給せらる。五度の御仕着下さる○六月一一日、姉死去、智光院夏月恵照信女	
四	一七五四	二二	同僚小浜藩医、小杉玄適より山脇東洋の解剖の様子を知らさる	閏二月七日、山脇東洋、京都の西郊で解屍○平賀源内、妹婿権太夫に家督をゆずって江戸に出る○一〇月、宝暦暦採用○一二月一日、閑院宮王女五十宮倫子、将軍世子家治と結婚

五	一七五五	二三		○桂川甫三、西丸御広敷病用を勤む 香川修徳歿
六	一七五六	二四	四月四日、父甫仙の妾歿、宝池院乗誉蓮清信女	
七	一七五七	二五	日本橋通四丁目に開業。隣家には画家楠本雪溪（宋紫石）が住す	七月、田村元雄、湯島で第一回物産会を開催○九月、大槻玄沢生まる
八	一七五八	二六	このころ、漢方外科書を集めて編著を企てる（『瘍科大成』『広瘡総論』の編あり）	三月、長州萩の栗山孝庵解剖○五月、京都伏見の伊良子光顕解剖○九月、田沼意次、大名に列し、評定所出仕○江戸神田で第二回物産会（会主田村元雄）○画家宋紫岩来朝
九	一七五九	二七	正月一一日、父甫仙再び奥医師を命ぜらる（六九歳）	六月、萩で栗山孝庵女体解剖○八月、湯島で第三回物産会。会主は平賀源内○山脇東洋『蔵志』公刊○河口信任長崎遊学、栗崎道意に師事
一〇	一七六〇	二八	二月、火災により日本橋箔屋町に移転	二月八日、西玄哲歿（八〇歳）○三月、戸田旭山、大坂で物産会開催○五月、家治、将軍就職○八月、桂川甫三、奥医師○第四回物産会。市ヶ谷で松田氏主権○河口信任、南蛮流

年号	西暦	年齢	事蹟	参考事項
宝暦一一	一七六一	二九		外科の免許を受く 六月、前将軍家重死去（五一歳）○桂川甫三、オランダ人との対談許可○七月、野呂元丈歿（六九歳）
一二	一七六二	三〇	二月、再び火災により日本橋堀留町に移転	八月、山脇東洋歿（五八歳）
一三	一七六三	三一		七月、平賀源内『物類品隲』刊○河口信任、古河に移る○田村元雄、幕府医官となる
明和 元	一七六四	三二		三月、幕府、俵物生産奨励○平賀源内、火浣布創製○参府商館長ヤン＝クランス、大通詞今村源右衛門
二	一七六五	三三	春、本石町の長崎屋訪問。平賀源内・中川淳庵らと同席、吉雄幸左衛門に会う○日光御用を勤む○六月一日、小浜藩酒井家奥医師に陞進	参府商館長フレデリック＝ウィレム＝ウィンケ、上外科アントニィ＝ファン＝ニューウェンハイゼン、大通詞吉雄幸左衛門○四月、徳川家康百五十回忌○後藤梨春『紅毛談』出版、絶版の咎を受くという
三	一七六六	三四	春、前野良沢とともに長崎屋訪問、大通詞西善三郎に会いオランダ語について質問○一二月二八日、医術出	参府商館長ヤン＝クランス、上外科アントニィ＝ファン＝ニーウェンハ

年次	西暦	年齢	事蹟	参考事項
			精により三人扶持加増	イゼン、大通詞西善三郎〇一二月一九日、桂川甫三、法眼を許さる
四	一七六七	三五	一〇月、父、老衰により上屋敷への五節句そのほか軽吉凶の節の出仕御免	参府商館長ヘルマン＝クリスチャン＝カステンス、上外科ヤン＝フランソア＝デ＝ハウト、大通詞名村勝左衛門〇七月、田沼意次、側用人となる。遠州相良に築城〇八月、明和事件〇米沢藩主上杉治憲（鷹山）の改革開始
五	一七六八	三六		参府商館長ヤン＝クランス、上外科ヤン＝フランソア＝デ＝ハウト、大通詞今村源右衛門〇中川淳庵、稽古料三人扶持〇平賀源内『日本創製寒熱昇降記』〇桂川甫周、将軍家治に御目見〇西善三郎歿
六	一七六九	三七	三月、参府随行出府中の吉雄幸左衛門耕牛よりヘーステルの外科書を借り、その図を写す。また、幸左衛門に入門〇八月九日、小浜供奉により銀二枚賞賜〇九月一〇日、父二代甫仙歿、七九歳。松雲院閑山道仙居士	参府商館長ヤン＝クランス、上外科ピーテル＝アントニー＝ファン＝バイステルフェルト、ヘンドリック＝ヘールリング、大通詞吉雄幸左衛門

年号	西暦	年齢	事項	一般事項
明和 七	一七七〇	兲	○一一月一日、侍医を継ぎ、跡目三〇人扶持を受け、御合力金一〇両下し置かる。新大橋の酒井家中屋敷に移る	○八月、田沼意次、老中格となる○一〇月、青木昆陽歿（七二歳）○前野良沢、長崎遊学、吉雄幸左衛門・楢林栄左衛門に師事し、小川悦之進らの諸通詞からも益を受く参府商館長オルフェルト＝エリアス、上外科イカリアス＝ヤコブス＝コトウェイク、大通詞楢林重兵衛○四月二五日、京都で、河口信任古方医荻野元凱と解剖○中川淳庵、家督相続、百二十石○阪昌周『連歌弁義』三巻刊○前野良沢、マーリンの辞書や、『ターヘル＝アナトミア』を入手して、長崎より江戸に帰る○衣関甫軒、師の建部清庵が託した質問状を携え、江戸で蘭方医師を探索○平賀源内、長崎遊学
八	一七七一	三九	中川淳庵の仲介により『ターヘル＝アナトミア』入手○三月三日夕、町奉行曲淵甲斐守景漸から明日観臓許	正月四日、宮瀬龍門歿○参府商館長ダニエル＝アルメノー、上外科イカ

年号	西暦	年齢	事蹟	参考事項
			可の通知あり〇三月四日、千住小塚原の刑場で観臓。前野良沢・中川淳庵とともに『ターヘル＝アナトミア』の翻訳を決意し、翌五日鉄砲洲の前野良沢の宿所で翻訳開始〇七月二七日、小浜供奉により銀二枚賞賜	リアス＝ヤコブス＝コトウェイク、大通詞名村初左衛門〇仲夏、前野良沢『蘭訳筌』成る〇後藤梨春歿〇石川玄常、京都遊学〇抜参り盛行
安永元（一一月一六日改元）	一七七二	四〇	『ターヘル＝アナトミア』の翻訳の業進み、会読の即夜草稿を整理し続ける〇四月六日より内科を兼任。薬種料一〇両給付〇六月一六日、道中御迎を勤め、晒一反賞賜	一月一五日、田沼意次、老中となる〇参府商館長アレント＝ウィルレム＝フェイト、上外科イカリアス＝ヤコブス＝コトウェイク、大通詞今村源右衛門〇本木良意『和蘭全軀内外分合図』を周防の鈴木宗云出版す〇河口信任『解屍篇』
二	一七七三	四一	正月、『解体約図』出版。建部清庵に『解体約図』を添えて返書〇正月、この頃よりヘーステルの外科書の翻訳を開始〇三月、参府随行出府中の吉雄幸左衛門に、『解体新書』の翻訳草稿を示し疑義を質し、序文を請う〇四月九日付で建部清庵、再び玄白へ質問状を認む〇五月、安東登恵と結婚〇一〇月一五日付で清庵宛返翰	参府商館長ダニエル＝アルメノー、上外科コトウェイク、大通詞吉雄幸左衛門、小通詞吉雄作次郎〇吉益東洞歿〇平賀源内、佐竹侯の嘱により秋田に赴き、鉱山事業に当る。また小田野直武らに西洋画法を伝う
三	一七七四	四二	年頭、長男生まる〇八月、『解体新書』出版。桂川甫	参府商館長アレント＝ウィルレム＝

年号	西暦	年齢	事項	一般事項
			三の仲介により、将軍家へ献上。秋、老中・五摂家へ進献○扇生まる	フェイト、大通詞楢林重右衛門○三月一六日、嶺春泰、江戸で山脇東門に入門○平賀源内、秩父鉱山事業失敗
安永四	一七七五	四三	一〇月、『狂医之言』を著わす	参府商館長ダニエル＝アルメノー、大通詞名村八左衛門
五	一七七六	四四	日本橋浜町に外宅。竹本藤兵衛の地を借りたと伝う○この頃、『的里亜加纂稿』を編す	平賀源内、エレキテルを製し評判となる○三月、田村元雄歿（五九歳）○参府商館長フェイト、上外科カール＝ピーテル＝ツーンベルグ
六	一七七七	四五	この頃、ヘイステルの外科書の翻訳に励む（成果は『大西瘍医書』にみることができる）	桂川甫周、奥医師○参府商館長ヘンドリック＝ゴットフリード＝ドュールコープ、上外科フレドリック＝ウイルレム＝ハルトマン、大通詞吉雄幸左衛門
七	一七七八	四六	大槻元節入門（二二歳）○この頃、建部清庵の第三子亮策、数年の勉学をおえて帰郷。玄白、清庵の第五子勤を養子に迎えんことを懇請す	参府商館長フェイト、大通詞名村八左衛門○今明年の交、阿蘭陀通詞出身の荒井庄十郎、平賀源内のもとに居住○片倉鶴陵、江戸本石町で嶺春

年号	西暦	年齢	事項	参考事項
				泰と隣同志でいる○六月、ロシア船、蝦夷地厚岸に来航、松前藩に通商を求む
八	一七七九	四七	この頃『大西瘍医書』の草稿成るか○平賀源内のために碑文を撰す○この頃、荒井庄十郎を招き、中川淳庵らとサーメンスプラーカ(会話)を習う	参府商館長フェイト○一一月二一日、平賀源内、自宅で殺傷事件○一二月一八日、牢中で死去(五一歳)○荒井庄十郎、桂川甫周のもとに食客となる
九	一七八〇	四八	平賀源内のために墓誌銘を撰し、碑に刻したが罪人の故に削らるという○大槻元節に玄沢と改称をすすめる。よって、一二月六日より、玄沢を使用することとなる	参府商館長イサーク＝チチング、大通詞名村元次郎○五月、小田野直武歿(三二歳)
天明元(四月二日改元)	一七八一	四九	六月一三日(一本二一日)、五人扶持加増、都合三五人扶持。薬種料同前○八曽生まる	参府商館長フェイト、大通詞吉雄幸作○五月、平賀源内の三回忌営まる○八月、大槻玄沢、『六物新志』の凡例十三則を記す
二	一七八二	五〇	五月一五日、建部清庵の第五子勤(由甫)を養子とし、伯元と改む	参府商館長チチング、大通詞堀儀三郎○五月、大槻玄沢帰郷、結婚、八月、江戸勤務下命○八月、幕府、天文台を浅草に移す○建部清庵歿、七

年号	西暦	年齢	事項
天明三	一七八三	五一	正月一五日、養子伯元、藩主に御目見○吉原の楼主の請いにより『乱心廿四ケ条』を著わす
四	一七八四	五二	正月一一日、長男夭す。春了童子○九月九日、伯元三人扶持
五	一七八五	五三	侯駕供奉、七月二五日、江戸発、八月九日、小浜城着。小浜にて金二百疋賞賜○小浜よりの帰路京都に立寄り、小石元俊と会う○伯元、江の島辺遊歴

二歳○山脇東門歿○オランダ船欠航。オランダ、南洋においてイギリスの圧迫を受く○フェイト死去

正月、工藤平助『赤蝦夷風説考』○七月、浅間山噴火○九月、大槻玄沢『蘭学階梯』成る○一一月、田沼意知若年寄となる○松平定信、白河藩主となる

三月、佐野政言、田沼意知を江戸城中に刺す○六月、大槻玄沢、父の病により一の関に帰る、七月、不幸、八月、家督相続○一一月、阪昌周歿

参府商館長ヘンドリック＝カスペル＝ロンベルグ、大通詞吉雄幸作○二月、大槻玄沢、侯駕陪従して江戸邸に至る○一〇月七日、大槻玄沢、長崎遊学に出立。途中大坂の木村蒹葭堂で『六物新志』の出版を託す○前野良沢の『和蘭訳筌』成る○松本秀持、

年号	西暦	年齢	事項
六	一七八六	五四	『六物新志』の序を作る○一一月、いよの長男預生まる（甫仙）、のちの立卿
七	一七八七	五五	正月一二日・三月八日、小石元俊、玄白宅に止宿○正月二〇日、「産論会」始まる。例会日は毎月八日となる○三月二七日、楠本雪溪（宋紫石）へ画を頼む○四月一〇日、長崎屋訪問、商館長ヘンドリック＝カスペ

蝦夷地開発調査団派遣○林子平『三国通覧図説』刊

四月、大槻玄沢、帰路大坂の蒹葭堂に立寄る。京都で小石元俊と会う○五月、大槻玄沢、本藩仙台侯の医員に挙げられ、一二五石、江戸住居を命ぜらる。京橋一丁目に居宅、八月本材木町に移転。学塾、芝蘭堂経営○六月七日、中川淳庵歿（四八歳）○八月二七日、田沼意次、老中職免ぜらる○林子平『海国兵談』○九月七日、家治薨去の公表○九月、小石元俊東遊、玄沢邸に寓居○閏一〇月五日、田沼意次、二万石削り、大坂蔵屋敷・江戸役宅立退を命ぜらる

三月一六日、小石元俊、杉田伯元を伴って西帰す。伯元、元俊の斡旋で柴野栗山に入門○四月一五日、家斉、将軍宣下○五月、江戸市中、打こわ

年号	西暦	年齢	事蹟	参考事項
			ル＝ロンベルグ、随員リカルド、上外科ロッツ、大通詞名村八左衛門	し激烈○六月一九日、松平定信、老中首座。改革開始○一〇月二日、田沼意次閉門、相良城・所領没収○大槻玄沢『六物新志』出版
天明八	一七八八	三二	一月二〇日、妻登恵死去、四三歳○二月二九日、伯父何仏翁死去○二月二三日、伯元、京より帰る。次いで三月、伯元を栗山に入門せしむ○三月、長崎屋訪問、蘭人対談。商館長パルケレル、上外科スッツル、大通詞名村元次郎	正月、柴野栗山東下、幕府に仕える○三月、大槻玄沢『蘭学階梯』出版○七月、田沼意次死去（七〇歳）○石川玄常、一橋治済の侍医となる
寛政元（正月二五日改元）	一七八九	三三	二月、伯元、扇と結婚○七月、後妻いよの娘藤生まる○山村才助が入門を願って来たが、老齢により大槻玄沢へ託す	フランス大革命○参府商館長ロンベルグ、大通詞吉雄幸作
二	一七九〇	三四	五月一五日、伯元、大手詰并奥向病用勤務○一二月一日、観臓	大槻玄沢、玄白の命をうけ『瘍医新書』(誘導編)完成○五月、寛政異学の禁○蘭人の江戸参府五年に一度と変更。本年参府の商館長ロンベルグ、大通詞本木栄之進・中山作三郎
三	一七九一	三五	六月、後妻いよ、次女そめ出産	正月七日、小杉玄適死去○四月、林子平『海国兵談』刊○七月二九日、

四	一七九二	六〇	九月一三日、「百鶴図」を描く○一一月二日、杉田玄白六〇歳・前野良沢七〇歳の合同賀宴○一二月六日、伯元、内科兼任、七人扶持	加藤千蔭、杉田玄白所蔵『元暦万葉集校本』を以て、『万葉集』六までを校合○医学館官設○九月、異国船来航時の処置、指令さる○オランダ船欠航 五月『海国兵談』絶版、林子平蟄居○九月、露使ラクスマン根室に来航。伊勢漂民大黒屋光太夫を返し、通商を求む
五	一七九三	六一	六月一五日、禄高二二〇石支給となる○夏、伯元、小浜供奉、金二〇〇疋賞賜○一〇月二五日、大火。玄白宅類焼、蘭書は無事	江馬春齢（蘭斎）江戸にて、前野良沢塾へ入門○前野良沢『魯西亜本紀』同大統略記』・宇田川玄随『内科撰要』出版○六月、ラクスマンに長崎入港の信牌与えらる○六月、林子平歿（五六歳）○九月、家斉、光太夫らを引見
六	一七九四	六二	初孫恭卿（伯元の長男）出生○三月、伯元『和蘭医事問答』の「跋」を作る。秋には宇田川玄随の「序」も成る	参府商館長ゲースベルト＝ヘンミイ、上外科アンブロシウス＝ロドビクス・ベルナルドス＝ケルレル、大通詞加

年号	西暦	年齢	事項	参考事項
寛政七	一七九五	六三	三月八日、『和蘭医事問答』の大槻玄沢の「序」出来、六月、伯元の出版経緯と凡例事項をまとめた「附言」出来、初秋出版	福安次郎○六月、新井成美『西洋紀聞』を幕府に献上○八月、桂川甫周『北槎聞略』○閏一一月一一日、芝蘭堂で新元会（オランダ正月）1月、バタヴィア共和国成立○志筑忠雄『魯西亜志附録』○吉雄幸作『魯西亜北京紀行』
八	一七九六	六四	一一月二九日、妹さゐ死去。三〇日送葬	稲村三伯『ハルマ和解』成る○八月、イギリス人ブロートン、絵鞆（室蘭）に来航、沿岸測量。明年再度日本探査○石川大浪・孟高、吉宗が本所羅漢寺に奉納したファン＝ロイエンの「花島図」を模写
九	一七九七	六五	七月二八日、父・姉の夢をみる○閏七月一二日、『阿蘭陀風説書』を抄録○病論会の定日、毎月一一日となる○夏、伯元、牛込屋敷勤番。閏七月六日御免○一一月二二日羅火。二四日、万年町の三左衛門の長屋に引き移る。二六日、藩より玄白・伯元両方に御借金下し置かる	宇田川玄随死去○長崎の阿蘭陀通詞吉雄幸作・楢林重兵衛・西吉兵衛に蘭書和解掛を命ぜらる。少年訳司の試業も規定さる○一一月、寛政暦頒行

一〇	一七九八	六六	三月、参府の蘭人に会う○六月、書斎新築○九月二三日、引越○一一月二五日、広島の星野良悦が携帯してきた木骨をみて激賞す○一二月、伯元第二子、鶴生まる	参府商館長ヘンミイ○一一月二六日、芝蘭堂で新元会、江戸の蘭学者の「相撲番附」作らる○近藤重蔵、択捉島に「大日本恵土呂府」の標柱を建てる
一一	一七九九	六七	七月、小詩仙堂立柱○八月、酒井家世子の持病診察を出府中の小石元俊に請うて、加療実現	二月、松平忠明ら、幕命により蝦夷地巡視に出発○四月、小石元俊、丹後の田辺侯牧野佐渡守宣成を往診。次いで八月、江戸出府のうえ田辺侯を往診○一〇月、幕府、南部・津軽両藩に箱館守備を下命○一一月、東蝦夷地幕府直轄○高田屋嘉兵衛、択捉航路を開く○ナポレオンのクーデター○オランダ東インド会社解散
一二	一八〇〇	六八		四月、小石元俊、田辺侯を出府往診○伊能忠敬、蝦夷地測量
享和元	一八〇一	六九	一月二一日、勤続五〇年の賀宴○夏、知友に『養生七不可』を刷って配る○夏、伯元、侯駕に供奉○一〇月、『鶴亀之夢』成る	二月、松平忠明・石川忠房・羽太正養ら、幕命で蝦夷巡視に出発○八月、志筑忠雄『鎖国論』○一一月二八日、

享和	二	一八〇二	七〇	三月、感冒により就床二ヵ月〇六月一四日、伯元第三子、二男白玄生まる〇九月、玄白七〇歳・良沢八〇歳の合同賀宴〇一一月、当直の余暇に『形影夜話』執筆、一二月、校訂を大槻玄沢に託す	新元会 一月、木村蒹葭堂歿（六七歳）〇二月、蝦夷地奉行設置、五月、箱館奉行と改称〇近藤守重、択捉視察〇山村才助『訂正増訳采覧異言』成る〇参府商館長ウィルレム＝ワルデナール、上外科ヘルマニュス＝レッケ、大通詞石橋助左衛門
	三	一八〇三	七一		一〇月一七日、前野良沢歿（八一歳）
文化	元	一八〇四	七二	一〇月六日、後妻いよの長子甫仙（一九歳、のちの立卿）別に一家をたて眼科を専門とすることを藩に願い出る、一一月一九日、許可。知行二二〇石のうち五〇石を甫仙に譲る。藩より甫仙に稽古料三人扶持支給さる	四月、高橋景保、天文方となる〇九月、露使レザノフ、漂民を護送して長崎に来航、通商を求む
	二	一八〇五	七三	一月、眼疾を患う。甫仙加療〇二月三日、伯元第四子竹生まる〇七月二八日、将軍家斉に拝謁、御良薬献上〇七月二九日、御近習頭格となり、五〇石加増、都合二二〇石〇甫仙、浜町河岸山伏井戸に家を建つ〇『玉味噌』著作	二月、宇田川玄真『医範提綱』三巻出版〇三月、レザノフ退去〇七月、遠山景晋ら松前派遣、西蝦夷地視察〇華岡随賢、麻酔剤を用い乳癌手術

三	一八〇六	七四	七月九日、甫仙、立卿と改名	三月四日、江戸大火○参府商館長ヘンドリック＝ドゥーフ、下外科ヤン＝フレデリック＝フェイルケ○九月、露船、樺太のクシュンコタンを襲撃○ナポレオン、バタヴィア共和国を廃止し、オランダ王国とし、弟ルイをその国王に任ず
四	一八〇七	七五	家督を伯元に譲り隠居○正月一一日、伯元、奥医師仰せ付けらる。薬種料銀七枚○七月、君侯入部、伯元供奉、小浜で銀二枚○一二月一六日、老年により五節句そのほか軽き吉凶につき御屋敷への出仕御用捨勝手次第、また御断りにも及ばず○『野叟独語』このころ成る	四月、露船、樺太・択捉に来航○六月、幕府、若年寄堀田正敦らを蝦夷地防衛総督として派遣、奥羽諸藩兵を北辺守備に配置○七月、通詞名村多吉郎・馬場為八郎、江戸に召され露国事情の調査に当る○九月、山村才助歿（三八歳）○一〇月、箱館奉行廃止、松前奉行設置○一二月、柴野栗山歿（七二歳）○天文台に地誌御用の局設置
五	一八〇八	七六	『犬解嘲』このころ成る	四月、松田伝十郎・間宮林蔵ら樺太探検に赴く○春、通詞馬場佐十郎、

年号	西暦	年齢	事項	参考事項
				天文台に勤務○八月一五日、イギリス軍艦フェートン号、長崎に来航、不穏行為○『医範提綱』の附図（銅版図）一帖刊○幕府、阿蘭陀通詞六名に商館長ドゥーフよりフランス語の学習をうけるよう命ず○オランダ船欠航
文化 六	一八〇九	七七	四月、喜寿に際し「西洋医術之要」揮毫○九月二三日、伯元、林大学頭の達により、所持の地理蘭書二冊を公儀御用に献上す。白銀二〇枚賞賜	二月、通詞六名、露語・英語兼修を下命さる○六月、桂川甫周歿（五九歳）○一一月、衣関甫軒歿(六〇歳)○馬場佐十郎『東北韃靼諸国図誌野作雑記訳説』
七	一八一〇	七八	三月、伯元と立卿、江戸参府の蘭人に面談○七月、石川大浪、玄白の肖像を描く○一一月、伯元の賞賜金により、石川大浪筆の玄白肖像を加えて『形影夜話』出版	参府商館長ヘンドリック＝ドゥーフ、上外科ヤン＝フレデリック＝フェイルケ、大通詞石橋助左衛門、馬場佐十郎も通弁に当る○ナポレオン、オランダ王国をフランスに併合○オランダ船欠航○馬場佐十郎『帝爵魯西亜国誌』

八	一八一一	七九	閏三月、重病回復により祝餅を配る○秋、夢想の自画像を描く○この頃、石川大浪、再び玄白坐像を描く	五月、『ドゥーフハルマ』○五月、天文台に蛮書和解御用掛を設置、馬場佐十郎・大槻玄沢『厚生新編』の訳編に従事○六月、露艦長ゴローニンを国後で捕え、八月松前に護送投獄○オランダ船欠航○イギリス、ジャワ島占領
九	一八一二	八〇	元旦、大浪筆の肖像に賛を加う○一二月三日、君侯より御熨斗目拝領	オランダ船欠航○八月、高田屋嘉兵衛、国後海上で露船長リコルドに捕えらる
一〇	一八一三	八一	四月、古河藩医河口信順、土井侯に天真楼塾への入門を出願	六月、イギリスのジャワ総督ラッフルズ、オランダ商館乗取りのためワルデナールを長崎に派遣、商館長ドゥーフ巧みにこれを拒絶○七月一〇日、桐山正哲歿○高田屋嘉兵衛帰る。ゴローニン釈放○閏一一月一一日、芝蘭堂で新元会、鷹見泉石も出席
一一	一八一四	八二	孫、杉田恭卿死、二一歳	ネーデルランド王国成立
一二	一八一五	八三	四月、回顧録脱稿、大槻玄沢に校訂を依頼(のちの『蘭	正月二八日、石川玄常歿（七二歳）

年号	西暦	年齢	事項	参考事項
			学事始』）○五月二六日、河口信順、天真楼塾に入門	○5月、ワーテルローの戦○オランダ船欠航
文化一三	一八一六	八四	二月中旬、河口信順、玄白述の『犬解嘲』を岡村某所蔵本を借りて写す○九月一三日、大槻玄沢の還暦を祝して寿歌・寿品を贈る	オランダ商館長ドゥーフ、『ドゥーフハルマ』を幕府に献ず
一四	一八一七	八五	元旦揮毫。絶筆「医事不如自然」の幅等を河口信順に与う○四月一七日、光輝ある生涯を閉ず。芝天徳寺栄閑院に葬る。九幸院仁誉義真玄白居士○一一月、立卿の子、成卿生まる	七月二五日、河口信順帰国○ドゥーフ帰国

主要参考文献

伝記

吉田三郎著『杉田玄白・高野長英』（日本教育家文庫第三十七巻）　北海出版社　昭和一二年

中　貞夫著『日本科学の先覚者杉田玄白の生涯』（青少年のための伝記）　小学館　昭和一七年

清水信夫著『杉田玄白―蘭医学開拓の父―』（偉人伝文庫82）　ポプラ社　昭和二八年

小川鼎三著『杉田玄白』（少年伝記文庫5）　国土社　昭和三一年

参考論著

杉田玄白著・緒方富雄校注『蘭学事始』（岩波文庫）　岩波書店　昭和三四年

杉田玄白著・松村明校注『蘭東事始』（日本古典文学大系）　岩波書店　昭和三九年

杉田玄白著・滝浦文弥校注『形影夜話』　単純生活社　昭和一一年

杉田玄白著・緒方富雄編『解体約図』（複製版）　日本医史学会　昭和四〇年

杉田玄白等訳『解体新書』（複製版）　医学古典刊行会　昭和四二年

杉田玄白著 三枝博音解説校訂 『解体新書』（『日本科学古典全書』第八巻） 朝日新聞社 昭和二三年

杉田玄白・建部清庵著『和蘭医事問答』（『文明源流叢書』第二） 国書刊行会 大正三年

杉田玄白著『養生七不可』（『日本衛生文庫』第一輯） 大正六年

杉田玄白著『野叟独語』（『近古文芸温知叢書』第四編） 博文館 明治二四年

杉田玄白録『鷧斎日録』（『杉田玄白全集』第一巻） 生活社 昭和一九年

板沢武雄著『杉田玄白の蘭学事始』（ラジオ新書） 日本放送出版協会 昭和一五年

岩熊哲著『解体新書を中心とする解剖学書誌』 昭和一八年

内山孝一校訂解説『和蘭事始』 中央公論社 昭和二三年

和田信二郎校訂『校定蘭学事始』 東西医学社 昭和二五年

岩崎克己著『前野蘭化』 昭和一三年

和田信二郎著『中川淳庵先生』 立命館出版部 昭和一六年

今泉源吉著『蘭学の家桂川の人々』 篠崎書林 昭和四〇年

平賀源内先生顕彰会編『平賀源内全集』上・下 平賀源内先生顕彰会 昭和七・九年

山本四郎著『小石元俊』（人物叢書） 吉川弘文館 昭和四二年

大槻如電著『新撰洋学年表』 昭和二年

大槻如電著 佐藤栄七増訂『日本洋学編年史』 錦正社 昭和四〇年
古賀十二郎著『西洋医術伝来史』 日新書院 昭和一七年
板沢武雄著『日蘭文化交渉史の研究』 吉川弘文館 昭和三四年
沼田次郎著『洋学伝来の歴史』 至文堂 昭和三五年
佐藤昌介著『洋学史研究序説』 岩波書店 昭和三九年
松村明著『洋学資料と近代日本語の研究』 東京堂出版 昭和四五年
日本学士院編『明治前日本医学史』 日本学術振興会 昭和三〇年
石原明著『医史学概説』 医学書院 昭和三〇年
岡村千曳著『紅毛文化史話』 創元社 昭和二八年
小川鼎三著『医学の歴史』(中公新書) 中央公論社 昭和三九年
小川鼎三著『解体新書—蘭学をおこした人々—』(中公新書) 中央公論社 昭和四三年
石原明編著「杉田玄白史料解題」「杉田玄白年譜」
「杉田玄白の学統」「杉田玄白の家系」(『日本医史学雑誌』八巻三・四号) 昭和三三年
呉秀三「我邦漢方医および蘭方医の最初の解剖に関する読史余談」

呉　秀三「解体新書の原書並びに解体新書に引用せる諸の原書の著者」
（『中外医事新報』一一四三号以下）　昭和　四年
（『中外医事新報』一一五六号）　昭和　五年
高浜二郎「知られざりし柴野栗山と杉田玄白との交遊」
（『伝記』三巻一二号）　昭和一二年
鶴田勢湖「若狭医官杉田甫仙・杉田玄白先生旧墓域（廃滅）の墓碑文」
（『掃苔』）　昭和一二年
原田謙太郎「狂　医　之　言」（『日本医事新報』一〇四五号）　昭和一七年
大鳥蘭三郎「杉田玄白の人柄に寄せて」
（『医学生とインターン』二巻四号）　昭和二七年
小川鼎三「ヨハン・アダム・クルムスのこと」
（『岩波講座現代の生物学月報』五）　昭和四一年
羽賀与七郎「桐山家について」（『日本医史学雑誌』一〇巻二・三号）　昭和三九年
松木明知「蘭東事始覚え書―桐山正哲永世を中心として―」
（『蘭学資料研究会研究報告』一七三・一七六・一八〇号）　昭和四〇―四一年
緒方富雄「杉田玄白の女「八百」」（『日本医史学雑誌』一三巻四号）　昭和四三年

緒方富雄「嶺春泰伝」（『日本医史学雑誌』一四巻三号）　昭和四三年
杉本つとむ「大槻玄沢に関する二三の考察」（『早稲田大学図書館紀要』九号）　昭和四三年
片桐一男「河口家と杉田玄白」（『蘭学資料研究会研究報告』一六五号）　昭和三九年
片桐一男「杉田玄白述『犬解嘲』について」（『日本医史学雑誌』一一巻四号）　昭和四〇年
片桐一男「吉川宗元宛前野良沢書状と石川大浪筆ヒポクラテス像」（『日本医史学雑誌』一三巻一号）　昭和四二年
片桐一男「杉田玄白と「直宿物語」、フェイトなど」（『科学史手帖』二〇）　昭和四三年
片桐一男「洋風画家石川大浪と江戸の蘭学界」（『ミュージアム』二二七、二二八号）　昭和四三年
片桐一男「阿蘭陀通詞馬場佐十郎に受益の江戸の蘭学者達」（『法政史学』二二号）　昭和四五年
片桐一男「杉田玄白の室安東登恵と有阪其馨」　昭和四五年

片桐一男「年番通詞と江戸番通詞の研究」（『蘭学資料研究会研究報告』二三五号）昭和四五年

片桐一男「杉田玄白と海外情報」（『日本学士院紀要』二八巻三号）昭和四五年

片桐一男「オランダ正月の盛行」（『日本歴史』二七二号）昭和四六年

片桐一男「阿蘭陀通詞西雅九郎と江戸の蘭学界」（『蘭学資料研究会研究報告』二四二号）昭和四六年

（『白山史学』一五・一六号）昭和四六年

追補（新装版第三刷）

片桐一男「杉田玄白と『解体新書』」（『教養講座シリーズ』55 国立教育会館編）ぎょうせい　平成元年

片桐一男「「蘭学事始」と「蘭東事始」」（『洋学史研究』一〇号）平成五年

片桐一男『蘭学、その江戸と北陸』思文閣出版　平成五年

片桐一男「杉田玄白と作州の門弟小林令助」（『一滴』二号）平成六年

著者略歴

昭和九年生れ
昭和四十二年法政大学大学院人文科学研究科日本史学専攻博士課程修了
法政大学文学部研究助手、東洋文庫研究員、文部省教科書調査官等を経て
現在　青山学院大学教授、文学博士

主要著書

阿蘭陀通詞の研究　鎖国時代対外応接関係史料
蘭学、その江戸と北陸　和蘭風説書集成（上・下巻）〈著・共編〉　年番阿蘭陀通詞史料〈著・共編〉　杉田玄白と『解体新書』・緒方洪庵　シーボルト　洋学史事典〈共著・編〉

人物叢書　新装版

杉田玄白

昭和四十六年三月五日　第一版第一刷発行
昭和六十一年六月一日　新装版第一刷発行
平成　六　年九月十日　新装版第三刷発行

著　者　片桐一男（かたぎりかずお）
編集者　日本歴史学会
　代表者　児玉幸多
発行者　吉川圭三
発行所　株式会社　吉川弘文館
東京都文京区本郷七丁目二番八号
郵便番号一一三
電話〇三―三八一三―九一五一〈代表〉
振替口座〇〇一〇〇―五―二四四
印刷＝平文社　製本＝ナショナル製本

『人物叢書』(新装版)刊行のことば

人物叢書は、個人が埋没された歴史書が盛行した時代に、「歴史を動かすものは人間である。個人の伝記が明らかにされないで、歴史の叙述は完全であり得ない」という信念のもとに、専門学者に執筆を依頼し、日本歴史学会が編集し、吉川弘文館が刊行した一大伝記集である。

幸いに読書界の支持を得て、百冊刊行の折には菊池寛賞を授けられる栄誉に浴した。

しかし発行以来すでに四半世紀を経過し、長期品切れ本が増加し、読書界の要望にそい得ない状態にもなったので、この際既刊本の体裁を一新して再編成し、定期的に配本できるような方策をとることにした。既刊本は一八四冊であるが、まだ未刊である重要人物の伝記についても鋭意刊行を進める方針であり、その体裁も新形式をとることとした。

こうして刊行当初の精神に思いを致し、人物叢書を蘇らせようとするのが、今回の企図である。大方のご支援を得ることができれば幸せである。

昭和六十年五月

日本歴史学会

代表者　坂本太郎

〈オンデマンド版〉
杉田玄白

人物叢書　新装版

2020年（令和2）11月1日　発行

著　者　片桐一男

編集者　日本歴史学会
代表者　藤田　覚

発行者　吉川道郎

発行所　株式会社　吉川弘文館
〒113-0033　東京都文京区本郷7丁目2番8号
TEL　03-3813-9151〈代表〉
URL　http://www.yoshikawa-k.co.jp/

印刷・製本　大日本印刷株式会社

ISBN978-4-642-75043-1